SCIENCE
ET
LIBRE PENSÉE

ŒUVRES DE M. BERTHELOT

OUVRAGES GÉNÉRAUX

La Synthèse chimique, 8ᵉ édition, 1897, in-8°. Chez Félix Alcan.
Chimie organique fondée sur la synthèse, 1860; 2 forts volumes in-8°. Chez Mallet-Bachelier.
Les Carbures d'hydrogène, 1901: 3 volumes in-8°. Chez Gauthier-Villars.
Essai de Mécanique chimique, 1879; 2 forts volumes in-8°. Chez Dunod.
Sur la force des matières explosives, d'après la thermochimie, 3ᵉ édition, 1883; 2 volumes in-8° Chez Gauthier-Villars.
Thermochimie : données et lois numériques, 1897; 2 vol. in-8°. Chez Gauthier-Villars.
Chimie animale : principes chimiques de la production de la chaleur chez les êtres vivants, 1899, in-18. Chez Gauthier-Villars et Masson.
Chimie végétale et agricole, 1899; 4 volumes in-8. Chez Masson et Gauthier-Villars.
Traité élémentaire de Chimie organique, en commun avec M. Jungfleisch, 4ᵉ édition, 1904; 2 volumes in-8°. Chez Dunod.
Traité pratique de calorimétrie chimique, 2ᵉ édition, 1905, in-8°. Chez Gauthier-Villars.

HISTOIRE DES SCIENCES

Les Origines de l'Alchimie, 1885; in-8°. Chez Steinheil.
Collection des anciens Alchimistes grecs, texte et traduction, avec la collaboration de M. Ch.-Em. Ruelle, 1887-1888; 3 volumes in-4°. Chez Steinheil.
Introduction à l'étude de la Chimie des Anciens et du moyen âge, 1889, in-4°. Chez Steinheil.
La Chimie au moyen âge, 1893; 3 volumes in-4°. Imprimerie nationale. Chez Lacroix. Tome I, Transmission de la science antique; t. II, Alchimie syriaque; t. III, Alchimie arabe.
La Révolution chimique, Lavoisier, 2ᵉ édition, 1902, in-8°. Chez Félix Alcan.
Cinquantenaire scientifique de M. Berthelot, 1902, in-4°. Chez Gauthier-Villars.

LITTÉRATURE

Science et Philosophie, 1886, in-8°. Chez Calmann-Lévy.
Science et Morale, 1897, in-8°. Chez Calmann-Lévy.
Correspondance avec Renan, 1898, in-8°. Chez Calmann-Lévy.
Science et Éducation, 1901, in-12. Société française d'Imprimerie.

LEÇONS PROFESSÉES AU COLLÈGE DE FRANCE

Leçons sur les méthodes générales de Synthèse en Chimie organique, professées en 1864, in-8°. Chez Gauthier-Villars.
Leçons sur la thermochimie, professées en 1865. Publiées dans la *Revue des Cours scientifiques*. Chez Germer-Baillière.
Même sujet, en 1880. *Revue scientifique*. Germer-Baillière.
Leçons sur la Synthèse organique et la thermochimie, professées en 1881-1882. *Revue scientifique*. Chez Germer-Baillière.
Leçons sur les principes sucrés, professées devant la Société chimique de Paris en 1862, in-8°. Chez Hachette.
Leçons sur l'isomérie, professées devant la Société chimique de Paris en 1863, in-8°. Chez Hachette.

SCIENCE

ET

LIBRE PENSÉE

PAR

M. BERTHELOT

SÉNATEUR
MEMBRE DE L'ACADÉMIE FRANÇAISE
SECRÉTAIRE PERPÉTUEL DE L'ACADÉMIE DES SCIENCES

PARIS
CALMANN-LÉVY, ÉDITEURS
3, RUE AUBER, 3

PRÉFACE

Voici le quatrième volume d'études, de lettres et de discours, que je publie sous le titre commun de Science, associée avec la Philosophie, la Morale, l'Éducation et la Libre Pensée; variantes qui répondent aux phases successives de l'œuvre que je poursuis dans l'ordre scientifique et social. J'ai réuni dans ces volumes les témoignages de mon activité multiple, reliés par un effort incessant vers l'idéal moderne auquel j'ai consacré ma vie : chaque citoyen a ses devoirs propres à accomplir vis-à-vis de soi-même, comme des autres hommes. J'ai été soutenu et encouragé dans ma voie, par les sympathies de plus en plus vives des personnes qui croient à la prépondérance nécessaire de la science, de la solidarité laïque et de la libre pensée dans la direction intellectuelle, morale et politique des sociétés humaines.

Les articles contenus dans le présent livre ont été écrits entre les années 1899 et 1905 et ils sont classés sous trois rubriques :

Dans la première partie (Libre Pensée), je me suis attaché à mettre en évidence les idées fondamentales qui précèdent. J'ai pris un soin particulier à y reproduire mes déclarations et celles de l'Association des libres penseurs de France, sur la nécessité de maintenir comme point fondamental la liberté absolue de penser pour tous, quelle que soit leur doctrine individuelle. Les discours que j'ai prononcés à l'inauguration du monument de Renan à Tréguier, à la Fête de la Raison, au Congrès de Rome, et dans divers banquets et réunions publiques, ont été tous inspirés par cette notion de tolérance pour les personnes ; sans faire fléchir d'ailleurs les affirmations relatives aux principes. C'était d'ailleurs aussi la doctrine de mon cher et vieil ami Clamageran, dont j'ai rapporté la vie et les services rendus à la République.

Cette dernière notice, ainsi que mon discours aux Félibres et quelques autres articles, renferment divers renseignements biographiques personnels, corrélatifs de ceux qui figurent dans les articles du volume *Science et philosophie* sur Hérold et sur un chapitre du siège de Paris, ainsi que dans ma « Correspondance avec Renan » et dans les Souvenirs de mon ami.

J'y ai joint, à un autre point de vue, qui touche à l'histoire de la libre pensée, un article sur les prestiges des prêtres et des savants dans l'antiquité.

La seconde partie du présent volume : Paix et arbitrage international, renferme les gages que j'ai donnés à cette grande entreprise de la pacification universelle : noble effort vers un état futur de l'humanité, état peut-être encore lointain, mais qui a cessé d'être regardé comme chimérique et vers lequel doivent tendre sans relâche tous les esprits généreux parmi les peuples civilisés.

J'ai tâché d'y concourir, par ma modeste participation au rapprochement de la France avec l'Angleterre, avec l'Italie et avec les nations scandinaves ; ainsi qu'en témoignant de nos sympathies pour les peuples opprimés dans le monde.

La troisième partie est consacrée plus spécialement à la Science. J'y parle d'abord de la synthèse chimique des aliments et de la définition même de nos aliments. On y lira des articles sur la pathologie dans l'histoire; sur l'histoire des matières explosives; sur l'évolution des sciences au XIX⁰ siècle. On y trouvera deux grandes

Notices historiques sur deux des savants les plus distingués du xixe siècle, le chimiste Chevreul et le minéralogiste Daubrée; puis sur des questions plus générales, les aérolithes ou pierres tombées du ciel, et les cités des guêpes et insectes pirates. Cette partie du volume se termine en reproduisant le discours relatif au but général de la science que j'ai prononcé à la Sorbonne, lors de la célébration de mon cinquantenaire scientifique par les représentants les plus élevés de l'opinion publique en France et par les savants autorisés de toutes les parties du monde : j'ai été profondément touché de ce témoignage universel.

Tel est le contenu de ce volume : je m'y suis efforcé, non seulement de faire comprendre l'état et les directions de la science au début du xxe siècle, mais d'y propager les idées nouvelles et généreuses de notre époque. Heureux si quelques-uns des germes que j'ai semés sont fécondés par nos successeurs et donnent des fruits utiles à l'humanité!

M. BERTHELOT.

Mai, 1905.

SCIENCE
ET
LIBRE PENSÉE

PREMIÈRE PARTIE

LIBRE PENSÉE

INAUGURATION
DU
MONUMENT ÉRIGÉ A RENAN
DANS LA VILLE DE TRÉGUIER LE 13 SEPTEMBRE 1903.

I

Messieurs,

La cérémonie qui nous réunit devant ce monument, consécration suprême d'un grand homme, au sein de la ville de Tréguier où Renan est né et dont il avait gardé un si tendre souvenir, a pour moi un caractère tout particulier. J'ai été son compagnon de route. Chacun de nous, développant sa carrière originale au cours de nos destinées fraternellement conjointes, a été un témoin fidèle et dévoué de la vie de son compagnon. Nous avons lutté côte à côte, combattu le bon combat pour la Science et pour la Liberté, pour l'amour et le perfectionnement de nos concitoyens.

C'est un dernier devoir pour moi de m'associer à cet hommage de sympathie nationale et universelle rendu en l'honneur de l'existence de Renan, si pure et si digne!

Je vais essayer de vous présenter, en peu de mots, la physionomie de Renan, de résumer son évolution intellectuelle et morale et son œuvre, au cours des temps où je l'ai connu.

II

J'ai vu Renan pour la première fois en 1845, dans une petite pension dont les élèves suivaient les cours du collège Henri IV. Un jour, au moment où je sortais de ma chambrette, située sous les combles, j'aperçus sur le seuil voisin une nouvelle figure, qui ne ressemblait à celle d'aucun de mes camarades. C'était un jeune homme sérieux et réservé, de tournure ecclésiastique. Le regard de ses yeux pers était franc et modeste, la tête grosse et ronde; le visage rasé ne manquait ni de finesse ni d'expression. Il suivait à la Sorbonne les cours de littérature et de philosophie de MM. Le Clerc et Garnier; au Collège de France, les cours de sanscrit et d'hébreu de MM. Eugène Burnouf et de Quatremère. Nous nous observâmes pendant quelques jours, et nous ne tardâmes pas à nous lier d'une affection de plus en plus étroite, tous deux travailleurs acharnés, curieux de connaissanses précises et de philosophie, et ouverts aux quatre vents de l'esprit, quoique poursuivant des directions bien différentes : Renan, l'érudition historique et philologique, et moi-même, les sciences mathématiques et expérimentales.

Chacun de nous concourut à compléter l'éducation de son ami. Nous étions également initiés à l'histoire et à la littérature. Il me communiqua son admiration pour les pastorales bibliques de Herder et même pour le lexique hébraïque de Gesenius; je lui inspirai quelque estime pour la géométrie analytique et pour l'anatomie. Renan a retracé dans la préface de ses *Dialogues philosophiques* le tableau de cette élaboration commune. *L'Avenir de la Science*, écrit alors, représente le résultat un peu confus de cette digestion en partie double de nos lectures des philosophes grecs et des philosophes modernes, depuis Galilée et Descartes jusqu'à Condorcet et Hegel.

Nous entrâmes d'abord avec le même enthousiasme dans les espérances illimitées qui suivirent la Révolution de 1848. Mais Renan ne tarda pas à être découragé par les fautes et les catastrophes qui amenèrent la ruine de la seconde République et il ne me suivit plus du même pas dans mes tendances démocratiques.

Tel fut le premier Renan que j'ai connu, celui dont la pensée a été peut-être le plus étroitement associée à la mienne.

III

Renan ne tarda pas à prendre une tournure plus séculière et à manifester au dehors une originalité, dont cette première période d'études et de tâtonnements contenait les germes. Soutenu par le dévouement de sa sœur Henriette, qui avait sacrifié sa propre destinée pour assurer celle de sa mère et de son frère, Renan poursuivit sa carrière avec quelque sécurité.

L'*Histoire comparée des Langues sémitiques*, couronnée par l'Académie des Inscriptions en 1848, commença sa précoce réputation. Cette première œuvre est celle d'un érudit, d'un type un peu austère, tel qu'Henriette le rêvait alors pour son frère. Le style brillant et imagé que nous avons connu plus tard n'y apparaît pas encore, quoique la finesse critique de ses vues et de ses hypothèses perce de tous côtés.

Une mission philologique le conduisit en Italie, en 1849. En même temps qu'il consultait les manuscrits grecs du Vatican, il eut la révélation d'un monde nouveau, celui de l'Art, qui transforma à la fois son style et sa pensée. Une forme littéraire plus délicate et plus riche caractérise dès lors les articles délicats et les ouvrages de Renan; tandis que son autorité scientifique est sanctionnée par sa nomination à l'Académie des Inscriptions.

Cette nouvelle phase se manifeste à la suite de l'entrée de Renan dans le monde artistique dont s'entourait Ary Scheffer, et surtout de son mariage avec Cornélie Scheffer, nièce du grand peintre. Sous l'influence de l'amour, la nature de Renan s'assouplit, son imagination se développe et les fantaisies des impressions personnelles de l'artiste tiennent dans ses compositions une part de plus en plus éclatante et goûtée du public.

L'expression la plus haute qu'il ait donnée à ce nouvel ordre de sentiments est assurément l'hymne de l'Acropole à Pallas-Athéné, rappelée dans la composition qui immortalise à la fois Renan et sa ville natale, sur la place publique de Tréguier.

IV

Au cours de la période actuelle de sa carrière, Renan ne s'abandonnait pas à la fougue indisciplinée des conceptions purement artistiques. Dès sa jeunesse, il avait conçu comme l'objet et le but essentiel de sa vie l'accomplissement d'une œuvre fondamentale : l'étude des Origines du Christianisme. Ce fut l'axe fixe de sa carrière, le point sur lequel il ne varia jamais ; c'est cette œuvre qui devait consacrer son autorité devant ses contemporains et sa gloire devant les historiens du xixe siècle ; c'est par là qu'il est devenu l'un des grands adversaires de l'oppression théocratique, l'un des grands libérateurs de la pensée humaine.

Le problème des origines des religions est, en effet, capital dans l'histoire de l'humanité. Mais pour bien comprendre quelles relations il présente avec le développement de la Science et de la Morale, il faut remonter aux plus vieilles traditions de nos races ; car les religions modernes sont des formations secondaires. Les religions les plus anciennes reposaient sur une certaine intuition des puissances naturelles qui nous environnent et réagissent sans cesse sur notre destinée : puissances impitoyables, indifférentes au bien et au mal, et que les populations primitives s'efforçaient de se concilier par les prières et les sacrifices. Une perception confuse du pouvoir scientifique que l'homme devait acquérir un jour sur la nature, avait fait naître cette opinion d'autrefois qu'il était possible de conjurer et de dominer les dieux par la seule force de la méditation et des formules magiques, réputées si puissantes en Égypte, dans l'Inde, à Babylone.

Cependant, à mesure que la civilisation humaine se développait, l'évolution spontanée des instincts sociaux conduisit les races supérieures à une conception plus haute, étrangère aux premiers cultes, celle du devoir désintéressé et de la moralité. Au cours des siècles, ces notions avaient commencé à s'infiltrer dans les religions antiques de la Grèce, de Rome et des peuples orientaux. L'origine n'en est pas douteuse; quoiqu'on ait cherché à la dissimuler sous le nom équivoque de religion naturelle. En réalité, telle est la source purement humaine des inspirations de justice, de pitié et d'amour d'autrui, qui jouent un si grand rôle dans le second ordre des formations religieuses proclamées sous les noms de Bouddha et de

Jésus. Heureux les hommes, si les religions avaient pu s'affranchir en même temps des superstitions antérieures : le culte des images et des reliques, l'adoration de l'aliment divinisé, la théophagie, la croyance aux prophètes et aux miracles, au pouvoir surhumain des anges et des démons, les terreurs mystérieuses de l'enfer et du paradis, et plus tard l'exploitation du purgatoire et l'organisation du monachisme! Plus heureux encore s'ils n'avaient point été livrés à l'intolérance des corporations sacerdotales, qui prétendaient à la théocratie, à la domination politique et intellectuelle du monde, en s'appuyant sur l'infaillibilité d'un dogmatisme, attribué à la révélation divine et maintenu par l'oppression sanglante de la science et de la libre pensée, pendant les longs siècles du moyen âge!

Espérons que l'humanité, affranchie de tout dogmatisme imposé, proclamera désormais comme son œuvre propre la morale du devoir et de la bonté, de la justice et de la solidarité, morale de l'avenir désormais séparée de tout symbole et de tout surnaturel !

C'est à ce point de vue que se plaça Renan, quand il entreprit d'étudier d'une façon purement rationnelle la création du Christianisme avec son mélange de grandes vérités morales et de grandes erreurs scientifiques. « Le livre le plus important du XIX° siècle, écrivait-il alors, avec l'enthousiasme d'un novateur, devrait avoir pour titre : *Histoire critique des Origines du Christianisme*. »

Certes un prophète aurait fort surpris Platon et Aristote, il y a vingt siècles, s'il avait annoncé que c'était le rêve messianique d'une peuplade syrienne qui allait hériter de leur civilisation et saisir pendant de longues générations la direction religieuse et philosophique du monde. Je ne sais si, dans un avenir de durée égale, je veux dire après vingt ou trente siècles nouveaux écoulés, le Christianisme ne sera pas à son tour oublié : je veux dire entré dans les limbes de l'histoire, comme les religions antiques qui l'ont précédé. Le culte égyptien a été aussi soutenu pendant cinquante siècles par la majesté de ses cérémonies, la science réelle ou prétendue de ses prêtres et le fanatisme de ses adorateurs, les plus superstitieux des hommes suivant Hérodote. Et cependant un jour vint où la foi tomba. Elle florissait encore au temps de Dioclétien; mais un siècle suffit pour que l'empereur chrétien Théodose, avec l'intolérance brutale d'un souverain orthodoxe, pût fermer sans résistance les temples païens; et bientôt disparut toute trace du culte d'Isis et d'Osiris.

Le Christianisme à son tour a atteint depuis deux

siècles son époque critique. Nous avons connu l'ironie de Voltaire, instrument de lutte ; il s'agit maintenant d'envisager les religions à un point de vue purement scientifique et avec plus de sérénité. Voilà l'œuvre à laquelle Renan s'est voué. On ne saurait contester qu'elle marque une date dans l'histoire de la civilisation moderne.

L'influence exercée par la publication de la *Vie de Jésus* a été d'autant plus profonde que ce livre ne renferme pas seulement une exposition systématique sujette à des revisions partielles ; mais il fait appel aux instincts esthétiques et moraux les plus profonds de l'âme humaine. Le poète et l'artiste ont à cet égard des privilèges auxquels le savant pur ne saurait prétendre. Car leur œuvre conserve à jamais la marque de leur individualité, tandis que l'œuvre du savant est d'autant plus grande et plus solide qu'elle est plus impersonnelle.

Telle fut l'entreprise, le rêve de Renan, à partir du jour où il entra dans la vie laïque. Il s'attacha avec autant d'obstination que de génie à sa réalisation. Le point culminant de l'œuvre : la *Vie de Jésus*, en était en même temps le point de départ.

La vie des fondateurs de religion a toujours été racontée comme un mélange de mythes et de légendes, associés à des réalités incertaines. C'est ce mélange que Renan s'est efforcé d'analyser, en dégageant les données historiques conservées dans le portrait idéal du Christ. Pour plus de vraisemblance, il est allé confronter sur place ses interprétations avec la vue des pays réels de la Galilée et de la Palestine, où l'existence du Christ s'est déroulée.

De cette étude est sorti un livre incomparable : la *Vie de Jésus*. Ce n'est plus le Dieu crucifié et intolérant, que le moyen âge a adoré, mais le Jésus tendre et miséricordieux, dont le culte subsiste dans tant de cœurs endoloris. Renan a retracé les traits de ce Jésus évhémérisé, avec une poésie, un charme de sentiment, une délicatesse de nuances, qui ont enchanté toute une génération de femmes et de philosophes mystiques. Les vrais croyants fermement attachés à l'infaillibilité du dogme furent à la fois séduits par cette œuvre exquise et émus jusqu'au scandale par les conséquences de ces affirmations.

Renan avait prévu les sympathies et les haines qu'il allait exciter, et il rappelait souvent à cette occasion une parole attribuée au Christ par l'évangéliste Mathieu : « Ne pensez pas que je sois venu apporter la paix sur la terre. Je suis venu apporter non la paix, mais l'épée. » Ce fut en effet la lutte de toute sa vie.

A cette époque, ce n'était pas une entreprise banale

que de ramener, dans un enseignement officiel, le Dieu aux proportions humaines. Nul ne l'avait osé jusque-là parmi nous. Renan a été acclamé par la jeunesse, lors de sa première leçon au Collège de France, où il exposa ses opinions avec une sincérité aussi éclatante que respectueuse. Mais le téméraire fut aussitôt foudroyé. Dès le lendemain, son cours était suspendu et le professeur ne tarda guère à être destitué.

Pendant sept ans, il ne cessa de réclamer, au nom de la liberté de pensée. Ce fut seulement après la chute de l'Empire et au milieu du siège de Paris que je pus rappeler au Gouvernement de la Défense nationale que le moment était venu de réintégrer Renan dans sa chaire. « Il faudra voir ce que dira Trochu », me répondit Jules Simon. Pelletan appuya ma demande. Trochu ne dit rien, et un décret réintégra Renan dans la chaire des langues sémitiques, qu'il devait occuper encore pendant vingt-deux ans.

Il n'avait pas attendu cette réparation pour poursuivre son entreprise. A la *Vie de Jésus* succédèrent six volumes, embrassant l'histoire des Origines du Christianisme, appuyée sur des documents qui devenaient plus certains à mesure que leur composition s'éloignait de la période des légendes initiales. Le talent de l'auteur, sa forme littéraire incomparable, en même temps que la profondeur de ses vues ne cessaient de s'accroître. Son âge mûr construisait ainsi jusqu'au bout le monument rêvé par sa jeunesse.

V

Renan avait accompli son œuvre : il était parvenu à une réputation universelle et à une sympathie partagée par tous les esprits indépendants. Sa figure avait changé, ainsi que ses façons d'agir et même de philosopher. Sa curiosité était toujours en éveil et sa sincérité inflexible. Mais le nombre des vérités dont nous sommes certains diminue avec les années. Renan vieillissant glissait de plus en plus sur la pente d'un scepticisme apparent, sympathique pour tout sentiment naturel, pour toute pensée de bonne foi.

La sévérité de sa vie privée lui donnait le droit d'être indulgent pour autrui, pourvu qu'il retrouvât le souci de l'art et de l'idéal. Il souriait avec une bienveillante ironie aux jeux des enfants et aux dires des hommes. Ses dernières publications : *Caliban, l'Eau de Jouvence, le Prêtre de Nemi, l'Abbesse de Jouarre*, le font apparaître sous un nouvel aspect. Les systèmes auxquels il consentait autrefois à s'associer dans une certaine mesure ne sont plus à ses yeux que les aspects fuyants d'une vérité incarnée dans les personnages symboliques de ses romans. La beauté vaut pour lui la vertu.

Mais il a quelque désenchantement de la politique. C'est sur ce point que nous nous séparions parfois, parce que je croyais davantage au triomphe, ou plutôt à la prépondérance finale de la liberté, de la justice, et de la raison : « Sans doute les flots de la démocratie, lui disais-je, sont mobiles comme la mer; mais n'importe! Ayons la foi. Ces flots nous porteront; ils porront le vaisseau de la raison et de la démocratie, construit avec tant de souffrances et souvent d'amertumes, par nous et par nos prédécesseurs, et dont la solidité a déjà été éprouvée par tant de tempêtes. Confions-nous à l'onde agitée et à notre propre énergie. Fions-nous aux nobles instincts de la nature humaine. Non seulement le dévouement au bien, au vrai, au beau, trouve en lui-même sa propre récompense : mais soyons convaincus qu'un jour il dominera le monde. »

Ainsi nous finissions toujours par confondre, comme aux heures de notre jeunesse, nos pensées, nos désirs, nos espérances et notre amour invariable de la France, du Peuple et de l'Humanité!

PRÉSIDENCE D'HONNEUR

DE LA LIBRE PENSÉE

Lettre de l'Association nationale des libres penseurs de France à M. Berthelot.

Dans sa première réunion, le 25 novembre, la Commission exécutive nomma une commission administrative chargée des diverses questions d'organisation.

M. Ferdinand Buisson et MM. Henry Béranger, Victor Charbonnel, Gustave Téry, au nom de cette Commission administrative, firent une démarche auprès de M. Berthelot pour le prier d'accepter la présidence d'honneur de l'Association Nationale des Libres Penseurs de France et d'accorder ainsi à la propagande rationaliste le patronage de son nom et de son autorité.

Ils lui adressèrent la lettre suivante :

Paris, le 31 décembre 1902.

Monsieur et cher Maître,

Au nom de l'*Association Nationale des Libres Penseurs de France*, nous venons vous demander de vouloir bien accepter la présidence d'honneur de cette Association.

Quel nom, parmi les plus grands de la pensée contemporaine, pourrait symboliser mieux la plénitude de la raison philosophique et scientifique, entièrement affranchie de tout dogme, de toute contrainte matérielle et morale?

Notre Association a pour but essentiel de *protéger la liberté de penser contre toutes les religions et tous les dogmatismes, quels qu'ils soient, et d'assurer la libre recherche de la vérité par les seules méthodes de la raison.*

Cette définition nous a paru si conforme à l'ensemble de votre œuvre, que nous avons unanimement songé à vous, lorsqu'il s'est agi de nous choisir un représentant autorisé devant l'Europe et l'univers entier.

Nous voudrions propager, jusqu'aux dernières profondeurs de la démocratie, les hautes vérités qui ont illuminé votre glorieuse carrière. Nous voudrions que, dans chaque village, dans chaque faubourg, l'instituteur et l'institutrice laïques pussent enseigner librement aux enfants de la nation comment la science conquiert peu à peu le mystère universel; comment, aux yeux patients de la raison, toute nuit finit par devenir aurore.

Notre association est, avant tout, une œuvre de tolérance et de liberté. Elle ne se constitue pas en vue de l'attaque, mais bien de la défense. Elle veut défendre le patrimoine sacré de la France rationaliste, c'est-à-dire les grandes traditions de notre littérature et de notre philosophie contre les reprises inquiétantes de la superstition et du cléricalisme, à la fin du xixe siècle. Elle fait appel à quiconque pense librement, c'est-à-dire à qui ne prétend pas détenir la vérité absolue, à quiconque ne s'agenouille pas devant une infaillibilité humaine ou prétendue divine.

L'œuvre pratique de l'*Association Nationale des Libres Penseurs de France* peut se résumer en une seule phrase : elle veut fonder la Cité laïque.

Tant que les croyances religieuses ne s'immisceront pas dans la politique de l'État, l'Association se fait un devoir de les respecter chez les individus ou les associations reconnues par la République. Mais elle combattra résolument toute ingérence du pouvoir théocratique, et en particulier de l'Église romaine, dans les affaires intérieures ou extérieures de la France.

Enfin, l'Association prendra part aux grandes assises internationales de la Libre Pensée qui seront tenues à Rome, en 1904.

Quelle gloire pour elle, quel honneur pour la France, si le nom de Berthelot, acclamé des nations les plus lointaines et des esprits les plus divers, peut être pour la Libre Pensée française le mot de ralliement qui ouvre tous les horizons et dissipe toutes les incertitudes!

Au nom des traditions libératrices de notre patrie, qui fut celle de Rabelais et de Montaigne, de Descartes et de Molière, de l'Encyclopédie et de la Révolution, celle aussi de Hugo et de Renan, nous ne doutons pas que l'appel des nouvelles générations ne soit entendu et exaucé par le savant et le citoyen qu'un jubilé international a consacré comme le plus haut témoin de la libre raison contemporaine.

Veuillez agréer, Monsieur et cher Maître, l'hommage de notre dévouement et de notre vénération.

FERDINAND BUISSON,
HENRY BÉRENGER,
VICTOR CHARBONNEL,
GUSTAVE TÉRY.

Réponse de M. Berthelot.

M. Berthelot a répondu à M. Ferdinand Buisson.

Paris, 3 janvier 1903.

Mon cher ami,

J'ai lu, avec un vif intérêt, l'appel que vous m'adressez au nom de l'Association Nationale des Libres Penseurs de France, et je suis très sensible à la proposition que vous me faites.

Je n'ai pas besoin de vous dire que je sympathise tout à fait avec les partisans de la Libre Pensée. Les sentiments exprimés dans votre discours du Trocadéro sont les miens. Les déclarations contenues dans l'adresse signée de vous et de nos amis en date du 31 décembre me semblent correspondre aux principes d'une démocratie consciente de ses droits et de ses devoirs.

Pour moi, je ne craindrais pas d'insister sur les mesures à prendre contre toute déviation des idées qui doivent nous inspirer.

La Libre Pensée doit rester la pensée libre.

Il se trouvera, sans doute, parmi nous, quelques esprits disposés à retourner contre les cléricaux le langage de Veuillot, qui nous disait autrefois : « Je réclame de vous la liberté, au nom de vos principes; mais je vous la refuse au nom des miens ».

Il ne faudrait pas que l'Association qui se forme, fût exposée à se laisser entraîner dans ce sens. Les ardents finissent par conduire les autres. Ne nous laissons jamais mener à renier nos principes. Combattons, comme disent vos statuts, tous les dogmatismes et toutes les intolérances, avec la ferme résolution de ne nous prêter jamais ni à un dogmatisme nouveau, ni à une nouvelle intolérance.

Dans cet esprit qui, j'en suis sûr, est celui de l'Association Nationale des Libres Penseurs, et sans prétendre m'écarter de la modestie qui nous convient à tous, j'accepte la présidence d'honneur qui m'est offerte; trop heureux si mon nom peut être de quelque utilité pour la défense des principes auxquels ma vie entière est consacrée!

Agréez l'assurance de mes sentiments affectueux.

FÊTE DE LA RAISON

AU PALAIS DU TROCADÉRO, LE 8 NOVEMBRE 1903

Discours prononcé par M. Berthelot.

Mesdames, Messieurs,

Nous célébrons aujourd'hui, dans cette enceinte, la fête de la Raison : elle a été proclamée, il y a un siècle, par nos pères républicains, au milieu de la tempête révolutionnaire, dans une éclaircie d'un jour. Entre nous et les éternels ennemis de la Science et de la Raison, la lutte dure toujours. Nous sommes, comme nos ancêtres, animés du même enthousiasme pour la vérité, la justice et la fraternité! Mais si la direction de l'esprit moderne est demeurée invariable, nous avons élargi notre horizon : au jour présent, nous ne devons plus nous laisser entraîner dans la tempête, jusqu'à répondre à la violence du fanatisme par une violence contraire. Nous devons conserver toujours la dignité sereine et la bienveillance pour tous, qui conviennent aux interprètes de la Raison. L'évolution progressive des idées et des sentiments de la démocratie nous impose des devoirs et une méthode nouvelle.

Les fêtes telles que celle d'aujourd'hui sont nécessaires : car il ne suffit pas de proclamer froidement les grandes maximes sociales dans des publications écrites, trop souvent accessibles aux seuls initiés. Celui qui possède la vérité ne doit pas la réserver pour son for intérieur; il doit la communiquer, faire de la propagande pour elle, chacun selon sa mesure. Dans l'isolement, les cœurs restent froids; mais quand les hommes sont rassemblés, les sentiments généreux deviennent communicatifs, les sympathies s'exaltent. Voilà pourquoi sont instituées les fêtes et les cérémonies telles que celle qui nous réunit ici !

Ce que ma faible voix serait insuffisante à faire, vous saurez le compléter et l'agrandir par le concours de vos convictions.

Messieurs,

La Raison a son histoire propre : elle a ses traditions et ses doctrines, au cours des phases diverses traversées par la civilisation.

La Science n'est pas apparue dès les premiers jours de la race humaine; elle s'est dégagée peu à peu du mélange confus de préjugés et de connaissances lentement acquises, qui a marqué l'existence des tribus primitives.

Les plus vieilles organisations n'ont connu la science qu'associée avec les rêves des religions antiques. Il y a vingt-cinq siècles seulement que l'esprit rationnel a donné les premiers signes de son existence indépendante, parmi les races qui peuplaient les rivages de la Méditerranée orientale. Mais depuis lors, de Socrate à Platon et à Aristote, de Galilée à Descartes et à Leibnitz, de Condorcet à Hegel et à Auguste Comte, de Voltaire et Rousseau à Renan, il a existé une chaîne continue de philosophes, de savants, de libres penseurs.

Dès les origines du Christianisme, on avait proclamé le Logos, c'est-à-dire la Raison universelle, qui éclaire tout homme venant dans ce monde. A la vérité, l'apparition de cette lumière était alors subordonnée à la révélation divine et elle fut obscurcie pendant dix siècles par l'oppression sacerdotale du moyen âge. Mais l'esprit moderne l'a dégagée de ces liens imaginaires. Nos prédécesseurs du XVIIIe et du XIXe siècle ont affranchi la science de cette servitude; c'est à leur tradition que nous nous rattachons et nous en poursuivons le développement, pour le bien de l'espèce humaine, avec une énergie et un succès toujours croissants; nous nous efforçons de la transmettre triomphante aux générations qui vont nous succéder.

Cependant, Messieurs, notre tradition, ne l'oublions jamais, est celle de la pensée libre. Dans notre enthousiasme pour la Science et la Raison, nous devons toujours maintenir ce principe fondamental qu'il s'agit de convaincre les hommes en nous appuyant uniquement sur leur adhésion volontaire, sans persécuter personne, sans jamais prétendre à l'infaillibilité, sans réclamer et imposer au nom de la raison le monopole de dogmes immuables.

Voilà pourquoi nous protestons, comme l'ont fait nos ancêtres, contre toute organisation sacerdotale et religieuse, exclusive du consentement individuel et empruntant sa force, ses doctrines et ses pratiques à une autorité surnaturelle, dont le siège et le mot d'ordre sont, d'ailleurs, étrangers, en dehors de notre propre patrie. La théocratie dans l'histoire du monde a toujours joué le rôle d'un parasite, qui vit aux dépens des nations et qui ne cesse d'y développer, comme en vertu d'un virus spécifique, le fanatisme, l'intolérance et la superstition. Si nous voulons l'écarter, ce n'est pas pour remplacer son oppression par la nôtre : c'est au contraire pour laisser à chaque individu la liberté complète de ses opinions, de ses croyances et de ses pratiques personnelles.

Messieurs,

Le règne de la Raison embrasse toutes les régions de l'activité humaine : activité intellectuelle, activité artistique, activité morale; il comprend l'idéal social tout entier. Tel est le domaine intégral qui appartient à la Raison.

Mais ce domaine ne nous est pas ouvert par une révélation théologique, développée à l'aide des méthodes de la scolastique d'autrefois : nous n'acceptons plus l'autorité des affirmations *a priori*. Aujourd'hui, dans l'ordre moral, aussi bien que dans les ordres physique, biologique et social, la science et la raison modernes reposent sur une même base : la connaissance des faits et de leurs relations générales, constatée par l'observation et l'expérimentation des phénomènes naturels. A l'infatuation du prêtre, organe infaillible et invariable de la pensée divine, a succédé la modestie du savant, qui cherche à se rendre utile aux hommes par la recherche pénible des faits et leur interprétation, modifiée sans cesse en vertu d'une évolution progressive.

Est-il besoin de vous rappeler à quel point cette méthode a transformé en peu de siècles, dans l'ordre moral aussi bien que dans l'ordre matériel, les sociétés humaines? Sans parler de l'astronomie, qui a révolutionné toutes nos conceptions sur la constitution de l'univers et fait évanouir les rêves d'autrefois sur le ciel et l'enfer, en même temps qu'elle fournissait à la navigation ses règles directrices; il suffira de nous souvenir comment la mécanique, la physique et la chimie ont assuré à l'homme une puissance toujours croissante sur la nature. Elles ont substitué au travail limité des bras de l'individu l'effort indéfini des forces naturelles, desservies et dirigées par son intelligence; par là, elles augmentent sans cesse la richesse et le bien-être universels. En même temps, les sciences biologiques ont prolongé la vie humaine et elles diminuent chaque jour davantage les risques et les souffrances des plus misérables, aussi bien que des plus fortunés.

Les sciences sociales, d'un effort parallèle, appuyées elles aussi sur une connaissance de plus en plus profonde des lois qui président à la marche des sociétés humaines, s'efforcent d'assurer à chaque citoyen une justice égale pour tous; c'est-à-dire les conditions les plus favorables au développement de ses facultés et à la réalisation de son bonheur et de celui de sa famille.

Voilà ce que nous entendons par le règne de la Science et de la Raison.

En réalité, il se confond avec la réalisation progressive d'un idéal basé sur les aspirations les plus élevées de la race humaine, qui entend désormais puiser ses ressources en elle-même. Nous poursuivons ainsi l'entente et l'harmonie de tous les citoyens d'un même peuple et de toutes les nations ; harmonie fondée à la fois sur le sentiment naturel de sympathie pour nos semblables, c'est-à-dire sur un sentiment imprimé dans chaque conscience individuelle, et sur la constatation scientifique de la loi de solidarité universelle.

LE CENTENAIRE DE KANT

CÉLÉBRÉ A KOENIGSBERG EN FÉVRIER 1904 [1]

Ce n'est pas en quelques lignes improvisées que l'on peut rendre compte de l'influence exercée par Kant sur l'Évolution de la philosophie et de l'humanité au xixe siècle. Je demande la permission de parler seulement du rôle que son œuvre a joué dans l'éducation des hommes de ma génération, dont je suis l'un des derniers et des plus modestes représentants.

L'action de Kant sur nos esprits a été surtout accomplie par deux livres : *la Critique de la Raison pure* et la *Critique de la Raison pratique*.

Dans la *Critique de la Raison pure*, il a établi le caractère essentiellement subjectif des bases de la connaissance, la relativité des catégories de l'entendement humain et leurs antinomies irréductibles. Les conséquences de cette conception capitale, loin d'être

[1]. Lettre adressée au *Königsberger hartungschen Zeitung*.

épuisées, continuent à se développer chaque jour, au milieu des discussions relatives aux fondements mêmes des sciences physiques et mathématiques.

Dans la *Critique de la Raison pratique*, Kant a assis la morale sur la notion interne de la conscience, écartant les prétentions des dogmatismes et des sanctions surnaturelles.

En même temps ce profond penseur s'associait de toute sa sympathie à l'entreprise de la Révolution française pour fonder l'organisation des sociétés humaines sur la Raison, et il préludait à la tentative que nous poursuivons maintenant pour faire reconnaître par les Gouvernements la Paix éternelle, comme le but du développement historique de la civilisation.

Sur tous ces domaines, les esprits les plus élevés de la France et de l'Allemagne se retrouvent aujourd'hui, comme il y a un siècle, unis dans la poursuite et dans la tentative de réalisation d'un même idéal, celui de Kant et des philosophes français du xviiie siècle.

CONGRÈS DE LA LIBRE PENSÉE

TENU A ROME LE 22 SEPTEMBRE 1904

Lettre de M. Berthelot.

Je salue le Congrès de la Libre Pensée, réuni à Rome, et j'envoie à ses membres mes souhaits pour leur œuvre et pour leurs personnes.

La réunion du Congrès de la Libre Pensée à Rome est un signe des temps; car Rome a été le centre de l'oppression de la science et de la pensée pendant plus de quinze cents ans. C'était bien là le puits de l'abîme, annoncé par l'Apocalypse, d'où sortaient les vapeurs empestées de la superstition, du fanatisme et de l'inquisition, soulevées par la théocratie. Appuyée sur ses milices monacales et congréganistes, elle prétendait maintenir éternellement les hommes sous la domination du double glaive spirituel et temporel. De nos jours même, nous avons entendu, à Paris, un dominicain réclamer l'intervention du bras séculier, du haut de la chaire de notre métropole.

L'Italie a souffert des prétentions de l'Église, plus peut-être qu'aucune autre nation au moyen âge, et davantage encore dans les temps modernes, alors que les libres développements de la pensée et de la science, à l'époque de la Renaissance, ont été étouffés dans son sein par la papauté. Le bûcher de Giordano Bruno fume encore, et le procès de Galilée ne saurait jamais être oublié; car ce fut la condamnation solennelle de la science elle-même, au nom du dogme et de l'Écriture sainte.

A Rome même, l'oppression cléricale n'a cessé de s'exercer que le jour où l'Italie a pris possession de sa capitale temporelle.

C'est donc une entreprise juste et digne, salutaire pour le genre humain, qui nous réunit ici, pour bien marquer l'évolution de l'esprit moderne et le triomphe de la société nouvelle, qui tire son autorité de l'indépendance absolue des opinions et des constatations irrésistibles de la science.

Voilà le drapeau que nous élevons en face du Vatican, siège de la révélation divine et de l'infaillibilité papale.

Cependant, conservons toujours la sérénité bienveillante qui convient à notre amour sincère de la justice et de la vérité. La voix de la science n'est ni une voix de violents, ni une voix de doctrinaires absolus. Quels qu'aient été les crimes de la théocratie, nous ne saurions méconnaître les bienfaits que la culture chrétienne a répandus autrefois sur le monde. Elle a représenté une phase de la civilisation, un stade, aujourd'hui dépassé, au cours de l'évolution progressive de l'humanité. Il serait contraire à nos principes d'opprimer à notre tour nos anciens oppresseurs, s'ils se bornent à demeurer fidèles à des opinions d'autrefois, sans prétendre les imposer.

Ce que nous voulons fermement, ce que nous avons le droit et le devoir de faire, c'est d'enlever à l'esprit clérical et rétrograde la direction officielle des États, et surtout la direction obligatoire des consciences, celle de l'éducation populaire et des œuvres de solidarité sociale.

Certes, nous n'avons pas les prétentions du prophète descendu du Sinaï pour exterminer ses ennemis et promulguer un Décalogue.

La science que nous proclamons procède d'un esprit nouveau de tolérance, fondé, je le répète, sur la liberté de la pensée et sur la connaissance exacte des lois naturelles.

Ne confondons pas cette méthode avec celle de la fausse science théologique, qui déduit, *a priori*, ses conclusions de dogmes imaginaires, révélés par l'inspiration divine; pure scholastique, vide de toute réalité, et vouée sans relâche aux affirmations absurdes et aux hérésies.

La science que nous représentons impose ses directions dans tous les ordres, industriel, politique, militaire, éducateur, et surtout moral, en s'appuyant exclusivement sur les lois naturelles, constatées *a posteriori* par les observations et les expérimentations des savants de tout genre : physiciens et mécaniciens, aussi bien qu'historiens et économistes; chimistes, médecins et naturalistes, aussi bien que psychologues et sociologues.

Nous établirons ainsi dans le monde le règne d'une raison affranchie des anciens préjugés et systèmes dogmatiques; c'est-à-dire un idéal supérieur, une morale plus haute et plus assurée que celle des temps passés, parce qu'elle est fondée sur la connaissance de la nature humaine et qu'elle proclame et démontre la solidarité intellectuelle et morale des hommes et des nations.

LA
REVUE PHILOSOPHIQUE DES CROYANCES

Lettre à M. Gaston Martin.

1er novembre 1901.

Monsieur,

Vous avez mon adhésion à votre double entreprise de la *Revue philosophique des croyances* et de l'Association rationaliste des Libres Penseurs.

Je vous la donne d'autant plus volontiers qu'elle ne s'applique pas à la fondation d'une doctrine absolue, d'une religion nouvelle, sortie par évolution ou hérésie des religions antérieures et prétendant imposer, au même titre qu'elles, des dogmes et des pratiques nouvelles.

A toute époque de l'histoire, au-dessus des réalités présentes, au-dessus de leurs connaissances et de leurs sentiments, de leurs craintes et de leurs espérances, les hommes ont élevé des fantômes représentatifs : les Dieux et les religions ; et, par une illusion singulière, ils se sont imaginé que ces fantômes créaient les réalités mêmes, d'après lesquelles le rêve humain les avait construites.

Aujourd'hui, nous entrons dans une ère nouvelle. Ce ne sont plus seulement les individus les plus intelligents, mais les peuples civilisés eux-mêmes qui commencent à comprendre le véritable caractère de ces fantômes. Ce qu'ils veulent, ce que nous voulons avec eux, c'est le triomphe pacifique de la science moderne et de la raison.

Appuyées sur la constatation des faits par l'observation et par l'expérimentation, la science et la raison sont seules capables de servir de fondements définitifs à la connaissance de la vérité et à la poursuite de ses applications.

Elles font chaque jour leurs preuves.

Leurs méthodes font évanouir de plus en plus les fantômes d'autrefois, parce qu'elles transforment, lentement sans doute au gré de nos désirs, mais sûrement, le monde matériel et le monde moral, pour le bonheur des individus et des nations.

Voilà pourquoi tant d'hommes éclairés, tant de citoyens dévoués et désintéressés travaillent aujourd'hui de concert parmi les peuples civilisés, en Europe et aux États-Unis ; voilà pourquoi ils s'associent pour affranchir l'éducation populaire des anciens préjugés et pour fonder l'organisation des Sociétés sur des bases nouvelles.

Vous êtes les ouvriers de cette grande œuvre et je suis l'un de vous.

BANQUET
DE LA
LIGUE DE L'ENSEIGNEMENT
(1899)

Toast de M. Berthelot.

Messieurs,

J'avais pensé à beaucoup de choses susceptibles d'intéresser la Ligue de l'Enseignement, mais je me félicite de voir ma tâche déjà accomplie : M. Léon Bourgeois, notre président, vous a exposé d'une façon admirable ce que je me proposais de dire sur le rôle de la science et sur son importance dans un régime démocratique.

Il est cependant un point sur lequel je crois essentiel d'insister pour mon propre compte, c'est sur l'utilité morale de la science dans les civilisations modernes. Ceci vous intéresse au plus haut degré, car vous êtes les promoteurs de la morale pour l'éducation populaire et générale; c'est un des buts fondamentaux de la Ligue de l'Enseignement. Il convient d'en parler avec d'autant plus de netteté, que dans les applications sociales de la science, il existe plusieurs points de vue.

Les gens qui signent trois étoiles, comme celui dont parlait tout à l'heure notre président, ces gens-là ne voient dans la science qu'un côté, c'est le côté d'utilité matérielle. Assurément nous ne devons pas le dédaigner; nous devons même y appuyer d'autant plus, que c'est là l'une des grandes puissances de l'esprit moderne, c'est l'une de nos principales garanties contre l'esprit de réaction et d'obscurantisme. En effet la science a pour effet immédiat de donner au peuple les moyens de vivre d'abord, et, par suite, de se développer intellectuellement, en l'affranchissant des antiques servitudes de la pauvreté. Mais il y a aussi d'autres points de vue dans la science, des points de vue plus élevés : je veux dire l'affranchissement des dogmes imposés, la liberté de la pensée, qui résulte d'une manière nécessaire de l'éducation scientifique.

J'ajouterai que la science est aussi la plus grande école de morale qui existe. J'insiste sur ce point. On a dit bien souvent et on répète encore, dans certaines classes, que ce sont les religions qui ont fondé la morale dans l'humanité. C'est là une erreur historique. Les anciennes religions étaient à peu près étrangères à la morale. Si on faisait appel à la puissance des dieux, par des formules, des prières et des sacrifices, c'était dans des buts d'intérêt personnel, où la moralité ne jouait d'ordinaire aucun rôle. La morale n'est entrée dans les religions qu'après coup, par la réflexion des philosophes, c'est-à-dire par la raison humaine, qui en a été la véritable fondatrice.

La morale, dans la religion chrétienne elle-même, n'a été introduite qu'à la suite des enseignements des philosophes grecs : c'est une chose qui a été démontrée bien des fois.

Oui! c'est la réflexion laïque des philosophes grecs, qui a séparé la science de la religion, avec laquelle elle était confondue à l'origine. C'est par suite de leurs méditations et de leurs préceptes que la morale a été fondée et établie scientifiquement dans le monde.

Le rôle éducateur de la science n'a pas été épuisé par là; c'est encore par elle que la morale est devenue de plus en plus pure, de plus en plus débarrassée du mélange des anciennes superstitions; pèlerinages, supplications aux saints et aux dieux, invoqués souvent dans des buts contraires à toute vertu.

En même temps la morale a pris pour principal objectif l'utilité sociale et humanitaire.

Messieurs, la science est la véritable école morale, proclamons-le hautement. Elle enseigne à l'homme l'amour et le respect de la vérité, sans laquelle toute espérance est chimérique. La science enseigne à l'homme l'idée du devoir et la nécessité du travail, non comme un châtiment, mais au contraire comme l'emploi le plus élevé de notre activité. C'est surtout à la science qu'est due la notion de la solidarité des hommes envers les autres.

Ce n'est pas que nous proclamions jamais des dogmes infaillibles, qui marquent le point d'arrêt de tout progrès humain. En effet, la science est une chose successive; les savants de chaque époque n'en sont que les représentants éphémères. La science se constitue par une série de progrès, de développements continus : elle est, comme le disait Pascal de l'humanité, elle est semblable à un homme qui vit toujours, et j'ajouterai, qui se rajeunit toujours.

Chaque savant aide à construire l'édifice toujours grandissant, cet édifice de solidarité, dans lequel tous les hommes d'une génération doivent être reconnaissants à ceux des générations qui ont précédé la leur; dans lequel tous les hommes de la génération présente doivent s'entraîner, s'appuyer les uns sur les autres et se dévouer au développement moral et matériel des générations qui les suivront. La modestie personnelle et l'esprit de sacrifice à la vérité et à l'humanité sont par excellence des vertus scientifiques.

Oui, Messieurs, vous êtes ici les représentants au plus haut degré de cette grande idée de solidarité que nous ne devons cesser de proclamer. C'est en témoignage de notre œuvre que je vous demande de saluer la Ligue et son président, M. Léon Bourgeois.

25ᵉ ANNIVERSAIRE
DE LA
SOCIÉTÉ D'ENSEIGNEMENT SUPÉRIEUR
11 JUIN 1903

Messieurs et chers Collègues,

L'histoire et la situation actuelle de la Société de l'enseignement supérieur et de la *Revue internationale*, publiée sous son patronage, ont été exposées avec trop de clarté par notre président, M. Croiset, doyen de la Faculté des lettres, pour que j'aie quelque chose à ajouter; si ce n'est mes compliments pour la direction imprimée à l'œuvre dont j'ai l'honneur d'être un des fondateurs. Si vous me donnez la parole en ce moment, c'est donc plutôt pour vous entretenir du passé que du présent, et pour rappeler les origines de notre Société. Ces origines sont lointaines.

Pour bien les comprendre, il faut se reporter à l'état de l'enseignement supérieur en France, il y a un demi-siècle. Après la Révolution de 1848, une réaction antirépublicaine et cléricale violente ne tarda pas à se déchaîner. Sous la direction de Falloux et de Dupanloup, elle s'attaqua à l'Université et à l'enseignement public, à tous ses degrés; surtout à l'enseignement supérieur, qui fournit aux autres leurs principes et leurs règles. La loi dite de Falloux fut son œuvre principale.

Après avoir renversé la République en 1851 et rétabli le pouvoir personnel d'un empereur, la réaction poursuivit son entreprise officielle d'oppression de la pensée, par l'organe du ministre Fortoul, aidé des adhérents du nouveau régime, tels que Dumas et Leverrier. C'était le temps où, dans des circulaires inoubliables, le ministre déclarait qu'il fallait réduire la philosophie à la logique et écarter de l'enseignement des sciences les idées générales, comme plus propres à égarer l'esprit, qu'à lui donner une direction utile. De 1849 à 1860 toute une génération de jeunes gens fut soumise à cette compression systématique de l'enseignement supérieur : elle a passé sous le rouleau du laminoir. Ceux-là seuls ont résisté qui étaient forgés dans un métal plus dur.

Cependant, après la guerre d'Italie, une certaine détente eut lieu et la libre pensée commença à relever la tête. Alors les esprits indépendants se mirent à agiter des idées de réforme et de progrès, dans l'ordre intellectuel et scientifique, et ils conçurent les projets les plus divers : semences fécondes dont nous avons vu de nos jours les développements plus ou moins amplifiés.

Tel fut le projet d'une association internationale de science et de haut enseignement, fondée par souscription et dont le siège eût été en Hollande, à l'abri de la pression cléricale. Beaucoup de gens riches à l'étranger et quelques-uns en France étaient disposés à appuyer cette fondation. C'est le germe dont notre Société actuelle est sortie; c'était aussi le germe des cours d'enseignement supérieur de la ville de Paris, abandonnés par le conseil municipal actuel. Tel encore le projet d'une Encyclopédie nouvelle, sur le modèle de celle de d'Alembert et Diderot; projet appuyé par les Pereire, et qui a été réalisé sous une forme moins vaste et plus tempérée dans la Grande Encyclopédie, achevée l'an dernier.

Je citerai encore les projets de fondation de grands laboratoires scientifiques et industriels de tous genres, indépendants des établissements universitaires; projets réalisés d'abord par l'École des Hautes Études, puis par la création de l'École de physique et chimie de la ville de Paris, et surtout, dans l'Université, par la réorganisation de nos Facultés des sciences.

Cette période d'agitation scientifique et philosophique aboutit à une première manifestation, lorsqu'un esprit plus libéral commença à régner dans le gouvernement. Le ministre Duruy, prenant conseil d'un certain nombre de personnes animées de l'amour du bien public, — parmi lesquelles Renan, Alfred Maury et moi-même nous nous faisions honneur de figurer, — fonda en 1868 l'École pratique des Hautes Études[1], destinée à fournir à la jeunesse les ressources et l'impulsion originale, que l'on n'osait alors chercher dans l'Université. Un directeur modeste et éclairé, Armand Du Mesnil, dont nous regrettons la mort récente, fournit au ministre et à la culture française le concours de son dévouement et de ses ressources d'administrateur. Sa main s'est retrouvée pendant vingt ans dans toutes les entreprises tentées pour relever et élargir l'enseignement supérieur.

Cependant les temps avaient marché. Après les catastrophes de 1870, des tentatives énergiques furent faites pour réaliser la direction démocratique et républicaine, que nous nous efforcions de donner à l'enseignement sous toutes ses formes et à tous ses degrés.

1. Le projet en était formé depuis longtemps. Voir ma *Correspondance avec Renan*, p. 225.

Une nouvelle ère de compression sembla apparaître au 16 mai 1877. Mais la tentative avorta et le progrès reprit : d'abord avec une lenteur modérée, au temps de Waddington. Du Mesnil publia alors les résultats d'une vaste enquête sur l'enseignement supérieur. Le ministre convoqua dans son cabinet une commission de savants, de philosophes et de républicains, qui a été en quelque sorte le premier cadre de la Société d'enseignement supérieur que nous représentons aujourd'hui. C'est cette commission qui a tracé le plan de la fondation des Universités, si heureusement réalisé par M. Liard.

En attendant, nous nous efforçâmes, avec le concours du Parlement, de développer d'un effort parallèle l'enseignement primaire, rendu à la fois laïque, gratuit et obligatoire, et l'enseignement supérieur. Peut-être m'est-il permis de rappeler ici la part que j'ai prise à cette double réforme : d'une part, dans la discussion au Parlement des lois relatives à la laïcité de l'enseignement primaire, comme président de la Commission sénatoriale ; et d'autre part, depuis 1876, en qualité d'inspecteur général, poursuivant la réorganisation de l'enseignement supérieur pendant quatorze ans. J'ai tracé le plan et le cadre des Facultés des sciences renouvelées et j'ai établi le système de leurs laboratoires et des bourses d'enseignement supérieur. J'ai cherché depuis, au Parlement, à assurer le maintien et le recrutement de la haute culture, dans la discussion de la loi militaire de 1889. Puissent les changements que l'on va y introduire aujourd'hui ne pas amoindrir le développement intellectuel de la France !

Cependant l'effort officiel du ministère de l'Instruction publique, soutenu par le concours persistant du Parlement, n'a pas cessé de se développer sous une série de ministres dévoués à la République, depuis Jules Ferry, Goblet et moi-même, jusqu'à MM. Fallières, Bourgeois, Dupuy, G. Leygues, et le Ministre éclairé, à côté duquel j'ai l'honneur de siéger aujourd'hui, M. Chaumié. Nous n'avons pas cessé de trouver dans la direction de nos services des hommes hors ligne par leur intelligence et par leur bonne volonté, de Du Mesnil jusqu'à Dumont, jusqu'à M. Liard, le principal organisateur des Universités et à M. Bayet, son digne successeur.

Sous ces efforts réunis, l'instruction publique a pris un essor inconnu jusque-là dans l'histoire de la France. L'enseignement supérieur en particulier, sans cesse développé, a été élargi dans sa base par la création des Universités, qui lui ont assuré en même temps une autonomie plus grande et le concours de plus en plus efficace des municipalités et des fondations individuelles. Puisse cette prospérité grandir de plus en plus, pour le bien et l'honneur de la culture française!

N'oublions pas cependant que les Universités ne représentent pas tout, dans l'ordre de la haute science. Leur destination, telle qu'elle a été surtout comprise en France jusqu'à présent, est essentiellement professionnelle. S'il en était autrement, elle risquerait de perdre l'assentiment et le concours complet des pouvoirs publics; attendu qu'il s'agit d'abord de faire une œuvre utile et profitable à la grande masse des citoyens.

Mais il convient de rappeler constamment que ce n'est pas là le degré le plus élevé, l'*apex* de la culture; celui qui en définitive domine tous les autres, quoiqu'il ne convienne pas de leur donner à tous cette direction supérieure, accessible seulement à un petit nombre d'élèves.

Non certes que ce degré soit interdit aux Universités; elles comptent des esprits que personne ne surpasse. Cependant la destination pratique imposée à leurs cours ne permet pas de les consacrer entièrement au développement des idées théoriques, des hypothèses, des tentatives, parfois risquées, pour aller en avant; lesquelles sont au contraire légitimes dans les établissements sans destination professionnelle, tels que le Collège de France. Ces derniers sans doute devront toujours demeurer à l'état d'exception. Mais on ne saurait les fusionner, les confondre dans les Universités, sans risquer d'apporter à notre culture nationale un dommage grave et permanent.

Notre Société d'enseignement supérieur, en effet, n'est pas purement universitaire : elle représente l'enseignement sous toutes ses formes. Elle a poursuivi jusqu'ici et poursuivra son œuvre d'initiative et de propagande dans toute son étendue.

COLLÈGE DE FRANCE. SOUVENIRS

C'est en 1846 que j'ai commencé à fréquenter notre vieil et toujours jeune Collège de France, en qualité d'auditeur respectueux. J'y venais avec Renan, qui suivait les cours de sanscrit d'Eugène Burnouf; nous nous joignions souvent au petit groupe d'élèves zélés qui l'écoutaient et le suivaient ensuite le long de ce trottoir de la place Cambrai, où ont passé tant de générations fidèles aux idées modernes. Nous écoutions avec respect les conversations de ce profond érudit philosophe, si versé dans l'étude des religions. Nous avons recueilli dans ses leçons sur le *Lotus de la bonne loi* le germe de certaines des idées que Renan a développées d'une façon si géniale dans ses ouvrages littéraires et historiques. Elles ont concouru aussi à la formation de mon propre esprit et joué un rôle dans les réflexions qui ont élargi et affranchi ma pensée.

Mais c'est dans les cours d'autres professeurs, devenus bientôt mes amis, que j'ai puisé les principes de mon œuvre scientifique personnelle. Les enseignements de Pelouze, qui a précédé au Collège de France Balard, dont j'ai été pendant près de dix ans le préparateur, les leçons plus anciennes de philosophie chimique de Dumas, les conversations pleines d'un bon sens ironique et parfois arriéré de Biot, celles de mon ami Claude Bernard, qui était alors préparateur de Magendie — j'en passe et des meilleurs — et surtout les exemples et les méthodes de Regnault, alors dans tout l'éclat de sa gloire de physicien, étroit peut-être en ses vues générales, mais qui a donné des modèles non surpassés de rigueur expérimentale, ont eu la plus grande influence sur mon éducation scientifique.

Voilà comment Renan et moi nous nous sommes formés dans ce grand Laboratoire de l'esprit humain et des méthodes libres de la science laïque ; comment nous avons été conduits à faire effort pour y entrer, à notre heure, et tâcher de rendre à nos successeurs les services que nous avions reçus de nos aînés : continuant ainsi la transmission perpétuelle de l'inextinguible flambeau !

Institué au xvie siècle, en opposition avec l'esprit toujours plus ou moins systématique et professionnel de la Sorbonne et des Universités, le Collège de France n'a pas cessé de conserver le caractère indépendant, si fortement imprimé à ses origines par ses fondateurs. Si ce grand Établissement venait à être affaibli ou absorbé dans l'Université de Paris, comme ont tenté parfois de le faire des personnes imparfaitement renseignées sur les voies multiples et nécessaires de l'évolution de la libre recherche scientifique, en France surtout, mais aussi dans les autres pays civilisés, la culture générale en éprouverait quelque amoindrissement.

AU BANQUET
DU
CERCLE RÉPUBLICAIN DE L'YONNE
(1904)

Mes chers compatriotes, Mesdames,

Nous représentons ici l'alliance de l'Yonne et de la Seine :

L'Yonne, vous le savez, est l'un de ses affluents : c'est même, je crois, le principal. En bonne justice, le fleuve qui coule à Paris devrait s'appeler l'Yonne : Paris devrait s'appeler Sens ou Auxerre. Ce serait d'autant plus légitime que si les eaux du fleuve sont grossies par celles de l'Yonne, la population de Paris s'accroît continuellement aux dépens de l'Yonne. Vous en venez la plupart directement, et moi par plusieurs de mes ancêtres : c'est l'un des meilleurs contingents qui entretiennent la grande capitale. Permettez-moi de vous raconter une vieille histoire.

Les géologues prétendent que nos montagnes du Morvan étaient autrefois — longtemps avant qu'il y eût des hommes sur la terre — hautes de 6000 mètres. Il en sortait un grand fleuve, large comme les grands cours d'eau d'Amérique, qui se jetait à la mer dans un golfe occupé aujourd'hui par la Ville de Paris. Le centre géographique du bassin de ce fleuve existait sans doute en Bourgogne.

Aujourd'hui les montagnes se sont abaissées et le centre moral de la vallée bourguignonne agrandie est descendu vers Paris : il est devenu le foyer de la grande patrie française.

J'y suis né; mais dès mes premières années mes souvenirs se reportent vers vous, mes chers compatriotes. En effet, les plus vieilles images imprimées dans ma mémoire sont celles d'un voyage en coche, où ma nourrice m'emportait vers Sens. A cette époque lointaine, aux environs de 1830, on mettait plusieurs jours pour remonter la Seine, sur de gros et lourds bateaux; appelés *coches*, traînés par des chevaux et qui emportaient à la fois gens et choses, enfants et marchandises, dans leur lente navigation. Ils redescendaient ensuite, chargés de vin et de denrées agricoles. Les vins de Bourgogne sont célèbres depuis bien des siècles. Ils communiquent aux gens de l'Yonne et de la Côte-d'Or leur chaleur généreuse et leur franchise loyale. Je ne sais si ma nourrice en usait; nous en buvons tous ici, sans doute avec modération.

Nous sommes tous ici, gens du terroir bourguignon, de braves gens, au cœur droit, à la main ouverte, à l'esprit intelligent, amoureux du progrès et de la libre pensée, de bons patriotes, de bons républicains!

Messieurs, je lève mon verre au département de l'Yonne, à Paris, à la France, à la République!

LES FÉLIBRES A SCEAUX

(28 juin 1903)

Les félibres ont célébré le 28 juin 1903, à Sceaux, leur fête annuelle.

> C'est pour ne pas perdre l'accent
> Que nous fondâmes la cigale !!!

a dit Paul Arène; et M. Maurice Faure :

> Li félibre de Paris
> Amon la lengo dou Païs.

Cigaliers et félibres furent autrefois rivaux. Les profanes les confondent volontiers depuis la paix faite; et d'ailleurs le soleil que nous avons à Paris aujourd'hui n'a-t-il pas pu briller à Sceaux pour le Midi tout entier?

Il y avait donc là-bas jeux floraux, cour d'amour, banquet cigalier, etc., sous la présidence d'honneur de M. Berthelot membre de l'Institut, secrétaire perpétuel de l'Académie des sciences, et ancien ministre.

— Mais, direz-vous, M. Berthelot n'est pas du Midi!

C'est fort juste; mais nombre d'autres présidents de ces fêtes ne furent pas non plus du Midi; et le discours de M. Berthelot qu'on va lire prouve que ce n'est peut-être pas nécessaire.

Discours de M. Berthelot.

Mesdames, Messieurs,

Je ne m'attendais guère, il y a quelques jours, à avoir l'honneur et le plaisir de prendre la parole devant cette aimable et joyeuse compagnie : je vous prie d'excuser mon insuffisance. J'ai été assailli et fait prisonnier par surprise, en plein midi, en plein Paris, au débouché du chemin de fer, sur le boulevard Montparnasse. Vous savez que Boileau, poète un peu démodé, prétendait autrefois que

> Le bois le plus funeste et le moins fréquenté
> Est, au prix de Paris, un lieu de sûreté.

Il avait prévu les tramways.

Je m'efforçais, avec prudence, de traverser sans être écrasé le réseau de voies entre-croisées où circulent en tous sens ces innombrables et dangereux véhicules, réunis en ce point sans doute avec préméditation, pour annoncer aux voyageurs les périls qu'ils vont courir dans la Babylone moderne. A ce moment, j'ai été entouré subitement par des brigands, des brigands sympathiques : c'étaient mes amis Maurice Faure et Deluns-Montaud, assistés par votre fondateur, M. Sextius Michel. Ils m'ont séquestré sur le trottoir et mis à rançon : je veux dire demandé le plus poliment du monde de venir gaber ensemble à la fête des Félibres. Je suis tombé dans l'éternel piège d'amitié tendu par le Midi à notre innocence septentrionale. Mes amis m'ont sommé, au nom et en mémoire de compagnons et de prédécesseurs trop illustres et trop sympathiques pour ne pas me séduire : Renan, dont le souvenir m'est cher; Claretie, Jules Simon, Theuriet, Anatole France, Bréal, Benjamin Constant, mes confrères en académies; Georges Leygues, Desmons, mes collègues au Sénat : nous livrons la même bataille pour la libre pensée moderne et pour la République.

Quand on est attiré par tant de fibres secrètes jusqu'au fond du cœur, on ne saurait refuser; quand on est soutenu par de pareils patrons, on peut réclamer de vous quelque indulgence.

J'en ai besoin, Mesdames et Messieurs : j'ai besoin d'indulgence; car je n'ai point, hélas! comme vous, de petite patrie : je ne suis ni félibre de Gascogne, ni de Provence, ni même félibre de Bretagne, comme mon cher et regretté Renan : je suis félibre de Paris.

Paris, vous le savez tous, est la grande Provence et la grande Gascogne : Gavroche est le cousin de Tartarin et de Cyrano; je pourrais dire de Pulcinella et de Don Quichotte, si je voulais pousser jusqu'aux limites de la fraternité néo-latine des Méridionaux. Paris est le grand confluent de la France.

Les Parisiens, d'ailleurs, même natifs de Paris, comme moi, ont leur ascendance hors de Paris. Votre serviteur ici présent est petit-fils d'Orléanais et de Bourguignons. Les guépins d'Orléans et les Bourguignons salés, mes ancêtres, ne répudieraient ni la malice, ni la gaieté, ni le patriotisme des gens de Marseille et de Bordeaux; peut-être étaient-ils moins Gascons, mais tout pareillement prompts à bien faire, à aider les amis, tous également Français!

L'ENFANCE D'UN SAVANT.

Je n'ai point de petite patrie, si ce n'est dans les souvenirs de famille. Je n'ai point au fond de ma mémoire la vision de ce petit champ, engraissé des sueurs des miens, de cette chère et modeste maison, à laquelle sont attachées les premières images, les premières amours. Je suis né en place de Grève, au coin de la rue du Mouton, vers le centre du carré gauche de la place de l'Hôtel-de-Ville, en faisant face à l'édifice. Là, existait, au commencement du siècle dernier, une vieille maison, maison qui avait une histoire. C'était la maison de la lanterne, au temps de la Révolution : elle appartenait à mon grand-père maternel. Il n'y fut pas pendu et n'y pendit personne, quoiqu'elle ait servi à d'autres. Mon enfance et ma jeunesse se sont écoulées dans une autre maison, maison des anciens échevins, sise rue des Écrivains, vis-à-vis de la tour Saint-Jacques la Boucherie.

Mais, aujourd'hui, je ne puis trouver en ces lieux aucune image pour y rattacher mes souvenirs; car il ne reste des deux maisons ni une pierre, ni une motte de terre ; le sol même a péri, abaissé par le nivellement de la rue de Rivoli, il y a un demi-siècle.

C'est là que j'ai été élevé, entouré de l'amour des miens, dans la tradition républicaine, au bruit du canon et de la fusillade, au milieu des barricades, des émeutes du règne de Louis-Philippe, de la Révolution de 1848 et des journées de Juin. Depuis ma première enfance, à l'âge le plus tendre, la mémoire la plus vieille qui me reste est celle des blessés ensanglantés, frappés à Saint-Merri et rue Transnonain. On les amenait pour être secourus à mon père, médecin du bureau de bienfaisance pendant trente années et ami du peuple; il était né en Sologne d'un volontaire de 1792.

Vous voyez que les souvenirs d'enfance d'un Parisien sont moins gais que les vôtres.

La campagne, la verdure de nos premières années, ce sont ces petits bois, ces légères collines de Meudon et de Sèvres, de Sceaux et d'Antony, où vous avez placé le siège de l'Association des félibres; j'y suis attaché par des images et des impressions qui datent de 1830.

L'INVASION DU MIDI.

Jusqu'à l'âge de vingt ans, mon horizon ne s'est pas étendu au delà de la vallée de la Seine, depuis Dieppe et le Havre, au Nord, jusqu'à Sens et Fontainebleau, au Midi. Mais pour aimer la grande patrie, il faut la connaître, il faut la parcourir, il faut avoir serré la main de tous les Français, chacun sous son climat natal. Je n'ai pas manqué à ce devoir.

C'est en 1849 que j'ai opéré l'invasion du Midi; nous étions deux compagnons, Renan et moi, épris d'un même idéal de science et de liberté. C'était pour tous deux la découverte d'un monde inconnu, qui a ouvert notre intelligence et notre cœur vers les plus vastes horizons. Nous avons descendu le Rhône, de Valence à Arles et à Avignon. Puis nous nous sommes séparés, lui pour aller à Rome, moi aux Pyrénées.

C'est alors que j'ai eu la révélation de la splendeur de la lumière, l'enchantement de la mer et de la montagne! J'y suis revenu bien des fois, au cours de mon existence; j'ai parcouru à quinze ou vingt reprises la vallée du Rhône, le Dauphiné, la Provence, le Languedoc; j'ai pu apprécier la chaleur généreuse et l'enthousiasme poétique du Midi; j'y ai noué de chers et durables attachements. Hélas! le souvenir de mes amis s'attache aujourd'hui à plus de figures disparues qu'à de visages vivants : c'est la destinée des vieillards! Mais mon cœur n'a pas été refroidi par les années, et je n'ai pas cessé de retrouver de nouvelles affections; je salue ici les plus récentes, celles dont la chaleur bercera mes derniers jours.

Et maintenant, me voici devant vous, me demandant quel titre mes amis les félibres et les cigaliers ont pu invoquer pour me convaincre, autre que celui de leur bienveillante amitié. Peut-être m'ont-ils pris pour un poète. A cet égard, j'ai des précédents, inconnus d'ailleurs de tout le monde; je n'ai pas l'habitude de me vanter. Dans mon adolescence, j'ai eu tous les prix de vers latins au collège Henri IV, de la quatrième à la rhétorique. C'était le temps où florissait cet exercice aujourd'hui suranné : je ne vous lirai aucun de mes vers latins. En même temps, j'ai écrit une multitude de vers français, sur les sujets à ma portée d'alors : je vous en ferai grâce. En tout cela, vous n'y verrez assurément aucune production de félibre. J'en conviens. Cependant la réunion de ce double titre, poète latin et poète français, ne pourait-elle pas être invoquée devant Mistral et Pétrarque, ces merveilleux poètes romans d'autrefois et d'aujourd'hui? La langue romane étant l'intermédiaire historique entre le latin et le français, prenons la moyenne entre les vers latins et les vers français : nous aurons peut-être des poésies provençales. Je laisse aux dialecticiens ici présents le soin de soutenir cette thèse, que j'abandonne pour mon propre compte, n'ayant conservé dans mes archives aucuns papiers ou texte que je puisse invoquer en ma faveur et n'ayant pas l'intention de débuter dans la carrière à soixante-seize ans.

J'en suis désolé; car plus jeune, dans ma curiosité universelle, j'aurais peut-être essayé de composer un sonnet provençal en l'honneur de Florian et des dames qui ont l'indulgence de m'écouter.

AU TEMPS PASSÉ.

J'ai d'ailleurs un titre plus précis à mettre en avant; je suis chimiste. Or, quelques-uns des cigaliers érudits présents dans cette réunion pourraient vous dire que les alchimistes d'Alexandrie et de Constantinople, il y a seize siècles, s'appelaient du nom de *poiétès*, les poètes, c'est-à-dire les créateurs : créateurs de richesse et de santé, faisant de l'or et prolongeant la vie, créateurs de la philosophie de la nature et disciples d'Aristote et de Platon. C'est écrit dans les vieux textes. Sans doute leur science était en partie chimérique; c'était une science d'espérance, et l'espérance humaine est toujours mêlée d'illusions. Les chimistes modernes n'ont pas répudié l'idéal de leurs antiques précurseurs. Eux aussi prétendent être des créateurs de richesse et de vie.

Ils créent de l'or : non comme le prétendaient les alchimistes, en faisant de l'or matériellement avec le concours de la magie; mais par les transformations de la matière, fondées sur la connaissance des forces mystérieuses. C'est ainsi que la synthèse chimique reproduit les corps naturels et tire chaque jour du néant des milliers de composés, que la nature n'avait jamais connus, qui font la richesse et la prospérité des nations et qui accroissent sans cesse le bien-être de l'espèce humaine.

Au cours d'une semblable création incessante se manifeste cette loi fatale, en vertu de laquelle le possesseur de la puissance magique ne devait pas en profiter pour lui-même. Ceux qui font ces merveilleuses inventions ne possèdent toute leur initiative, toute leur puissance créatrice qu'à la condition d'être désintéressés, comme le Richi Indien. Celui qui

abaisse son idéal et qui s'en distrait, ne tarde guère à
perdre le génie nécessaire pour le poursuivre.

Il en est, à cet égard, du savant, comme de l'artiste.
La science et l'art créent leur objet, à la condition de
demeurer dans le domaine de l'invention. C'est là
seulement que l'on aperçoit dans toute leur sincérité,
la beauté pure et la vérité pure, dont nous nous efforçons sans cesse de réaliser les types idéaux.

LE CHANT DE LA CIGALE D'OR.

Hâtons-nous d'ajouter que cet idéal ne comprend
pas seulement le culte abstrait de la vérité et de la
beauté; il serait incomplet et égoïste, s'il n'était pas
en même temps un idéal moral. La science n'est
cultivée dans toute sa plénitude que par le savant qui
conserve la pleine liberté de sa pensée et qui la
réclame pour les autres; par le savant qui se souvient
toujours que la science est le résultat du travail collectif des hommes et que le devoir de chacun de nous
est de travailler sans cesse à diminuer la somme des
maux matériels et moraux dans l'humanité.

L'idéal du savant est un idéal de bonté et de solidarité : c'est ce que proclame, sous la verdure impérissable des arbres du Midi, de l'olivier, du laurier,
du cyprès, le chant éternel de la cigale d'or.

L'ÉCOLE DE PSYCHOLOGIE [1]

Messieurs,

Vous poursuivez l'un des problèmes les plus essentiels, le plus essentiel peut-être pour l'humanité, celui des relations de la psychologie avec la physiologie, deux grandes et belles sciences. Vous essayez d'en fixer les méthodes et d'en établir les connexions.

C'est ce qu'on appelait au xviie siècle les rapports entre le physique et le moral, entre l'âme et le corps, dans les systèmes d'autrefois. Rapports nécessaires et dont on recherche pourtant en vain la conciliation depuis l'origine des religions et des philosophies! L'antinomie réside dans le fond même de la nature humaine. Vous en connaissez les deux faces, les deux points de vue opposés. Au point de vue de la science positive, c'est-à-dire de la constatation des faits du

1. Discours prononcé, à l'ouverture des cours, le mardi 10 janvier 1905.

monde extérieur, il semble que la psychologie relève uniquement de l'observation physique, chimique, anatomique, physiologique. On a même déclaré que la pensée et le sentiment moral sont les produits, les sécrétions, a-t-on dit, de l'organisation : ce qui n'est ni clair, ni logique. Car, entre les deux, il n'y a point de commune mesure possible.

D'ailleurs toute notre science positive repose, ne l'oublions pas, sur une pétition de principes. En effet toute observation des phénomènes du monde extérieur, envisagé comme support des existences, suppose la réalité objective des conceptions de l'esprit humain, et sa certitude repose sur une double affirmation. On peut soutenir — et c'est la thèse de l'idéalisme — que l'esprit humain est la seule mesure légitime des choses et le créateur véritable de toute connaissance. La conception de l'univers n'est que le reflet de notre propre pensée, de nos propres sentiments.

Dans l'ordre moral et intellectuel, ceci ne peut être contesté ; car il n'existe, je le répète, rien de commun entre notre conception de l'ordre spirituel et psychologique et notre conception de l'ordre matériel et physiologique. L'harmonie d'un concert musical ne réside pas dans les instruments, mais dans les sensations subjectives de ses auditeurs. La beauté et l'harmonie d'un paysage n'existent que dans l'imagination du spectateur. La douleur et la joie, le plaisir et la souffrance, le sentiment même du bien et du mal n'ont d'autre support que la conscience humaine. Leur caractère propre ne peut être réduit à aucune mesure de vibration nerveuse, ou de réaction chimique. De là, l'antagonisme irréductible entre les religions et la raison, entre la science et le mysticisme.

Dans cette perpétuelle illusion de la vie, où est la réalité absolue? Est-ce le monde de la matière, déterminé par les lois fatales de la mécanique? c'est alors la théorie de la science positive qui satisfait davantage l'intelligence. Est-ce le monde interne de la conscience, réglé par les lois de l'ordre moral et intellectuel? c'est alors la théorie de l'idéalisme qui satisfait mieux notre sentiment intime du beau et du bien.

Messieurs, uniquement attachés aux méthodes de la science positive, vous avez renoncé à agiter ces problèmes insolubles et vous vous êtes cantonnés avec sagesse sur le terrain solide du relatif.

Je dis solide : car après tant de controverses et de discussions, nous avons fini par reconnaître que c'est surtout en établissant les lois générales des phénomènes observables que l'on peut espérer, sinon accomplir le songe intérieur, du moins apporter aux sociétés humaines quelques règles certaines pour améliorer les conditions physiques et morales qui président à l'organisation sociale. Quant à l'individu, c'est à lui de diriger sa destinée particulière, et chacun de nous s'efforce de le faire à sa façon et conformément à son idéal !

L'enfance vit joyeuse dans l'égoïsme naïf de la sensation ; la jeunesse se lance avec enthousiasme à la mise en œuvre de ses énergies, qu'elle croit aussi illimitées que ses ambitions. Quant à la vieillesse, ses rêves sont finis ; elle voit mourir tous ceux qu'elle aime ; elle est entourée des ruines de ses affections, et elle ne trouve de consolation que dans un noble sentiment, celui d'avoir accompli ses devoirs vis-à-vis des autres hommes et de le poursuivre, en souriant avec bonté à l'enfance innocente, en aidant de toutes ses sympathies la jeunesse dans l'effort éternel de l'humanité vers la vérité, vers le bien, vers l'idéal !

Voilà pourquoi je suis venu aujourd'hui parmi vous.

LES CAUSES FINALES

Lettre à M. Sully Prudhomme, de l'Académie française.

J'ai beaucoup médité, comme vous, sur cette question, si souvent agitée, des causes finales et des harmonies biologiques. Je ne crois pas qu'il s'agisse là des antinomies kantiennes; nous sommes dans la région des problèmes naturalistes.

La théorie de Darwin, qui explique les phénomènes par l'hypothèse d'une double accommodation progressive des êtres organisés, accommodation individuelle et accommodation héréditaire, est assurément insuffisante; au moins autant que la théorie théologique de la Providence universelle.

Cependant il ne paraît guère douteux pour tout observateur fidèle et attentif des faits, que chaque être vivant, chaque cellule, pour remonter aux composants primitifs des êtres vivants les plus élevés, ne poursuive son développement vital conformément à l'apparence d'une idée fondamentale ; — d'ordinaire personnelle et privée, mais parfois aussi collective, comme le montre l'histoire naturelle des Sociétés formées d'individus isolés et celle des agrégations d'individus végétaux et animaux, enchaînés les uns aux autres.

Or cette idée est essentiellement égoïste : l'harmonie de la nature, c'est la lutte, c'est-à-dire suivant le mot d'un philosophe pessimiste, le carnage universel. Cette idée préexiste à l'évolution de l'individu. Elle est héréditaire, et elle se manifeste avec une subtilité de prévisions et de combinaisons qui dépasse les capacités de déduction rationnelles de l'intelligence humaine : ce qui ne veut certes pas dire qu'elle soit dirigée par une volonté personnelle, ou par des mobiles mystiques.

Mais ce sont là des apparences.

L'eau du ruisseau s'écoule dans la plaine, au milieu des fleurs ; elle s'évapore et le courant d'air la ramène sans cesse vers la montagne, où le froid la congèle. Elle en redescend, en suivant toujours la même pente naturelle et la route artificielle qu'elle y a tracée à la longue, et elle entretient le cours du ruisseau, qui conserve toujours la même figure générale. Or ce n'est pas mue par un ingénieur intelligent que l'eau a creusé le rocher en canaux réguliers. Ce n'est pas en vertu d'une volonté personnelle, humaine ou divine, que les cailloux roulés ont pris des formes géométriques, et que les mêmes fleurs arrosées reparaissent sur les bords de ces canaux, aux mêmes époques de l'année.

Il y a bien là la tendance vers une fin, qu'un observateur superficiel pourrait déclarer prévue à l'avance.

En conclurons-nous que l'eau est animée par un esprit, une naïade, et que son action réalise un idéal, en déterminant avec préméditation toutes ces régularités?

S'il s'agissait d'un être vivant, l'hypothèse finaliste serait plus frappante encore, mais non plus démontrée.

Bornons-nous donc à constater la faiblesse de notre esprit à poursuivre les déductions logiques de l'enchaînement des causes et des effets, au delà de trois ou quatre suites de syllogismes, liés méthodiquement les uns aux autres, lesquelles représentent la mesure et la limite de la force de l'esprit humain. Un être plus intelligent que l'homme, — s'il en existe actuellement au sein de l'Univers, ou bien s'il vient à en apparaître dans la suite des âges à la surface de notre petit globe, — pénétrera sans doute plus profondément dans la conception des choses.

LES MERVEILLES DE L'ÉGYPTE
ET
LES PRESTIGES DES PRÊTRES
ET DES SAVANTS DANS L'ANTIQUITÉ

La science, en Égypte comme en Chaldée, fut d'abord cultivée dans les temples, avant de devenir purement laïque chez les Grecs. A Alexandrie, l'enseignement philosophique avait revêtu une forme mystique chez les néoplatoniciens; et le didascalée d'Alexandrie, après avoir été une école de philosophes, retourna aux origines traditionnelles, quand l'inspiration des fondateurs fut épuisée; et depuis lors, elle ne forma plus guère que des prêtres[1]. Synésius, platonicien converti et alchimiste, finit par devenir évêque. Énée de Gaza, qui ne fut pas non plus étranger à l'alchimie, avait aussi passé du platonisme au christianisme.

1. Voir Matter, *Histoire de l'École d'Alexandrie.*

Aussi, en lisant la traduction, par le baron Carra de Vaux, de l'ouvrage arabe intitulé *l'Abrégé des Merveilles*, n'ai-je pas été surpris de rencontrer nombre de rapprochements entre les traditions et imaginations populaires qui y sont rapportées et les expériences authentiques des savants de l'école alexandrine.

Reproduisons d'abord les termes dans lesquels s'y trouve appréciée la science des prêtres d'Égypte :

« Ils fondaient leur art sur les étoiles, qui leur révélaient les choses cachées et la science occulte. Ils firent les talismans fameux, construisirent les figures parlantes, sculptèrent les statues mouvantes, gravèrent sur la pierre les secrets de la médecine, bâtirent les édifices élevés et les pyramides. Les merveilles qu'ils accomplirent sont manifestes; leur sagesse est éclatante. »

La corrélation entre les traditions, souvenirs et légendes de l'ancienne Égypte et les descriptions exactes des physiciens grecs de l'époque ptolémaïque et romaine ne saurait être révoquée en doute, d'après les indications précises qui vont être relevées. Les unes et les autres se rattachent assurément aux pratiques des prêtres égyptiens contemporains. Il s'agit des mêmes phénomènes, souvent à peine déformés par la légende, ainsi qu'il ressort à la fois des textes d'Héron d'Alexandrie et de ceux des écrivains chrétiens, adversaires acharnés du paganisme, notamment de l'auteur de *Philosophumena*. M. Rochas, dans son ouvrage intitulé *les Origines de la science et ses premières applications*, a réuni un certain nombre de ces textes. Les pratiques qui y sont décrites remontent sans doute beaucoup plus haut.

Si quelques-unes reposent sur les méthodes d'une géométrie et d'une mécanique raffinée et n'ont guère pu être inventées avant les découvertes des mathématiciens grecs, cependant la plupart étaient d'une exécution plus facile et elles ont dû être imaginées dans le loisir des sanctuaires, à une époque où la science était purement sacerdotale et où l'un des principaux soins des prêtres était d'augmenter l'autorité du culte par des prestiges. Un certain nombre d'ailleurs n'avaient point de caractère frauduleux. Quant aux autres, rappelons que la fraude même, en pareille matière, ne paraissait pas condamnable à des hommes qui y voyaient un sujet d'édification religieuse.

Plus d'un exemple de la perpétuité de semblables pratiques est venu jusqu'à notre temps; et nous pouvons citer des faits anciens qui se reproduisent encore de nos jours, bien qu'ils aient été expliqués depuis près d'un siècle. Tel est le prodige du sang de saint

Janvier, que chacun peut voir à Naples et que tout chimiste sait imiter aujourd'hui. Le professeur de Luca, il y a une trentaine d'idées, en donnait à son cours, à Naples même, une véritable représentation. En tout cas, si l'apparition de ce prodige à Naples date au plus du xive siècle, il paraît dériver d'un vieux miracle païen sur la liquéfaction de l'encens, accompli autrefois près de Brindes et dont parle Horace (*Satirarum liber* 1, *sat.* v) :

> Dum flamma sine, thura liquescere limine sacro
> Persuadere cupit : credat Judaeus Apella.

Je serais bien surpris si l'on ne retrouvait, aussi, de notre temps, plus d'un récit et d'un artifice magique d'autrefois, conservés chez les populations présentes de l'Égypte.

Quoi qu'il en soit, le départ entre les pratiques antiques, qui procédaient des traditions des anciens habitants de l'Égypte, et les procédés plus récents, empruntés aux savants grecs qui ont perfectionné ces anciennes pratiques et en ont introduit de nouvelles, ce départ, dis-je, ne peut plus être fait aujourd'hui, en l'absence de tout document antérieur. « Les cahiers des anciens prêtres, les livres des Égyptiens », pour parler comme l'*Abrégé des Merveilles*, ne sont pas parvenus jusqu'à nous. Cependant leur existence ne paraît pas devoir être niée absolument. Nous possédons encore, — et je les ai publiés dans la *Collection des Alchimistes grecs*, — plusieurs traités relatifs à la teinture, à la préparation des métaux, des verres et des étoffes, à la fabrication des pierres précieuses artificielles, et même aux enduits phosphorescents, etc. Or les auteurs de certains de ces traités déclarent avoir tiré leurs recettes, — qui sont réelles et susceptibles d'être reproduites, même de nos jours, — du « Livre du Sanctuaire[1] ». Il existe d'ailleurs un livre de médecine en langue égyptienne, découvert en 1872, le papyrus Ebers, daté du XVI° siècle avant J.-C.; j'en ai donné une analyse dans le *Journal des Savants*.

Je ne sais si l'on sera assez heureux pour découvrir jamais quelque texte hiéroglyphique analogue, qui nous révèle de quels artifices dans tous les cas se servaient les prêtres égyptiens pour produire leurs prestiges; mais il semble intéressant de rapprocher les indications légendaires de *l'Abrégé des Merveilles* des faits et textes positifs que nous connaissons. Je m'efforcerai d'ailleurs de faire ces rapprochements avec prudence, de façon à ne pas y mêler des conjectures trop hasardées et des notions étrangères à celles des

---

1. *Collection des Alchimistes grecs*, traduction, p. 335. — Voir aussi mon *Histoire de la chimie au moyen âge*, t. I, p. 81 et p. 178.

hommes de l'époque et je n'étendrai pas mon étude au delà des légendes contenues dans l'ouvrage arabe, afin de ne pas me lancer dans un domaine illimité.

Les points auxquels je m'attacherai particulièrement parmi les légendes sont les suivants :

Prestiges fondés sur des phénomènes optiques, tels que miroirs, effets lumineux, fantômes et apparitions, etc.;

Prestiges fondés sur des phénomènes acoustiques, tels que dragons sifflants, oiseaux chantants, personnages jouant de la trompette, figures parlantes, etc.;

Prestiges fondés sur des phénomènes mécaniques, tels que statues mouvantes et menaçantes, ouverture et fermeture des portes des chapelles, objets animés de mouvements automatiques, etc.;

Prestiges fondés sur des phénomènes chimiques, tels qu'effets de combustion, réelle ou apparente, phosphorescence, idoles incendiaires, lampes perpétuelles, production de richesses par transmutation des métaux et alchimie, etc.

Je m'appuierai, je le répète, non sur des interprétations conjecturales, mais sur des textes et documents précis.

Je parlerai d'abord des apparitions.

Les récits d'apparitions sont trop répandus chez les auteurs anciens pour que le seul fait de leur existence puisse servir de fondement à quelque induction générale. Mais certains de ceux de *l'Abrégé des Merveilles* offrent des caractères spéciaux, qui donnent lieu à des rapprochements plus étroits. Je veux parler de l'apparition finale des rois magiciens. Sur la fin de son règne, nous est-il dit, le roi s'enferme dans un palais magique et disparaît pendant un long temps; puis un jour sa face se manifeste en haut d'un temple, dans une lumière éclatante et prononce ses dernières paroles.

Le même conte est reproduit, à peu près sans variantes, dans l'histoire de plusieurs rois.

Ce récit peut être rapproché, d'après M. Maspero, d'une cérémonie exécutée dans la tombe des morts, l'*Illumination du répondant*, indiquée au chapitre vi du *Livre des Morts* égyptien, laquelle a donné lieu aussi à une légende rapportée par Stobée et par Damascius. D'après ce dernier écrivain : « Dans une manifestation qu'on ne doit pas révéler, il apparaît sur la paroi du temple une masse de lumière, qui semble d'abord très éloignée; elle se transforme, comme en se resserrant en un visage évidemment divin et surnaturel, d'un aspect sévère, mêlé de douceur et très beau à voir. Suivant les enseignements d'une religion mystérieuse, les Alexandrins l'honorent comme Apis et Adonis. »

Or les procédés mêmes à l'aide desquels on provoquait de semblables phénomènes sont décrits avec précision par Héron d'Alexandrie. Il explique comment un miroir placé au fond d'un temple et dans l'ombre, invisible des spectateurs, fait apparaître l'image de personnes ou de peintures, dérobées à la vue directe par un écran, mais vivement éclairées. En donnant au miroir une inclinaison convenable, il peut être placé en face des spectateurs sans en être aperçu.

On peut montrer ainsi, ajoute Héron, par un jeu de miroir, comment Pallas est sortie de la tête de Jupiter. Cela revient en effet à couper en deux l'image d'une personne, ou d'un objet figuré.

Voilà des tours à la Robert Houdin, dirions-nous aujourd'hui. De semblables illusions d'optique ont été souvent exploitées par les thaumaturges de tout temps et de tout pays. Il est facile de les exciter avec des miroirs métalliques polis et plans, tels que l'on en possédait en Égypte, ou tels qu'on en a trouvé dans ses tombeaux, datant de plusieurs milliers d'années avant l'ère chrétienne.

Quant aux détails signalés par Damascius, il serait aisé de les reproduire, en développant d'abord une fumée ou vapeur d'apparence magique, convenablement éclairée latéralement, laquelle, en se dissipant peu à peu, laisserait apparaître de plus en plus nette l'image réfléchie par le miroir.

En tout cas, les textes de Damascius, de Stobée et de Héron d'Alexandrie montrent qu'il ne s'agit pas ici de pures fables, nées de l'imagination populaire, mais de cérémonies rituelles, que le peuple a transformées en légendes pseudo-historiques.

C'est sans doute par des procédés analogues que les magiciens faisaient surgir de la terre, ou d'un autel, la figure d'un mort ou d'une divinité. Pausanias rapporte avoir vu lui-même le fantôme d'un héros anonyme s'élever de son tombeau, pendant qu'on lui offrait des sacrifices. L'imagination frappée des spectateurs crédules concourait assurément à former leur conviction; mais elle était aidée par des artifices méthodiques.

Même sans glaces ou miroirs, des jets de lumière peuvent ainsi illuminer subitement et pendant quelques instants des statues, des objets obscurs. Ceci s'accorde avec ce que rapporte M. Maspero, des statues placées dans les tombeaux, dont les yeux de verre, d'émail ou de métal s'éclairent subitement à la lumière des torches.

Aux inventions purement optiques, destinées à produire des apparitions lumineuses, les prêtres joignaient des procédés d'ordre chimique : je ne parle pas ici par conjecture, mais d'après les textes précis des auteurs chrétiens et des alchimistes. Dans les *Philosophumena*, on rapporte que les figures des dieux (démons) étaient dessinées sur un mur, enduites de naphte et de bitume de Zacynthe; puis les magiciens les évoquaient, en approchant un flambeau, qui faisait apparaître les divinités enflammées. Le même auteur dit aussi comment une vessie préparée et enduite de cire, en forme de tête humaine, après avoir fait l'office de tête parlante, s'évanouissait en fumée.

Dans ces récits et ces illusions, il s'agit d'ordinaire d'inflammations réelles; mais les apparences d'inflammation, c'est-à-dire les phénomènes de phosphorescence, y jouaient parfois un rôle incontestable, ainsi que le montre le développement des légendes de ce genre, tirées de *l'Abrégé des Merveilles*. Telles sont les idoles du roi Nekraous, dont les yeux brillaient la nuit comme des flambeaux. Telle est, avec des détails plus positifs, la construction par le roi Afraous d'un phare muni d'une coupole de cuivre doré, *enduite de divers onguents*, laquelle brillait pendant la nuit d'un éclat capable d'éclairer une partie de la ville, mais qui disparaissait devant la lumière du soleil.

Misram construisit un candélabre de verre clair,

orné d'une pierre tournante, qui éclairait mieux [1] que n'importe quel flambeau.

Ces légendes répondent à des phénomènes réels, attribuables à la phosphorescence. Le procédé susceptible de les manifester est décrit amplement dans les écrits des alchimistes grecs, et il y est donné comme tiré des livres d'Ostanès et autres magiciens persans et égyptiens. Il était fondé sur l'emploi des biles des animaux marins, dont on frottait les objets que l'on voulait rendre lumineux dans l'obscurité. J'ai publié et commenté ces textes [2].

Des effets de phosphorescence analogues, mais transitoires, sont également susceptibles de se produire, au moment où l'air et la lumière pénètrent dans un tombeau longtemps fermé. Ces effets ont dû concourir aux récits de lampes perpétuelles trouvées dans les sépulcre. Ils sont attribués à des combustions provoqués par l'oxygène de l'air.

Je rappelerai à cet égard que l'un des premiers phénomènes observés parfois lors de l'ouverture des tombes antiques, a été décrit comme l'affaissement des restes du cadavre et la disparition presque subite

---

1. Ceci rappelle la pierre solaire de Marcus Græcus (*Histoire de la chimie au moyen âge*, t. I, p. 116).
2. *Collection des alchimistes grecs*, traduction, p. 336. — *Histoire de la chimie au moyen âge*, t. I, p. 130 et suiv. — Recettes de Marcus Græcus.

de ses vêtements et ornements; phénomènes dont la cause est due à la fois à ces combustions et à l'influence subite de l'humidité de l'atmosphère extérieure. J'ai assisté moi-même, lors de l'Exposition universelle de 1867, à Paris, à une vision de ce genre, au moment du déroulement, par Mariette, d'une momie qu'il avait rapportée d'Égypte. A un certain moment, apparut sur la poitrine de la momie une plaque d'argent, couverte de caractères noirs : c'étaient les formules rituelles du Livre des Morts. Mariette les lut rapidement sous nos yeux; mais elles s'évanouirent presque aussitôt, brûlées par l'action de l'air et de la lumière. La scène se passant en plein jour, on n'aperçut aucune lueur; mais les phénomènes de combustion spontanée de cet ordre sont très souvent accompagnés de phosphorescence. Ils ont dû être observés plus d'une fois par les violateurs des tombes égyptiennes et les frapper d'une terreur superstitieuse.

Il est aussi question chez les auteurs anciens de certains mélanges susceptibles d'être conservés dans l'obscurité et qui s'enflammaient au soleil. Déjà, dans les *Trachiniennes* de Sophocle, Déjanire parle d'un philtre (sang de Nessus), destiné à enflammer la tunique d'Hercule, philtre qui ne doit pas être exposé aux rayons du soleil. On serait porté à regarder ces indications comme purement fabuleuses, si on ne les retrouvait dans des recettes d'apparence purement scientifique, telles que celles de Julius Africanus[1] et de Marcus Græcus[2]; la pyrite (fer sulfuré) et la chaux vive mélangées y figurent.

Cependant ces recettes sont trop vagues pour que nous puissions, avec les seules matières connues des anciens, même aidés de nos connaissances modernes, en reproduire exactement tous les effets; à moins toutefois de recourir à des affusions d'eau, comme je le dirai tout à l'heure. On y réussirait plus aisément, s'il s'agissait de mélanges phosphorescents, ou susceptibles de le devenir sous l'influence de la lumière solaire, mélanges, au contraire; faciles à composer. Les lueurs phosphorescentes, surtout dans les récits magiques, étaient confondues autrefois avec celles d'une combustion active : le mot *incendium* offre réellement ce double sens dans Marcus Græcus.

Les prêtres de l'antiquité connaissaient divers procédés pour allumer un feu véritable, sans recourir à l'emploi de matières en combustion préalable. Tel était le mélange de la chaux vive avec le soufre soumis à l'action de l'eau; mélange signalé d'une façon expresse par Tite-Live, dans un passage relatif à l'interdiction des Bacchanales, et qui resta connu

1. *Histoire de la chimie au moyen âge*, t. I, p. 93.
2. *Ibid.*, pp. 103, 116.

pendant le moyen âge[1]. Telles étaient encore les cendres de couleur spéciale (mélange de chaux vive et d'encens?) employées dans un temple de Lydie, d'après Pausanias[2]. Le mage invoquait le dieu par des prières en langage barbare, et le bois placé sur l'autel s'allumait de lui-même. Il est probable que l'inflammation était, comme dans le cas des Bacchantes, provoquée par des affusions d'eau.

Mais revenons aux effets magiques des miroirs : les miroirs jouent un grand rôle dans *l'Abrégé des Merveilles*. Or la tradition de la science alexandrine est ici manifeste; les propriétés optiques des miroirs plans et des miroirs concaves ayant donné lieu à toutes sortes d'effets constatés, que l'imagination populaire a grossis et transformés jusqu'aux affirmations les plus étranges.

Reproduisons d'abord quelques citations tirées de notre auteur, afin de donner une idée à la fois des phénomènes réels qui avaient été observés, et des rêves suscités par les propriétés surprenantes des miroirs.

Le roi Nekraous construisit une coupole sur des piliers scellés avec du plomb et il fixa dessus un miroir de chrysolithe, de la grandeur de sept empans, dont la clarté portait à une très grande distance.

---

1. *Histoire de la chimie au moyen âge*, t. I, p. 95.
2. *Pausanias, Éliaques*, I, 27.

Un autre souverain éleva un phare de quatre-vingts coudées, couronné d'une coupole qui changeait de couleur chaque jour de la semaine.

Sourid construisit un miroir de substances composées, dans lequel il voyait les climats (régions) du monde, avec leurs parties habitées et leurs déserts et tout ce qui s'y passait. Ce miroir était placé sur un phare de cuivre. On y voyait les voyageurs qui venaient vers l'Égypte de toutes les directions.

Adim construisit un phare surmonté d'un miroir de substances composées, où l'on apercevait tous les climats (régions) du globe.

Au milieu de Rhakoudah (sur l'emplacement futur d'Alexandrie), un roi éleva une coupole en cuivre doré, au-dessus de laquelle il dressa un miroir formé de substances composées, qui avertissait de l'arrivée des ennemis. On projetait alors ses rayons, dont la flamme incendiait leurs vaisseaux.

Le phare d'Alexandrie, est-il dit encore, avait au sommet un miroir, permettant d'apercevoir de loin les vaisseaux qui venaient du pays de Roum; ce miroir était de verre et cylindrique.

Kersoun construisit un phare avec un miroir de substances composées, qui attirait les navires sur le rivage et les y retenait, jusqu'à ce qu'ils eussent payé tribut.

Sà éleva des tours au bord de la mer et plaça en haut divers miroirs de substances composées. Il y en avait qui réfléchissaient les rayons du soleil sur les navires ennemis et les brûlaient; d'autres, où l'on voyait les villes situées de l'autre côté de la mer; d'autres, où l'on voyait les climats (régions) de l'Égypte. Un an d'avance, on apercevait les contrées qui seraient fertiles et celles sans fruits ainsi que les événements futurs du pays. Quelques-uns de ces miroirs empêchaient les monstres marins de nuire aux habitants du rivage.

Koftarim fabriqua des miroirs où chacun pouvait voir ce qu'il désirait connaître. Un autre roi, adorateur d'une étoile et alchimiste, dressa à la porte de Sà une colonne sur laquelle il plaça l'image d'une femme assise, tenant en main un miroir. On regardait dans ce miroir pour connaître le sort des malades. Si le malade allait mourir, on l'y voyait mort; s'il devait vivre, on l'y voyait vivant. De même il indiquait le sort des voyageurs et leur retour, ou leur mort.

Certaines de ces légendes sont les mêmes que celles des miroirs magiques proprement dits, telles qu'elles sont rapportées par les auteurs de notre moyen âge : elles n'ont qu'une relation éloignée avec les faits historiques et les connaissances scientifiques des anciens; c'est pourquoi je ne crois pas devoir m'y étendre. Au contraire, il est intéressant d'examiner de plus près celles qui se rapportent au phare d'Alexandrie. On les retrouve dans divers auteurs arabes.

Ainsi, d'après Abulfeda, il existait sur ce phare un miroir en métal poli, à l'aide duquel on apercevait les navires qui arrivaient. Ce miroir aurait été détruit après la conquête, sous le calife Walid.

Dans la Bibliothèque orientale de d'Herbelot (p. 564, édition de Maestricht, 1776), à l'article MENAR (minaret), il est question du miroir talisman, placé par Alexandre en haut du phare d'Alexandrie, célèbre dans tout l'Orient, et à l'aide duquel l'on voyait les navires arrivant de loin; miroir qui se serait brisé l'an 19 de l'Hégire, un peu avant l'époque de la conquête de l'Égypte.

Le moment est venu de nous demander : Qu'y a-t-il de réel dans ces récits et traditions?

En fait, les écrivains grecs et latins ne nous ont laissé que fort peu de renseignements sur le phare d'Alexandrie, malgré sa célébrité. Tout ce que nous savons, c'est que c'était une tour élevée, sur laquelle on allumait des bûchers la nuit, pour éclairer et diriger les navires vers l'entrée du port. Dans les quelques lignes que ces auteurs ont consacrées au phare d'Alexandrie, il n'est pas question de ces miroirs, qui jouent un si grand rôle dans les légendes arabes.

Assurément des miroirs plans auraient pu réfléchir et renvoyer au loin l'éclat des foyers enflammés; des miroirs concaves auraient pu concentrer à leur foyer l'image des objets voguant sur la mer, des navires, par exemple — depuis vingt kilomètres environ, si le phare avait eu une hauteur de quatre-vingts coudées, comme la chose a été dite. Il est même facile d'imaginer par quelles dispositions de semblables miroirs auraient pu jouer le rôle de télescopes, et les connaissances optiques des géomètres grecs étaient suffisantes pour permettre la construction de semblables miroirs.

Mais tout cela est à peu près conjectural; car ces opinions reposent seulement sur des récits arabes et coptes, mélangés de trop de contes magiques pour que l'on puisse asseoir sur eux des démonstrations positives; du moins jusqu'au jour où l'on aurait découvert des textes antiques, datés et clairement énoncés. Jusqu'à nouvel ordre, l'invention du télescope ne saurait être regardée comme plus ancienne que le commencement du xviie siècle, et il serait téméraire de l'antidater. On sait à quelles erreurs on serait exposé en procédant autrement.

Je demande la permission d'en citer un exemple, peu connu, je crois. Dans le roman d'Esplandian, fils d'Amadis, roman qui date du xvi° siècle, et d'après les éditions imprimées à cette époque, le héros pénètre dans le Bosphore, monté sur la *Grande-Serpente*, navire magique, qui s'avance en vertu d'une force interne, en vomissant le feu et la fumée et en poussant de longs sifflements. Il serait facile, en raisonnant comme Dutens l'a fait plus d'une fois, dans ses imaginations destinées à attribuer aux anciens des inventions modernes, il serait facile, dis-je, de voir dans la *Grande-Serpente* un steamer moderne, poussé par la force de la vapeur.

Cependant il n'est peut-être pas superflu d'examiner ici de plus près les souvenirs qui se rapportent aux miroirs ardents et à l'incendie des navires ennemis; non certes pour soutenir l'opinion des auteurs arabes qui les placent sur le phare d'Alexandrie, mais pour montrer dans cette opinion même le reflet des traditions des géomètres grecs et la réminiscence de l'emploi historique des miroirs ardents pour la stratégie navale.

L'usage des miroirs pour concentrer la chaleur solaire et produire du feu est fort ancien. Les premiers essais paraissent avoir été réalisés au sein des temples, à l'aide de vases métalliques à fond conique ou concave, dans le but d'obtenir un feu sacré qui ne fût pas allumé de main d'homme, soit pour le culte de

Vesta, soit pour celui des anciens Persans. On savait également produire un foyer comburant par réfraction à l'aide d'un instrument de verre, ainsi qu'il résulte d'un texte d'Aristophane dans les *Nuées*. La théorie scientifique des miroirs ardents, destinés à concentrer sur un point les rayons solaires réfléchis, est exposée dans la Catoptrique d'Euclide. On a attribué également à Archimède un traité semblable Περὶ κατόπτρων καυστικῶν, traité aujourd'hui perdu, ainsi que celui de Dioclès Περὶ πυρίων; le mot πύρια ayant le sens de miroirs ardents, ainsi qu'il résulte de ce titre et plus nettement de l'ouvrage d'Anthémius que nous possédons et dont je vais parler. Si j'insiste sur ce point spécial, c'est que ce sens a été omis dans le grand Dictionnaire de Henry Estienne, même dans l'édition de Hase. Je rappellerai encore les sources arabes, citées dans un mémoire de M. E. Wiedemann[1].

Or la légende de *l'Abrégé des Merveilles*, d'après laquelle le miroir sur le phare d'Alexandrie aurait eu la propriété d'incendier les vaisseaux ennemis, est évidemment la reproduction des récits d'après lesquels Archimède aurait brûlé, par ce procédé, les navires romains dans le port de Syracuse.

1. *Annalen der Physik*, N. F. XXXIX, 110, 1890.

D'après Zonaras, auteur byzantin, Proclus aurait répété cet incendie au vi[e] siècle, dans le port de Constantinople, sur la flotte des Goths, dirigée par Vitalien, révolté contre l'empereur Anastase. La filiation de ces récits est incontestable et elle montre combien un semblable emploi des miroirs avait frappé l'imagination populaire. L'écho s'en retrouve dans le Traité des miroirs[1] de Roger Bacon, prompt à accueillir tout récit propre à exalter le pouvoir merveilleux de la science[2]. Avec douze miroirs de ce genre, dit-il, on pourrait chasser les Sarrasins sans effusion de sang.

Peut-être ne jugera-t-on pas superflu de rappeler les motifs qu'on est autorisé à invoquer à l'appui de la réalité de l'opération accomplie par Archimède; opération dont Kircher et Descartes ont contesté la possibilité, mais à tort, pour s'être attachés exclusivement à l'emploi des miroirs concaves et faute d'avoir connu la véritable disposition des miroirs susceptibles de l'accomplir. On sait en effet que Buffon l'a démontrée par des expériences positives et que la publication des textes d'Anthémius a mis ces dispositions en pleine lumière ; Peyrard, éditeur d'Archimède, en a donné en 1807 un commentaire plus complet encore.

---

1. *Tratactus de Speculis*, dans l'ouvrage *Perspectiva*, p. 202, Francfort, 1614.
2. *Opus tertium*, chap. xxiii, *Opera inedita*, London, 1859.

Parmi les auteurs parvenus jusqu'à nous, ceux qui ont mentionné d'abord l'emploi des miroirs ardents par Archimède sont Lucien, dans une phrase générale :

Τὰς τῶν πολεμίων τριήρεις καταφλέξαι τῇ τέχνῃ (Hippia),

et Galien, dans une ligne plus catégorique quant à l'emploi des miroirs ardents :

Οἶμαι καὶ Ἀρχιμήδην φασὶ διὰ τῶν πυρίων ἐμπρῆσαι τὰς τῶν πολεμίων τριήρεις.

Plusieurs auteurs postérieurs en ont parlé depuis. Cependant ni Polybe ni Plutarque ne les mentionnent; peut-être parce que la tentative d'Archimède produisit plus de frayeur que de destruction efficace.

Le procédé qui dut être employé, signalé un peu confusément par Tzetzès, a été décrit de la façon la plus rigoureuse par Anthémius de Tralles, l'un des plus célèbres ingénieurs byzantins et l'architecte de Sainte-Sophie. Il est contenu dans un fragment de son *Traité sur les paradoxes de la mécanique*. Ce fragment a été publié, traduit et commenté par Dupuy, dans les *Mémoires de l'Académie des inscriptions*, tome XLII (1776-1779). L'auteur se propose d'abord et résout le problème de l'héliostat, qui consiste à diriger et à faire tomber en un point donné un rayon solaire constant et invariable, à toute hauteur et en toute saison. Puis il cherche comment Archimède a dû opérer pour enflammer des matières combustibles à l'aide des rayons solaires et à la portée du trait. Il observe que le but est difficile ou impossible à atteindre par l'emploi d'un miroir sphérique concave, ce miroir ne pouvant agir en toutes directions et devant offrir de trop fortes dimensions pour opérer à de telles distances : ce sont précisément les objections de Descartes. Et cependant, ajoute Anthémius, on s'accorde unanimement à dire qu'Archimède brûla les vaisseaux ennemis par le moyen des rayons solaires. Anthémius explique, d'après une construction géométrique rigoureuse, comment ce problème peut être résolu au moyen d'un miroir plan hexagone, articulé sur ses côtés avec six autres miroirs également hexagones et dont on fait varier convenablement les inclinaisons relatives. C'est cette disposition que Tzetzès décrivit plus tard, d'après Anthémius. L'emploi de plusieurs miroirs plans, disposés de façon à faire converger les rayons sur un point unique, est également signalé comme dû à Archimède et Anthémius, dans le ms. latin 9335 (fol. 86 r.) de la Bibliothèque nationale.

En 1747, Buffon, qui ne connaissait pas le texte encore inédit d'Anthémius, réalisa l'expérience par une combinaison parabolique de miroirs plans et il enflamma des planches, à une distance de 200 pieds.

On voit, par cet exposé détaillé, comment les expériences scientifiques réelles des Grecs ont donné naissance aux légendes populaires de l'Égypte copte, légendes contemporaines des calculs et exposés précis des géomètres byzantins.

Terminons par une application légendaire des miroirs, d'un caractère tout différent. Il s'agit de leur emploi à prévoir l'issue des maladies ou celle d'un voyage. C'étaient là des questions essentiellement astrologiques; divers procédés étaient usités en Égypte pour les résoudre. Tels sont, notamment, la sphère de Démocrite et les cercles de Pétosiris, dont j'ai enregistré ailleurs[1] les figures photographiées. Mais les solutions contenues dans ces figures reposent sur des calculs et des tracés auxquels un miroir n'est pas d'ordinaire consacré. Il devait y avoir quelque autre cérémonie ou indication astrologique, fournie par ces miroirs.

Les statues parlantes et mouvantes, les oiseaux et les serpents de métal animés, sifflant et chantant, sont au nombre des merveilles de l'Égypte, dont notre auteur a conservé le plus vif souvenir. Reproduisons d'abord ses citations, puis nous les comparerons avec les textes extraits d'Héron d'Alexandrie.

---

1. *Introduction à la Chimie des anciens*, p. 86 à 92.

D'après *l'Abrégé des Merveilles*, le roi Nekraous fabriqua un oiseau qui sifflait chaque jour deux fois au lever du soleil et deux fois à son coucher et dont les sifflements permettaient de présager les événements.

Ailleurs, un oiseau battait des ailes, chantait à l'aurore, à midi et au soir.

Afraous érigea un phare, surmonté d'une tête d'homme en cuivre, qui criait à chaque heure.

Un autre roi construisit un nilomètre, sur le bord duquel il érigea deux aigles de cuivre, mâle et femelle. Au moment de la crue, l'un d'eux sifflait : si c'était le mâle, la crue était complète; si c'était la femelle, la crue était insuffisante.

Sarbak fit un canard de cuivre, élevé sur des colonnes; lorsqu'un étranger entrait, ce canard battait des ailes et chantait.

Un pilier de cuivre, dressé par Koftarim, portait l'image d'un oiseau; lorsque les bêtes fauves approchaient de la ville, l'oiseau jetait un sifflement qui les mettait en fuite.

Sous le règne d'Ochmoun fut faite une oie de cuivre; lorsqu'un étranger voulait entrer dans la ville, cette oie criait et battait des ailes.

On voit que le même récit se reproduit, à peine varié, dans l'histoire de plusieurs rois. L'aigle placé sur une colonne figure dans les récits des alchimistes grecs; c'était en fait l'image d'Horus l'Épervier.

Les statues animées sont également citées dans *l'Abrégé des Merveilles*. Dans les parterres du roi Bilatis, il y avait des statues sifflant sur des tons variés.

Du temps de Koftarim, tout homme mettant le pied sur une certaine dalle, *qui recouvrait des conduites d'eau*, mettait en mouvement des statues qui le frappaient de leurs épées.

De même il est dit que Felimoun bâtit Damiette : dans son tombeau il disposa des statues mobiles *sur des conduites d'eau* et ayant en main des glaives, dont elles frappaient ceux qui voulaient entrer.

Ailleurs, la statue d'un dragon tuait quiconque en approchait.

Certes ces récits ont un caractère mythique et rappellent l'opinion populaire d'après laquelle chaque statue était la demeure d'un esprit et jouait le rôle d'un talisman, comme le fait observer M. Maspero. Mais la précision de certains détails, la mention surtout des conduites d'eau en connexité avec les statues mouvantes concordent singulièrement avec les artifices mécaniques décrits par Héron d'Alexandrie comme d'usage courant dans les temples de l'Égypte. Ce savant physicien explique en effet, avec les détails les plus précis, comment, lorsqu'on ouvre les portes du temple, les dragons sifflent, les oiseaux chantent, un personnage fait sonner sa trompette. Le tout résultait du jeu des cordes et de l'air comprimé dans une boule, qu'un bras de levier enfonçait dans un réservoir rempli d'eau; le levier lui-même était commandé par une poulie sur laquelle tournait une corde, tirée par la porte mobile.

D'après un autre artifice, c'est le feu allumé sur l'autel qui détermine l'ouverture des portes. Il dilate l'air d'un réservoir placé au-dessous et refoule par l'intermédiaire de cet air l'eau qu'il surmonte. Cet air se rend à son tour, par un siphon, dans une marmite suspendue à une corde et faisant contrepoids. Quand on éteint le feu, l'eau, par un trajet inverse, rentre dans son réservoir et les portes sont refermées. Tout cet appareil est décrit minutieusement et son jeu est conforme aux principes de la physique.

L'air ainsi dilaté ou comprimé détermine dans d'autres systèmes le sifflement ou le chant des oiseaux, le sifflement du serpent, le son de la trompette, l'épanchement sur l'autel des libations versées pour les statues des dieux.

Dans une autre description, Hercule tire une flèche contre le dragon qui siffle, au moment où elle enlève une pomme placée sur le piédestal de la statue. Ailleurs les oiseaux chantent lorsqu'on tourne de leur côté la figure d'un hibou. Ailleurs, on fait boire les oiseaux par un artifice semblable. Ailleurs on détermine leur chant périodique.

Tous ces mouvements, ces chants, ces libations sont produits par le jeu de mécanismes hydrauliques très simples et en conformité avec les récits de *l'Abrégé des Merveilles* sur la relation entre les conduites d'eau et les prodiges des statues.

Je ne rappelle pas ici les tuyaux acoustiques cachés dans les murs, par lesquels un homme caché faisait parler les statues des dieux. Ce procédé est plus grossier que celui des statues mouvantes et parlantes, dont l'artifice est fondé sur des dispositions purement hydro-pneumatiques. La tradition de ces prestiges survécut d'ailleurs à la ruine des temples.

Lorsque le Lombard Luitprand, ambassadeur de Lothaire, roi d'Italie, et secrétaire de Béranger, marquis d'Ivrée, fut reçu à Constantinople, en 948, par l'empereur Constantin VII Porphyrogénète, dans le palais de Magnaure, il vit devant le trône un arbre de cuivre doré; des oiseaux du même métal, perchés sur les branches, faisaient entendre leur ramage. Le trône était large, ses bras formés par deux lions dorés. A l'approche de Luitprand, les lions se mirent à rugir, les oiseaux à chanter; puis le trône s'éleva jusqu'au plafond par le jeu de ressorts.

Ce récit romanesque a trop d'analogie avec les procédés décrits par Héron pour que l'on puisse en révoquer en doute, sinon tous les détails, au moins le fond véritable.

Il en est d'autres encore qui se rencontrent à la fois dans *l'Abrégé des Merveilles* et dans Héron d'Alexandrie. Ainsi le premier auteur rapporte que le roi Markounos possédait des vases de verre que l'on pouvait peser à vide, puis pleins d'eau; leur poids n'avait pas augmenté. Dans d'autres vases, l'eau versée prenait la saveur, la couleur et la force du vin; on en aurait trouvé de semblables au temps de la reine Cléopâtre. Rapprochons-en encore l'histoire d'un vase intarissable remontant à Adam, et cité dans le *Supplément aux dictionnaires arabes de Dozy* (t. I, p. 498).

Tous ces récits correspondent avec des appareils et des expériences décrits par Héron d'Alexandrie; bien entendu, sauf quelques altérations introduites par l'imagination populaire.

Les vases merveilleux, en effet, sont décrits dans les *Pneumatiques*. Tel est un vase qui demeure toujours plein, quelle que soit la quantité d'eau qu'on en retire. C'est qu'il est en communication avec un grand réservoir, caché par un vase intermédiaire, dont le niveau est maintenu invariable; l'orifice de communication étant muni d'un système de contrepoids. Voilà le vase intarissable d'Adam.

Quant au vase dont le poids ne changerait pas quand on le vide, cette indication serait évidemment erronée, s'il ne s'agissait d'une disposition par laquelle le liquide écoulé disparaît, tout en demeurant versé dans le fond du vase, par l'aide de quelque siphon.

Le vase rempli d'eau qui verse du vin rentre également dans les procédés des faiseurs de tours. En fait, Héron indique comment on le construit, à l'aide d'un diaphragme intérieur, qui le partage en deux compartiments, où l'on introduit séparément l'eau et le vin. Il décrit en même temps un vase duquel on peut tirer à volonté par le même goulot plusieurs espèces de vins.

Ceci rappelle la notion alchimique du vase aux sept essences coulant sans se mêler dans l'*Abrégé des Merveilles*.

Tous ces détails concordent et établissent le parallélisme qui existe entre les merveilles décrites par l'auteur égypto-arabe et les traditions scientifiques de l'école d'Alexandrie.

Les statues mouvantes décrites jusqu'ici semblent rapportées à des artifices hydrauliques ou hydropneumatiques. Mais ce n'étaient pas les seuls. Héron en signale plusieurs autres dans son livre des *Automates*.

Nous allons poursuivre ces rapprochements, en nous attachant à un autre ordre de connaissances : il s'agit de l'alchimie. L'alchimie est originaire d'Égypte et, dès l'époque romaine, c'était une tradition très répandue que les anciens rois avaient tiré leurs richesses de cette science. Dioclétien fit même brûler les livres qui en traitaient, s'imaginant ôter ainsi aux Égyptiens rebelles les secours qu'ils pourraient y trouver.

On prétendait expliquer par là les trésors trouvés dans les sépultures violées, trésors réels et dont l'ouverture des tombes de Dahchour, même de nos jours, a démontré la réalité.

On a revu ce jour-là le cercueil d'or du roi, décrit à la page 176 de *l'Abrégé des Merveilles*, enfermé dans une arche (sarcophage), avec des trésors qu'on ne peut évaluer : pierres précieuses, joyaux d'or et d'argent travaillés avec perfection.

Ces traditions étaient courantes chez les Arabes. Le Kitab El-Fihrist a consacré à l'alchimie égyptienne toute une section, dont j'ai publié la traduction, dans le volume que j'ai consacré à l'alchimie arabe. Parmi la liste des noms des philosophes qui ont parlé de l'œuvre, on rencontre ceux d'Hermès, Toth, Arès

(Horus), Ostanès, Marqounès; les autres se rapportant à des personnages purement grecs, syriens ou arabes. Marqouch, roi d'Égypte, figure également comme alchimiste dans le manuscrit arabe de Paris n° 1074.

Rapprochons ces indications de celles de l'*Abrégé des Merveilles*.

Sous le règne de Nekraous, il est question de la connaissance des onguents composés et des poisons meurtriers, associée à celle des pierres et métaux précieux. Ce sont là des réminiscences du livre d'Hénoch, réputé l'un des fondateurs légendaires de la chimie dans les premiers siècles de l'ère chrétienne.

Plus loin on lit le nom du roi Markounos, ami de la science et de l'art grec, et alchimiste qui fit de l'or C'est le Marqounès ou Marqouch, indiqué plus haut et sur lequel je reviendrai tout à l'heure.

On parle aussi d'un autre roi, adorateur d'une étoile, qui pratiqua l'alchimie, et fit de l'or en plus grande quantité que ses prédécesseurs.

Adim possédait une table de mercure fixé, dont le bord et les pieds étaient de mercure jaune et qui supportait un vase de mercure rouge.

Le roi Kalkan fut le premier qui rendit publique en Égypte la pratique de la chimie, art caché auparavant afin que les rois des autres nations ne pussent s'en emparer. Par suite une richesse générale régnait dans le pays.

Ces assertions et ce langage correspondent avec les dires des alchimistes sur le secret imposé à leur science[1]. « Étant amis des rois d'Égypte, dit Olympiodore, et s'honorant d'occuper les premiers rangs en dignité parmi les prophètes, comment auraient-ils pu révéler au public des connaissances contraires aux rois, et donner à d'autres le pouvoir dominateur de la richesse? » Et auparavant : « Les artisans préposés aux opérations faites par la voie du feu, ainsi que ceux qui avaient la connaissance du lavage des minerais et de la suite des opérations, étaient chargés d'accroître les trésors royaux. C'était une loi chez les Égyptiens que personne ne divulguât ces choses par écrit. »

L'auteur arabe rapporte que Tarik, conquérant de l'Espagne, trouva un livre qui exposait les secrets de la teinture des métaux et du verre et la façon de produire les couleurs de l'hyacinthe. C'était quelque traité de l'ordre de ceux qui sont venus jusqu'à nous. Tarik découvrit de grandes corbeilles remplies avec la pierre philosophale des alchimistes.

Voici maintenant des indications plus spécialisées.

1. *Collection des Alchimistes grecs*, pp. 98 et 231.

Dans un passage, notre auteur distingue le sel ammoniac volatil, qui est notre chlorhydrate d'ammoniaque, et le sel ammoniac tiré de terre, qui était un sel de soude fixe, et il ajoute qu'il en existe des montagnes en Chine. Cette dernière indication ne saurait évidemment remonter aux Égyptiens. Mais la première distinction était déjà connue des anciens [1].

Le temple et l'idole de Vénus (Hathor) figurent dans ces récits, aussi bien que dans ceux des alchimistes arabes [2]. Notre auteur ajoute que dans ce temple existait une fontaine d'où coulait une eau qui guérissait tous les maux : c'est la panacée alchimique, ou élixir de longue vie du moyen âge. Or elle dérive du remède d'immortalité des anciens Égyptiens, liqueur inventée par Isis, mentionnée par Diodore de Sicile [3], et dont Galien donne la formule.

Deux choses me frappent dans ces renseignements : d'une part, les mentions relatives à l'alchimie, qui se rapportent aux idées et connaissances des alchimistes grecs, c'est-à-dire à une période qui remonte au moins au IIIe siècle avant notre ère; d'autre part, le nom du roi Markounos, dont le nom en grec est dérivé évidemment de Marcos. Ce personnage

---

1. *Introduction à la Chimie des anciens et du moyen âge*, p. 237.
2. Voir mon *Alchimie arabe*, p. 61.
3. Voir mon *Histoire de la Chimie au moyen âge*, t. I, p. 144.

apparaît seulement dans les textes alchimiques arabes; je l'ai retrouvé dans les traditions arabico-latines du Livre du Senior Hadith (*Theatrum Chemicum*, t. III, p. 15, 16, 114) et je l'ai rapproché de Marcus Græcus, auteur du *Liber ignium*, ouvrage traduit de l'arabe, mais qui semble remonter à une source grecque (*Histoire de la Chimie du moyen âge*, t. I, p. 89). On y lit des recettes de matières phosphorescentes, celle d'une lampe à niveau constant (perpétuelle), diverses autres, empruntées au Pseudo-Callisthène, et d'autres congénères de celles que j'ai relevées plus haut.

En cet ordre, je dois encore signaler dans *l'Abrégé des Merveilles* l'indication de certaines idoles incendiaires, formées de cuivre creux, remplies de goudron et vomissant le feu. La désignation du goudron témoigne, comme dans la plupart des légendes que j'ai citées, l'intervention de certaines données scientifiques. Or la description de ces idoles rappelle d'une manière frappante celle de l'idole slave *Entpustend*, que j'ai décrite dans mon étude sur Papin (*Science et Morale*, p. 486). C'était une statue de bronze, creuse, remplie d'eau et placée sur un brasier; elle était réputée vomir des flammes sur les ennemis des prêtres wendes du dieu Perkunas. Il paraît que cette idole existe encore au château de

Sondershausen en Allemagne. Sa construction initiale se rattachait sans doute à quelque tradition scientifique venue de Byzance.

Voici, pour terminer, un récit de *l'Abrégé des Merveilles* qui nous raconte la tentative faite par le calife El-Mamoun, au ix° siècle, pour rechercher dans les Pyramides les secrets des sciences qu'on y supposait cachés. Si je la relate, c'est parce qu'elle renferme la description méthodique des moyens employés par les anciens pour creuser des mines à travers les rochers. La pierre, dit notre auteur, fut d'abord calcinée à l'aide du feu, puis éclatée par une affusion de vinaigre, frappée avec des béliers, et les débris déblayés avec des pieux de fer. En fait, c'est là le détail même des procédés, réputés à tort chimériques par des historiens ignorants des xvii° et xviii° siècles, à l'aide desquels Annibal se fraya une route à travers les Alpes; ainsi que je l'ai établi par une étude approfondie des procédés employés par les exploitants des mines dans l'antiquité [1].

[1]. *Histoire de la Chimie au moyen âge*, t. I, p. 370.

CLAMAGERAN

Clamageran a marqué parmi les hommes de la seconde moitié du xix° siècle, époque de si profonds changements dans l'état politique et économique des sociétés de notre temps. Ce fut un libre penseur, ferme dans ses convictions personnelles et dévoué à la République, un ami fidèle dans ses affections privées et dans ses actes officiels. Son caractère franc et décidé, la sincérité désintéressée de ses opinions, la direction toujours nette et rectiligne de sa vie en ont fait le type de l'homme loyal et du bon citoyen. Il a été mêlé d'ailleurs aux grands mouvements intellectuels et moraux de son époque, et son existence représente un chapitre de l'histoire de la période présente.

J'ai regardé comme un devoir d'apporter à la mémoire de Clamageran le témoignage d'un ami, mêlé depuis son enfance à sa vie, associé à ses affections et à son idéal. Pendant soixante-cinq ans, nos carrières sont demeurées parallèles, dans des directions différentes au point de vue de leur objet scientifique, mais semblables, à celui des convictions morales et politiques.

Nous avons débuté ensemble au Collège Henri IV, à l'âge de onze ans; nous avons été tous deux défenseurs de Paris, lors du siège de 1870, et nous finissons notre vie comme sénateurs démocratiques, aux débuts du xxe siècle. Le souvenir des années de la jeunesse est à la fois doux et amer : doux par la mémoire de ce que nous avons été, et de ce que nous avons aimé; amer par la douleur irréparable des affections que nous avons perdues. Il y a là comme la cicatrice d'anciennes blessures, toujours prêtes à se raviver lorsque nous réveillons dans notre mémoire la vision des amis et des parents qui ne sont plus !

Clamageran (Jean-Jules) est né à la Nouvelle-Orléans le 29 mai 1827. Son père, d'origine bordelaise, s'y était établi et il y avait fait une certaine fortune. Il revint en France en 1830 avec son fils, âgé de trois ans, et se fixa à Paris, où il dirigea avec sollicitude l'éducation de ses trois enfants, son fils et deux filles, dont l'une, morte à Paris à l'âge de dix ans; l'autre fut depuis madame Risler, mariée à un grand industriel de Rouen.

C'est en 1838 que nous nous sommes connus, dans la classe de sixième du Collège Henri IV. Cinq élèves de ce temps ont fait partie du Sénat : Clamageran, Delsol et Hamel, aujourd'hui décédés, M. Ollivier, sénateur des Côtes-du-Nord et moi-même; sans parler de plusieurs condisciples du même Collège et des mêmes classes, qui ont marqué en dehors de la politique, tels que Fouqué, membre de l'Académie des sciences, Leblanc, membre de l'Académie de médecine, Lenient, professeur à la Faculté des lettres de Paris; ni des contemporains, devenus depuis nos amis; tels qu'About, Taine et bien d'autres disparus : notre génération a été féconde en hommes, qu'il me soit permis de le rappeler!

Nous nous liâmes tout d'abord, Clamageran et moi, d'une affection d'autant plus vive que nous étions rivaux, nous disputant les premières places et les premiers prix dans les études littéraires et historiques : rivalité qui s'est prolongée pendant toute la durée de nos études jusqu'en 1846. Le père de Clamageran, homme excellent, encourageait les amitiés enfantines de son fils. Il avait eu d'ailleurs quelques relations à la Nouvelle-Orléans avec un parent de ma famille, M. Manoury, cousin de ma mère et mon parrain, qui était revenu comme lui s'établir à Paris.

Clamageran perdit son père en décembre 1848 :

c'est l'annonce de ce malheur qui fait l'objet de la lettre la plus ancienne de lui que j'aie conservée.

∴

A ce moment, nous étions tous deux étudiants, animés du même enthousiasme pour la République, proclamée en février 1848, et attristés également par le développement d'une réaction cléricale et bourgeoise, qui grandissait chaque jour. Nous nous réunissions de temps en temps chez Clamageran, qui demeurait rue de l'Odéon et qui poursuivait ses études de droit.

Il manifesta tout d'abord l'énergie sincère de ses convictions, lorsque l'expédition dirigée contre la République romaine provoqua la protestation et la tentative d'insurrection de Ledru-Rollin, le 13 juin 1849. Clamageran y prit une part tellement active qu'il crut nécessaire de disparaître après l'échec de l'entreprise et l'arrestation de Ledru-Rollin. Il trouva un asile secret rue du Faubourg-Saint-Jacques, et j'ai encore la lettre par laquelle il me pria de passer à son domicile régulier, à dix heures du soir, pour lui rapporter, avec les précautions nécessaires, le petit bagage indispensable.

A la même époque remontent les lettres suivantes

que nous échangions et qu'il n'est pas sans intérêt de transcrire, pour montrer les opinions de la jeunesse avancée d'alors, l'ardeur des convictions de Clamageran et leur invariabilité jusqu'à la fin de sa vie ; tout en faisant la part de l'expression, parfois excessive dans sa sincérité, des sentiments de jeunes gens de vingt-deux ans.

Déville, le 23 août 1849.

« Mon cher ami,

» Je te dois bien des excuses pour n'avoir pas été te rendre une petite visite depuis quelques jours ; mais tu sais ce que c'est qu'un examen : j'étais tellement absorbé que je ne pouvais songer à autre chose. Enfin j'ai fini par trouver une place lundi dernier, et j'ai été reçu avec trois boules blanches et deux rouges. Maintenant je suis auprès de ma sœur à la campagne, et je me repose jusqu'au mois d'octobre. Et toi que deviens-tu ? Es-tu encore plongé dans de nouveaux examens ? Tu ferais bien de prendre quelques semaines de vacances.

» Je ne te parle pas de la politique : décidément la démocratie en est à sa période d'épreuves et de malheurs. Les courageux Hongrois ont succombé. L'Europe entière est maintenant livrée à la réaction ;

il faut courber la tête et attendre des jours plus heureux. A ce propos je te demanderai si tu as lu *le Nouveau-Monde* de Louis Blanc. Je t'engage bien à le lire : il y a de très belles choses. Si tu écris à Blanchet, rappelle-moi, je te prie, à son souvenir et félicite-le de la bonne voie où il est entré. Adieu, mon cher ami, je te serre la main bien affectueusement.

» Ton tout dévoué,

» J.-J. CLAMAGERAN. »

Paris, 31 août 1849.

« Mon cher ami,

» J'ai tardé quelques jours à te répondre pour deux motifs : d'abord j'avais à terminer à mon laboratoire un travail, avant de cesser d'y aller pour trois mois. Ensuite les affaires de Hongrie étaient si obscures au début que je voulais avoir quelque chose de certain avant d'en causer avec toi. Ce brusque dénouement m'a causé comme à toi la plus vive impression... Et c'est en présence de tels faits que nos boutiquiers, prévoyant une invasion, et sentant qu'il faudrait simuler un peu de résistance, parlent hautement de donner dans cette hypothèse la dictature à Changarnier. Voilà ce qu'on nous prépare! c'est une chose effrayante.

» Dans les villes le socialisme languit et semble prêt à s'affaisser dans le découragement et l'impuissance : à cela quoi d'étonnant? N'a-t-il pas voilé ses nobles doctrines, ses idées vitales, pour mettre uniquement en avant ces questions matérielles, incapables à elles seules d'exciter de grands dévouements? Et dans les campagnes, comme le dit *la Presse*, ce n'est pas l'idée de solidarité, le vrai socialisme qui exaspère les esprits, c'est la *haine du percepteur*. L'absence de toute idée de dévouement et de générosité, le culte exclusif des idées matérielles, l'impuissance théorique des sciences, si ce n'est au point de vue critique : voilà des symptômes fatals. Serons-nous donc cosaques?

» J'ai lu dès son apparition les deux numéros de l'ouvrage de Louis Blanc : le second surtout m'a fait plaisir.

» Mais je m'aperçois que depuis le commencement de cette lettre je ne t'ai pas encore dit un seul mot qui te soit relatif. Comment vas-tu là-bas et qu'y fais-tu? Jouis-tu un peu de la nature? Quels sont tes délassements, tes promenades, tes travaux? conte-moi tout cela en détail : tu me feras grand plaisir. As-tu dans ton voisinage quelque ancien camarade? si tu es seul, bien qu'on puisse toujours s'occuper, je ne t'en plains pas moins.

» Lis-tu un peu : as-tu lu *la Nouvelle Héloïse?* Je viens de la lire; dis-moi ton avis là-dessus et je te donnerai le mien après. A bientôt ta réponse, n'est-ce pas?

» Tout à toi,
» MARCELIN BERTHELOT. »

Déville, le 11 septembre 1849.

« Mon cher ami,

» Me voici de retour d'une petite excursion que j'ai faite sur les bords de la mer aux bains de Dieppe; le ciel m'a été favorable : tous les jours un beau soleil, tous les soirs une belle nuit étoilée. Quelquefois des vagues écumantes, soulevées par le vent du Nord, venaient animer ces magnifiques scènes de la nature et exercer la patience des nageurs. A part cette muette contemplation de Dieu dans ses œuvres et de l'infini dans son image, j'ai mené pendant cette dernière semaine une vie peu intellectuelle; mais tu sais que l'esprit a besoin de repos. Cependant je recevais et je lisais toujours avec intérêt mes trois journaux : *le National, la Presse* et *la Réforme.* La trahison de Gœrgey m'a fait éprouver comme à toi et à tous les bons patriotes une bien vive douleur. Comment un homme peut-il être assez lâche pour flétrir ainsi ses lauriers, et pour courber la tête comme un esclave devant un ennemi tant de fois vaincu? La conduite de Kossuth a été admirable jusqu'au bout; son plan de concentration pouvait seul sauver la Hongrie.

» Les affaires de Rome s'embrouillent de plus en plus. Après avoir renversé la République à coups de canon, on veut faire la loi au Pape : le Pape résiste, que va-t-il sortir de tout cela? Malgré la triste situation des affaires politiques, je ne désespère pas autant que toi; j'ai foi dans le socialisme et je crois qu'il régénérera l'humanité. Il fait des progrès de plus en plus; il pénètre même dans les classes moyennes et les classes élevées. Je sais bien que Louis-Philippe nous a légué comme un ver rongeur une démoralisation presque générale; mais ce sera le triomphe des idées nouvelles d'arrêter les ravages du mal. Ce qui manque au socialisme, selon moi, c'est, pour employer le langage de Proudhon, une vigoureuse synthèse, qui embrasse tous les systèmes, qui les rapproche, qui les coordonne, qui en fasse ressortir une religion, une morale, une économie sociale, règle future de l'âme vers le bien.

» A ce propos je te demanderai ce que tu penses des idées de Littré et Auguste Comte. *Le National* ouvre ses colonnes à leurs théories...

» Je vois qu'au milieu de tes occupations scientifiques tu as trouvé quelques loisirs pour *la Nouvelle Héloïse*. Je ne sais quels sentiments cette lecture a éveillés chez toi ; mais il me semble que ce livre a été jusqu'ici bien mal apprécié, on l'a éconduit comme dangereux, comme immoral ; pour moi je voudrais le voir dans les mains de tous les jeunes gens, de toutes les jeunes femmes. L'âme s'élève et s'épure au contact de tant d'idées généreuses, de tant de sublimes pensées. Les premières pages, il est vrai, sont bien voluptueuses, et la faute de Julie semble tacher cette naissante création de J.-Jacques. Mais par là Rousseau voulait atteindre un double but ; il voulait d'abord combattre ce préjugé de tous les siècles que la jeune fille qui succombe est à jamais flétrie, tandis que la femme mariée commet à peine une peccadille en violant la foi conjugale ; ensuite Rousseau voulait faire voir comment une âme humaine peut s'élever à la plus haute et la plus sublime de toutes les passions.

» Je te parle longuement d'anciennes lectures ; mes lectures du moment ne sont pas bien fréquentes. Cependant je lis quelques ouvrages anglais et je me propose bientôt de relire *l'Ordre dans l'humanité* ; je serais curieux de connaître ton opinion sur ce dernier ouvrage.

» Du reste, je n'ai ici aucun ancien camarade ; mais

avec ma sœur je ne me trouve jamais seul. Dans quelques semaines je serai à Paris : écris-moi à quelle époque tu y seras, afin que nous puissions nous joindre. J'espère que tu prends quelques vacances et que tu respires un peu après avoir passé tant d'examens, pour te préparer à en passer encore tant d'autres.

» J'attends avec impatience de tes nouvelles. Adieu, mon cher ami, reçois l'expression bien sincère de mes sentiments dévoués.

» J.-J. CLAMAGERAN. »

Mon adresse jusqu'à la fin de septembre :

Monsieur J.-J. Clamageran, chez M. Risler. Déville-les-Rouen (Seine-Inférieure).

Paris, le 14 septembre 1849.

« Mon cher ami,

» Je suis toujours à Paris et j'y resterai cette année tout entière ; j'ai pris l'an dernier mes dernières vacances. Dans les études que j'ai commencé à suivre, le côté matériel et pratique est tellement mêlé au travail intellectuel que l'esprit n'a pas besoin, pour reprendre ses forces, d'un repos intermittent. Si donc tu viens à Paris, tu me trouveras à la maison.

» Tu me demandes ce que je pense de *l'Ordre dans l'humanité* de Proudhon? Je ne l'ai pas lu. Quant à *la Nouvelle Héloïse*, je partage complètement ton avis sur ce livre, et c'est parce que je pensais le connaître à l'avance que je ne t'ai pas dit le mien, afin d'avoir le tien. Quelles critiques de détail on pouvait et l'on a en effet adressées à ce livre, tu le sais mieux que moi; mais ce que je regarde toujours dans un ouvrage, c'est l'idéal que l'auteur s'y est proposé, pourvu que l'exécution n'y soit pas restée trop inférieure et en indique bien l'étendue. Or, à ce point de vue, *la Nouvelle Héloïse* me paraît comme à toi un livre admirable, propre à élever l'âme et à l'épurer.

» Ce qui a contribué à établir sur ce livre le préjugé dont tu parles, c'est que la plupart des lecteurs l'abordent avec un cœur impur; ils n'y voient que le côté sensuel de la première partie. Le reste est à peine parcouru d'un œil négligent, et plus tard quand ils parlent de ce livre, c'est l'impression sous l'empire de laquelle ils l'ont lu, qu'ils blâment sans s'en douter, bien plus que le livre lui-même.

» Auguste Comte et Littré? Je ne les connais qu'un peu superficiellement. La forme sous laquelle tu les résumes demanderait quelques distinctions; mais au fond je suis du même avis que toi, sur leur compte.

Cela n'empêche pas M. Littré d'être un homme d'une haute et délicate moralité.

» Je connais Dieppe et ses environs; j'y ai passé plusieurs mois de ma première enfance à l'âge de cinq ans; c'est de là que datent mes premiers souvenirs. Aussi c'est toujours avec plaisir que je pense à ce pays. Ce qui dans ma mémoire a laissé le plus de traces, ce n'est pas l'immensité de la mer, chose un peu abstraite pour un enfant : ce sont les falaises et la marée montante. Dès que j'aurai quelque répit, je compte faire une tournée de ce côté. Ce ne sera sans doute pas avant un an.

» Voyager c'est l'une des choses qui me plairaient le plus. En sortant d'un milieu que l'habitude a émoussé, on sent bien plus vivement la vie des autres hommes et la vie de la nature. Si j'étais riche, ce serait là l'un des premiers emplois de mon argent. Voir les divers peuples, vivre au milieu d'eux pour mieux connaître leurs mœurs, étudier l'action de la civilisation sur eux et l'état de ceux que l'Europe n'a pas encore comprimés ou déviés dans leur développement normal; c'est une étude que je voudrais faire et qu'il faudrait se hâter d'entreprendre. C'est à peine s'il en est encore temps. Combien de peuples ont été déjà modifiés ou détruits depuis quelques années? Combien dans cinquante ans en restera-t-il à connaître dans leur virginité native? C'est un triste état pour les peuples que celui qui succède à l'état spontané primitif. La première invasion de l'esprit réflexe se traduit d'une manière souvent hideuse, par le déchaînement de toutes les passions, gardant à la fois l'empreinte de la brutalité du sauvage et des raffinements du civilisé. Si tu retournes jamais visiter la Nouvelle-Orléans, dans quelques années, j'espère être libre de faire le voyage avec toi.

» Et les gens de la Normandie, qu'en dis-tu? As-tu été témoin de la concentration de la propriété et de la misère effroyable de certains cantons de ce riche pays? De ton côté, quel est l'état des personnes et celui des esprits? L'idée religieuse, l'idée de dévouement du socialisme s'y répand-elle? Ou bien n'est-ce que l'appel aux instincts et aux intérêts? Hélas! nous sommes bien vieux, bien réfléchis, bien critiques pour entreprendre une nouvelle religion! et nous sommes bien ignorants et bien égoïstes pour être dirigés par la seule raison.

» Les Slaves sont plus naïfs, plus mystiques, moins raffinés que nous. Il y a là des qualités encore en réserve, un peuple neuf en un mot. Je ne sais si tu as connu les tentatives religieuses, la plupart à demi communistes, faites parmi eux? Si le progrès est de ce côté? Pourquoi non...? Nous tomberons peut-être, dévoués combattants d'une cause perdue à nos propres yeux! Nous aurons défendu nos traditions, tout en voyant l'avenir d'un autre côté; nous aurons eu le courage de lutter sans espoir, après la trahison des meilleurs amis de leur patrie, et tout sera dit.

» Ton dévoué,
» MARCELIN BERTHELOT. »

Déville, le 25 septembre 1849.

« Mon cher ami,

» J'ai reçu, il y a quelques jours, ton excellente lettre, dont les divers détails m'ont beaucoup intéressé. Je suis bien aise de te savoir toujours à Paris, car j'y serai de retour lundi prochain : nous pourrons ainsi reprendre de temps en temps nos conversations philosophiques. Il paraît que tu as l'intention de faire un voyage aux États-Unis dans quelques années. J'ai aussi formé ce projet, et je compte l'exécuter après mon doctorat, c'est-à-dire dans deux ans. Si nous pouvions y aller ensemble, ce serait bien heureux. Que de scènes de la nature à contempler, et quelles scènes! les forêts vierges, le cours du Mississipi, les grands lacs du Nord, les chutes du Niagara, le vaste développement de l'industrie, l'état physique et moral des ouvriers, l'abondance et la fertilité des terres, le flot continuel de l'émigration vers l'Ouest, le mélange de toutes les nations, de toutes les religions sur un seul point du globe, la démocratie organisée sur des bases inébranlables et sincèrement respectée de tous; enfin à côté de tous ces bienfaits, la plaie hideuse de l'esclavage, menaçant de compromettre tout l'édifice politique, et d'infiltrer dans tout le corps social le poison de la corruption; quel sujet d'étude sérieux et fécond! Mais hélas! Fénelon l'a dit avec raison : l'homme propose et Dieu dispose; notre sagesse est impuissante à prévoir les obstacles que l'avenir réserve à nos desseins!

» En attendant, il nous faut être les témoins de toutes les hontes de la France, sous le gouvernement du prince Louis! As-tu lu la lettre de Joseph Mazzini à MM. Falloux et de Tocqueville? Quel éloquent plaidoyer en faveur de la République romaine! Quelle généreuse protestation contre les calomnies des gens prétendus honnêtes, qu'il convainc tous de mensonge, depuis le premier jusqu'au dernier! Les articles d'Émile Girardin dans *la Presse* et cette lettre de Mazzini portent le dernier coup aux fauteurs de l'expédition romaine : le procès du 13 juin est devenu moralement impossible, à moins qu'on ne retire aux accusés la liberté de la défense. En effet, s'il y a une chose évidente au monde, c'est que la Constitution a été violée; et que pour arriver à cette violation on a eu recours aux subterfuges les plus vils, aux moyens les plus honteux. Maintenant les accusés seront-ils acquittés? j'en doute : ce ne sont pas des juges qu'on leur a donnés, ce sont des ennemis; mais l'opinion publique réformera tôt ou tard le verdict du jury.

» Tu me demandes ce que je pense du pays que j'habite en ce moment; ma réponse ne sera pas longue! sous le rapport de la vie intellectuelle et morale, la Normandie est la dernière province de France. Idées élevées, sentiments généreux, nobles instincts du cœur, tout cela est inconnu ici. Il n'y a qu'un seul et unique mobile de toutes les actions, c'est l'argent! Dès leurs plus jeunes années les enfants respirent l'air impur de la cupidité, et à l'âge de cinq à six ans ils savent déjà (selon l'expression de l'un d'eux) que l'argent dans le commerce fait des petits. On a bien soin de leur apprendre ce que c'est que des actions de la banque de France, ou des chemins de fer; mais on se garde de leur laisser soupçonner ce que c'est que de bonnes actions. La bourgeoisie est corrompue jusqu'à la moelle des os; c'est le type du positivisme et de l'égoïsme. Les paysans sont sous le joug des prêtres et des grands propriétaires, c'est tout dire!

» Quant aux ouvriers des villes, la misère la plus

profonde, avec tout ce qu'elle entraîne de dégradations pour l'homme, voilà leur sort ! tu n'as qu'à lire à ce sujet la petite brochure de Blanqui. Dans les vallées autour de Rouen (vallées remplies de manufactures et d'usines), il y a plus d'aisance, des habitations moins malsaines, moins de chômages, plus de ressources diverses, la vie à meilleur marché, grâce à l'absence de l'octroi, de l'air enfin et du soleil : ce qui est beaucoup. C'est selon moi l'élément le plus sain de la population ; le terrain le plus propice à recevoir les idées nouvelles. Mais là comme partout l'amour ou plutôt la fureur de l'argent (*auri sacra fames*) a envahi les cœurs, démoralisé les âmes. Là, plus qu'ailleurs, les patrons exercent une influence sans rivale et répandent avec soin les vieilles idées corruptrices.

» En outre, le socialisme, dès le début, a été mal représenté ; ses propagateurs ne sont trop souvent que des personnes mal famées. Il est vrai qu'il faut tenir compte des calomnies bourgeoises ; mais néanmoins je ne crois pas que leur conduite soit irréprochable sous le rapport de la régularité et des bonnes mœurs ; et elle devrait l'être : sans cela, au lieu d'avancer nous reculerons. Pour atteindre notre but il nous faut une nouvelle génération, génération plus austère, plus convaincue, mieux pénétrée de la sainteté de sa cause et plus infatigable à la défendre. Espérons que cette génération surgira enfin et que si les Slaves doivent nous envahir, comme tu sembles le craindre, et rajeunir notre vieux sang, nous les envahirons nous-mêmes avec nos doctrines et nous les pénétrerons de notre foi. Adieu, mon cher ami, à bientôt.

» Ton tout dévoué,
» J.-J. CLAMAGERAN. »

Ce langage est extrême et passionné jusqu'à l'injustice, comme celui de la jeunesse. Je ne sais si on le retrouverait dans les lettres privées du temps présent. On n'entretient plus à l'âge mûr de correspondance aussi explicite : tout se passe dans les brefs échanges du télégraphe, ou bien en conversations téléphoniques, sommaires aussi et dont il ne reste pas de traces. Notre vie a perdu surtout ce caractère individuel qui en faisait autrefois l'intérêt, pour confondre son cours avec celui du flux et du reflux des sentiments et des passions collectifs de la vie universelle.

*
**

En 1850, Clamageran réclama la nationalité française, dont son lieu de naissance aurait pu le séparer, mais dont en bon patriote il revendiquait la solidarité nationale. A la même époque, il retourna une dernière fois en Amérique, comme il rêvait déjà de le faire l'année précédente. Sa thèse de docteur en droit (*Des obligations naturelles*) fut soutenue en 1851 et il obtint la première médaille d'or au concours de 1852. Son mémoire, *Du louage d'industrie, du mandat et de la commission dans le droit romain, dans l'ancien droit français et dans le droit actuel* (1856), fut couronné par la Faculté de droit.

Lors du coup d'État de décembre 1851, nous nous retrouvâmes parmi les citoyens obscurs qui tentèrent de résister par la force à la violation de la Constitution.

Clamageran compléta depuis son instruction par un voyage en Orient, qui le conduisit en Palestine et jusqu'à Palmyre, avec les petites péripéties et difficultés ordinaires de ce genre d'excursions. Sa connaissance du monde s'élargissait ainsi de plus en plus.

Alors vint l'un des moments décisifs de son existence, son mariage. Il épousa, le 24 août 1854, mademoiselle Hérold, la fille du célèbre musicien. Pour les esprits idéalistes, concentrés jusque-là dans le domaine des idées pures, il y a là une épreuve et une extension soudaine de l'horizon. L'art et les sentiments esthétiques, naguère un peu vagues et confus, s'introduisent dans leur évolution et y prennent une importance inoubliable. C'est ce qui arriva à Renan lors de son mariage avec la nièce du grand peintre Ary Scheffer. Clamageran, en s'unissant avec la fille d'Hérold, reçut aussi une empreinte nouvelle. Cette empreinte fut d'autant plus profonde que la mère de madame Clamageran, la veuve d'Hérold, conservant le culte du grand homme auquel sa vie avait été associée, cherchait à grouper autour d'elle des esprits indépendants, animés comme elle du culte de l'art et de la liberté.

J'ai décrit ailleurs, en retraçant la biographie de son fils (*Science et philosophie*, p. 370) cette petite société. Quelques hommes distingués et indépendants se réunissaient tous les dimanches aux Ternes, autour du foyer hospitalier, Clamageran et sa femme y jouaient naturellement le premier rôle, entourant de leur vive affection madame Hérold, leur mère commune. Après le jour douloureux où la mort frappa la chère maîtresse du logis (29 décembre 1861), ils se retrouvèrent quelques mois plus tard, pour reconstituer ce centre à la fois artistique et politique, un moment attristé par l'adhésion d'un de nous, Émile Ollivier, à l'Empire. Il subsista cependant jusqu'à la guerre de 1870. Clamageran y apportait le sérieux et la droiture de ses convictions, la résolution active et efficace de son caractère. Mais sa raideur masculine était tempérée par la grâce sympathique et la tendresse affectueuse de sa femme.

Dans nos réunions amicales des Ternes, présidées par les deux beaux-frères, Clamageran et Hérold, ils s'unissaient de cœur, de volonté et, dans l'occasion, de sacrifices pour la poursuite de leurs visées politiques communes. Mais leur conduite dans le détail donnait lieu à des contrastes, qui mettaient en évidence la différence de leurs caractères. Hérold, nature prime-sautière et spirituelle, parfois jusqu'à l'ironie, en tout cas particulariste, était plus prompt à exprimer ses sentiments et son enthousiasme : il s'emballait, comme on dit aujourd'hui. Tandis que Clamageran, non moins généreux au fond, mais plus profond, plus méthodique, plus systématique, pensait et agissait d'une façon froide, d'après des principes longuement réfléchis; en se rendant compte davantage des phases successives d'une entreprise, des difficultés et des conditions nécessaires de sa réalisation. Bref, l'un avait plus de raison, l'autre plus d'imagination : tous deux un égal dévouement.

Clamageran joua un rôle prépondérant dans notre petit groupe pendant la dernière période de l'Empire.

L'œuvre dont il était alors l'organe était triple :

Opposition républicaine, doctrine du libre échange et protestantisme libéral.

Parlons d'abord de son rôle politique, qui s'accentuait de plus en plus.

.˙.

Les revanches de l'histoire sont longues à venir. Six ans de compression morale et politique avaient pesé sur la France jusqu'au jour où la détente se fit. Ce fut en 1857 seulement que l'opposition légale contre l'Empire devint possible, représentée par cinq députés dans le Corps législatif : Jules Favre, Émile Ollivier, Ernest Picard, Darimon et Hénon. Deux d'entre eux, Ollivier et Picard, faisaient partie de notre société des Ternes.

Elle accueillit avec sympathie la guerre d'Italie, d'accord avec la fraction avancée de l'opinion française : tandis que cette guerre soulevait l'hostilité des cléricaux. Il se produisit un mouvement d'opinion, qui obligea l'Empire à s'écarter de ces derniers pour chercher de nouveaux points d'appui. De là, en 1862, la restitution aux pouvoirs parlementaires de quelques-unes de leurs prérogatives.

C'est à ce moment que Clamageran entre en ligne

dans le petit groupe républicain, avec la détermination un peu rigide de son esprit, façonné par les souvenirs et les traditions des Américains du Nord, dont il était le frère par son lieu de naissance, ainsi qu'il aimait à le rappeler. Clamageran publia en 1861 un *Manuel électoral*, en collaboration avec Hérold, et ses amis Dréo, Durier, Ferry et Floquet; manuel réédité en 1869 et qui eut quelque importance, comme l'une des bases de la résistance légale contre l'Empire. L'un des épisodes les plus marqués de cette campagne fut le procès dit des *treize* (1864), soutenu contre les chefs du parti républicain, et qui aboutit, comme on pouvait s'y attendre, à la condamnation de chacun d'eux à cinq cents francs d'amende; Clamageran était du nombre.

Les fautes du régime impérial s'accumulaient, et elles amenèrent la catastrophe nationale de 1870.

Au moment du siège de Paris, Clamageran remplit son devoir, avec son zèle ordinaire pour la chose publique. Comme il arrive souvent dans la vie des nations, ce furent les victimes du régime, ceux qu'il avait d'abord écrasés qui affrontèrent la tâche cruelle de relever la patrie. Il fut adjoint dès le 5 octobre 1870 à la Mairie de Paris et accepta une besogne pénible, toute de dévouement : celle de veiller à la question des subsistances, dont l'existence et la durée formèrent pour ainsi dire le point fondamental dans la prolongation de notre résistance. La question de la psychologie morale de la population y joua un rôle plus important, peut-être, que les problèmes de pure statistique. La clarté calme de son esprit, sa connaissance approfondie des questions économiques, sa méthode exacte et sa fermeté dans les décisions administratives ont rendu alors à la patrie des services parfois méconnus. Les Parisiens se sont souvent, à tort ou à raison, plaints du pain de siège, ou plutôt de la fin du siège. Les erreurs qui ont pu être commises à cet égard ne sont pas attribuables à Clamageran.

Il a exposé lui-même, non sans une profonde tristesse, toute cette histoire dans ses *Souvenirs du siège de Paris*.

En février 1871, le siège était fini. Nous avions fait tous deux, chacun suivant ses aptitudes et sa science spéciale, notre devoir. Nous avions besoin d'un peu de repos matériel et moral. Accompagnés de nos fidèles compagnes, qui nous avaient soutenus durant cette pénible épreuve, nous nous retrouvâmes le 15 février dans un wagon de chemin de fer, traversant avec des sauf-conduits délivrés par l'état-major ennemi, les environs de Paris et le centre de la France occupés par les Prussiens. Nous échangions les amers souvenirs des incidents du siège et les tristes pressentiments de l'avenir; la guerre civile imminente et la réaction qui allait se déchaîner! A Vierzon, nous nous séparâmes, pour poursuivre chacun une destination différente.

Quelques mois après je retrouvais Clamageran et Hérold à Paris, reprenant avec fermeté la lutte politique interrompue. Mais, avant de retracer cette nouvelle phase de sa vie, il convient de compléter le tableau de la précédente, en rappelant l'œuvre poursuivie par Clamageran dans l'ordre religieux et dans l'ordre économique.

.˙.

En effet Clamageran, en même temps qu'il participait à l'action des gens avancés en politique, s'était associé à une entreprise analogue parmi les protestants, dont il faisait partie par ses traditions de famille. Il s'était joint à une tentative généreuse, un peu oubliée aujourd'hui, mais qui a joué un certain rôle dans l'histoire morale du second Empire; je veux parler du protestantisme libéral. Le pacte conclu entre le cléricalisme et l'esprit conservateur, pacte qui amena la chute de la seconde République et le succès du coup d'État en décembre 1851, avait eu pour résultat depuis 1849 une oppression officielle contre la libre pensée. Un lien étroit a toujours existé entre les adversaires des esprits indépendants, dans l'ordre intellectuel et moral et dans l'ordre politique. Cette oppression atteignit son plus haut degré au temps où le ministère de l'Instruction publique fut tenu par Fortoul et elle ne commença à se détendre un peu que vers 1860, à l'époque de l'expédition d'Italie.

Or pendant cette période, un esprit nouveau apparut dans le protestantisme français. Un certain nombre de ses adhérents crurent qu'il était possible de le transformer suivant une direction plus d'une fois accusée dans son sein depuis le xvi⁰ siècle : je veux dire en mettant en première ligne le lien qui résulte entre les hommes de la communauté des idées morales, envisagées, comme élément fondamental et officiel d'une association religieuse; tandis qu'on abandonnait aux appréciations individuelles les affirmations dogmatiques. Toute une école se forma ainsi, sous la direction d'hommes tels que les Coquerel, Fontanès, Réville et autres en France. Un certain nombre parmi les personnages les plus distingués de cette époque étaient disposés à se rallier au protestantisme ainsi entendu : il devenait par là un centre officiel et une garantie, à la fois pour le gouvernement d'alors et pour la liberté scientifique. Si cette alliance avait pu se constituer en France, elle aurait singulièrement accru la puissance du groupe protestant; et peut-être arrêté ou ralenti l'évolution qui eut lieu depuis, vers des solutions philosophiques et sociales plus absolues. Clamageran était l'un des représentants les plus sérieux et les plus convaincus de cette manière d'entendre le protestantisme, et il s'en fit l'organe.

Mais elle rencontra presque aussitôt une résistance et une barrière dans l'esprit étroit et attaché au dogmatisme de la majorité des Conservatoires parisiens. Guizot apporta dans cette discussion le même esprit dénué de souplesse et ennemi de toute conciliation, qui avait amené sa résistance à la Réforme électorale, comme président du Conseil des ministres, et la chute de la Monarchie constitutionnelle. Depuis, le malheur n'avait abattu ni sa fierté, ni son intransigeance. Il fut soutenu par les banquiers et autres protestants riches, dont les contributions alimentaient le culte protestant et ils se hâtèrent de fermer la porte aux esprits plus avancés et plus intelligents parmi les pasteurs déjà engagés dans la carrière ecclésiastique et qui s'efforçaient d'élargir leur groupement religieux, en l'étayant sur des vues et des méthodes nouvelles. Ceux-ci furent appuyés énergiquement par l'adhésion de Clamageran, adhésion manifestée par une brochure

sur l'état du protestantisme en France (1857), par
diverses publications dans les revues protestantes et
par son intervention dans les débats du Synode général des Églises réformées de France en 1872.

*
* *

L'œuvre la plus durable peut-être de Clamageran,
c'est son œuvre économique. Il a exprimé à cet
égard ses opinions et résumé ses recherches dans un
certain nombre d'articles imprimés par le *Journal
des Économistes*. Il s'est rattaché à la doctrine du
libre échange, avec la fermeté ordinaire de ses convictions. On trouve également l'exposé de ses opinions
dans ses publications intitulées : *La France républicaine*, études constitutionnelles, économiques et
administratives (1873) ; *la Réaction économique et
la démocratie* (1891). Le témoignage et l'expression
des mêmes idées figurent encore consignés dans des
articles sur *la Liberté de la boucherie et de la boulangerie*; *Sur la réaction économique en 1871 et
1872*; où il agite la question des droits sur les matières
premières et celle des traités de commerce; dans son
Étude des résultats du travail national depuis 1872
(1880); sur la question si controversée de l'*Impôt
sur le revenu*, sur la *Surtaxe sur les blés* (1887).

Il y est resté fidèle jusqu'à ses derniers jours, malgré les réserves faites depuis à cet égard dans beaucoup d'esprits éclairés et surtout dans les décisions législatives et règlements des différentes nations.

Son œuvre capitale dans l'ordre économique est une *Histoire de l'impôt en France*, grand traité en trois volumes fortement documentés et dont la publication l'a occupé pendant dix années. L'autorité que lui donnait ce vaste travail l'aurait assurément, de l'avis des gens compétents, conduit à l'Institut, à la section de l'Académie des sciences morales et politiques, si, par un scrupule exagéré, mais respectable, d'indépendance, il n'avait récusé toute candidature. Ses études sur *les Finances de la France depuis 1814*, et sur le *Budget de 1885* peuvent être considérées comme la suite de cette première enquête.

*
* *

J'ai exposé l'œuvre principale et le rôle de Clamageran dans l'ordre économique, religieux, politique : ce dernier seulement jusqu'à la fin de la guerre de 1870. Il convient de reprendre et de résumer sa carrière politique pendant le tiers de siècle écoulé depuis.

Jusque-là ses opinions l'avaient écarté de toute fonction qui lui permît de prendre part à la direction officielle des choses ; le triomphe de la République, proclamée le 4 septembre 1870, ne devint définitif qu'après une longue lutte intérieure, par la proclamation de la Constitution de 1875.

Clamageran débuta dans cette nouvelle carrière par son élection au conseil municipal de Paris, comme représentant du quartier des Bassins en 1876. Réélu en 1878, il y rendit les services prévus d'après ses connaissances économiques et ses aptitudes administratives.

Il avait été nommé conseiller d'État le 14 juillet 1879. Le 1er janvier 1882, il fut atteint par un cruel deuil de famille, la mort de son beau-frère, Ferdinand Hérold, son compagnon de vie et de lutte depuis un tiers de siècle.

Mais la vie humaine se poursuit à travers les douleurs : chacun doit remplir son devoir jusqu'au bout. Clamageran fut élu sénateur inamovible, en remplacement de l'amiral Pothuau, le 7 décembre 1882. Il était l'un des premiers désignés, depuis le moment où la majorité de l'Assemblée passa des réactionnaires aux républicains. Il fit partie avec moi du groupe de l'Union républicaine, le plus avancé de cette époque, et déploya dans les discussions une science financière exceptionnelle, qui répondait à l'ordre spécial de ses études. A ce titre, il prit le portefeuille de ministre des Finances, le 6 avril 1885, au sein du ministère Brisson.

C'était le légitime objet de ses ambitions. Mais, il était trop tard! Trop souvent, hélas! nous parvenons au but désiré, au moment où nos forces physiques épuisées ne nous permettent plus d'en jouir. C'est ainsi que Clamageran, dans le cas actuel, eut la douleur de ne pouvoir fournir le travail réclamé à son mérite et à son dévouement. Dix jours après sa nomination, il fut obligé de se retirer. Sa santé demeura dès lors ébranlée par des indispositions et des maladies réitérées, qui l'empêchèrent de donner sa mesure et de rendre les services qu'on attendait de lui.

Sa parole était toujours écoutée avec respect dans les commissions et dans les séances publiques, où il exprimait avec clarté et bon sens des idées souvent fort avancées : également opposées à l'esprit des conservateurs, qui repoussent tout changement, et à celui des rêveurs qui poursuivent des réformes chimériques, dont l'espérance les enivre et les dégoûte de celles qui seraient actuellement réalisables.

Son autorité trouva encore quelque exercice dans la présidence de la commission de l'Algérie, contrée dont il avait pris une connaissance spéciale dix ans auparavant au cours de ses voyages (*L'Algérie, impressions de voyage, 1873-1881*).

On sait avec quelle ardeur il s'était associé aux protestations soulevées au nom de la justice dans l'affaire Dreyfus, qui a si profondément divisé la France.

Durant la lutte engagée au cours de ces dernières années, à l'occasion des lois relatives aux associations et aux congrégations, il avait également pris parti d'une façon très nette contre ces dernières, éternelles ennemies de l'esprit scientifique et de la République.

Sa vie privée conservait pendant ce temps sa régularité ordinaire, affligée en 1892 par la perte de sa sœur, madame Risler : ce fut l'une des grandes douleurs de son existence. Sa santé d'ailleurs ne cessait d'être troublée par le retour périodique d'affections rhumatismales.

Je le vois encore, au sein de sa résidence estivale de Limours, installé dans une maison modeste, où il recevait quelques amis, jouissant du soleil et de la campagne avec madame Clamageran et poursuivant ensemble leur vie d'affection et de dévouement réciproque depuis un demi-siècle. Originaire d'un pays chaud, il avait conservé le besoin d'une température un peu supérieure à la moyenne de nos climats et qu'il trouvait dans les vérandas de sa villa, et aussi sur la pente d'une colline sablonneuse, plantée de pins et chauffée par le soleil. Nous y avons tenu plus d'une fois les dernières conversations de vieillards, rappelant les traverses de notre vie, demeurés toujours bienveillants pour nos contemporains et prompts à accueillir et à encourager les jeunes.

Ainsi, invariablement fidèle aux sentiments et aux convictions de sa jeunesse, Clamageran mena jusqu'au bout une existence heureuse, avec peu de péripéties personnelles, et sans autres souffrances physiques et morales que celles que comporte la destinée humaine. Il s'endormit du sommeil des justes le 4 juin 1903.

SECONDE PARTIE

PAIX ET ARBITRAGE INTERNATIONAL

LES RELATIONS ENTRE LA FRANCE ET L'ANGLETERRE[1]

Messieurs,

Il y a quelques années, j'étais en relations suivies avec lord Dufferin, ambassadeur d'Angleterre, et nous avons causé ensemble bien souvent des intérêts respectifs de nos nationaux, et aussi des qualités et, permettez-moi d'ajouter, des défauts de nos concitoyens ; chacun de nous épiloguant sur les riverains de la Manche qu'il représentait, battant sa coulpe comme on parlait autrefois, avec le ferme désir de mettre fin à tous nos conflits.

[1]. Discours prononcé au banquet de l'arbitrage international au Grand-Hôtel, le 26 novembre 1903.

« — Vous autres Anglais, disais-je, vous êtes de grands promoteurs de civilisation, poursuivant à la fois les intérêts généraux de l'humanité et ceux de la Grande-Bretagne. Mais... » Lord Dufferin se hâta d'intercaler : « On nous reproche d'avoir les pieds très larges et de marcher sur les orteils de nos voisins ! » Lord Dufferin se mit à rire et il ajouta : « Nous allons changer tout cela. Vous autres Français, vous êtes des gens très aimables, vous êtes les protagonistes de la liberté, de l'égalité, de la fraternité dans le monde. Vous cultivez la propagande des idées généreuses, en faisant appel à la sympathie des peuples ! Mais... — Oui, répondis-je, vous allez ajouter que notre propagande a parfois dégénéré en coups de canon; ce qui nous a menés jusqu'à Moscou et jusqu'à Mexico, sous nos deux empereurs. »

Il est trop vrai ! Mais cet enivrement de l'impérialisme est aujourd'hui passé chez nous, et nous en sommes revenus aux sentiments fraternels, vraie tradition de notre démocratie. Français, Anglais, Allemands, Italiens, Espagnols, habitants de l'Europe occidentale, peuples gallo-romains et peuples gallo-germaniques, nous sommes issus d'un mélange des mêmes races humaines; notre conscience intellectuelle et morale a été formée par une même éducation, développée sur un fond commun physiologique, ethnique et historique,

Si je rappelle en ce moment nos discordes passées, c'est pour ajouter aussitôt, qu'il convient de nous entendre désormais, de façon à en prévenir le renouvellement. Oui, il convient de créer une légalité internationale, de conclure des conventions de concorde; de façon à mettre fin d'une façon régulière et définie à l'avance à toute controverse d'intérêt ou d'amour-propre. Je le répète : il faut y mettre fin, soit de bonne grâce et d'accord amiable, soit par l'intermédiaire de tiers arbitres, animés de sentiments également amicaux pour les deux grandes nations que nous représentons aujourd'hui. Aucune d'elles ne saurait prétendre avoir toujours et partout raison et imposer sa volonté.

L'expérience de l'histoire prouve que rien n'est plus décevant pour un peuple que la prétention à l'impérialisme, depuis les temps du Saint-Empire Romain, du moyen âge et de Charles-Quint en Allemagne, avec les retours de la fortune française sous Louis XIV et sous Napoléon; depuis les prétentions d'Athènes et de Venise à l'empire de la mer; depuis les entreprises de domination théocratique d'Omar et de Grégoire VII, des califes musulmans et des papes de Rome, également oppresseurs de la science et de la liberté humaines.

Aujourd'hui, les penseurs indépendants en Angleterre, en France, en Allemagne, en Italie, devraient être guéris de ces ambitions illimitées, au moins à l'encontre de leurs frères civilisés. Ils sont pour la paix et la concorde; en attendant la réalisation de ces deux rêves : la paix perpétuelle et la confédération européenne, rêves du xviii⁰ et du xix⁰ siècle. Chimères, peut-être! tout au moins idéal, que d'aucuns rattachent volontiers à l'espérance du triomphe futur et universel de la Démocratie et du Socialisme... Je ne sais; mais, en attendant ces lointaines et douteuses perspectives, nous autres gens pratiques, réunis autour de cette table, il nous sera permis de jeter un coup d'œil rapide sur l'état de l'Europe, sur les craintes des gens sensés et sur tout ce qu'il est possible de faire dès à présent pour prévenir les désastres qui pourraient naître de l'antagonisme des peuples et des gouvernements.

Messieurs,

L'état actuel de l'Europe est, en vérité, déplorable. Depuis que les événements de 1865 à 1870 ont déchaîné de nouveau le vieux droit de la force et de la conquête sur les capitaux acquis par le travail et, ce qui est plus cruel, sur le sol et sur les habitants de différents États, chaque nation s'est sentie menacée et chacune s'est armée jusqu'aux dents, sur terre et sur mer; grossissant ses efforts jusqu'à l'épuisement des finances et stérilisant l'énergie de ses jeunes citoyens, dans la fleur de leur âge et de leur activité, pour la consacrer au service militaire. Nous nous sommes mis ainsi hors d'état de réaliser ces rapides progrès de richesse et de bien-être général, que nos frères d'Amérique, exempts de semblables charges, accomplissent sous nos yeux. Mais ce n'est encore là que le moindre danger. Qui ne frémit à la pensée de l'heure où l'infatuation d'un souverain, ou bien l'orgueil blessé d'une nationalité égoïste déchaînerait toutes ces armées, toutes ces flottes, les unes contre les autres. L'opinion publique recule devant l'horreur d'une semblable catastrophe et c'est là peut-être aujourd'hui la garantie la plus sûre contre son accomplissement.

En attendant, chaque nation s'efforce de se couvrir par des alliances, des ententes, des amitiés préservatrices. La France s'est alliée à la Russie et fortifiée par l'amitié de l'Angleterre et de l'Italie; l'Allemagne s'est alliée à l'Autriche et à l'Italie, à l'aide de traités qui semblent impliquer une sorte de protectorat. La Russie s'est alliée à la France et elle a conservé en même temps la pratique de ses ententes traditionnelles avec l'Allemagne.

Au milieu de cet entrelacement de liaisons diverses par leur nature et par leur enchaînement, il devient heureusement bien difficile à tout gouvernement isolé de provoquer une grande conflagration. Elle tend à être arrêtée dès l'origine par la menace des contre-coups sur les alliés et amis, communs actuellement à l'agresseur et à l'attaqué. L'opinion publique, aujourd'hui si puissante chez les peuples civilisés, ne permettrait d'ailleurs que bien difficilement d'agir, même à ceux qui pourraient se prévaloir d'un isolement qui les soustrairait à tout engagement formel, pour accomplir un semblable attentat contre les volontés de l'humanité.

Certes, il ne faudrait pas interpréter notre amour de la paix comme une abdication de nos sentiments d'honneur et de dignité nationale. Dans l'Europe de l'avenir, telle que nous la rêvons, le désarmement ne saurait être le témoignage unilatéral de l'humiliation d'une nation isolée : pour être accepté, il doit être universel.

Messieurs,

Sans nous bercer à cet égard d'illusions trop naïves et pour vous rassurer sur les chances de succès de notre entreprise, permettez-moi de rappeler les traditions de la civilisation moderne et les grands résultats consacrés par le consentement spontané des peuples et des gouvernements depuis deux siècles, après avoir été réclamés par les penseurs et les philosophes : l'Angleterre et la France ont, à cet égard, des droits particuliers à la reconnaissance du monde. Cela nous permet de parler dans cette réunion avec plus d'autorité des progrès nouveaux que nous préconisons et que l'opinion des gens éclairés et dévoués au bien général a le devoir de réclamer aujourd'hui des pouvoirs publics.

Le XVIIIe siècle a marqué l'époque où les philosophes et les savants ont commencé à proclamer hautement les droits de l'humanité, la liberté de penser et la tolérance religieuse. Ils ont demandé la suppression de la torture et de l'atrocité des supplices, celle de la traite des noirs et de l'esclavage ; bref, ils ont protesté sous toutes les formes contre le vieil axiome : *Homo homini lupus.*

C'est en Angleterre et en France, ne l'oublions pas, que cette longue campagne d'opinion a été menée, avec une inlassable persévérance, par les philanthropes et les encyclopédistes. Elle a abouti à la Déclaration des droits de l'homme et à la proclamation du règne de la Raison.

Il serait trop long de rappeler ici tous les progrès réalisés depuis, mais c'est entrer au cœur même de nos projets et justifier l'espoir que nous avons de leur accomplissement que de vous rappeler comment a été effectuée et fixée dans le droit moderne l'abolition de l'esclavage. Déjà Guillaume Penn, en fondant la Pensylvanie, au xvii° siècle, en avait posé le principe légal dans la constitution de sa colonie. Au xviii° siècle, Wilberforce, en Angleterre, et Grégoire, en France, pour ne pas remonter plus haut, l'ont réclamée, et la Convention nationale l'a promulguée en loi. Vous savez qu'elle n'est devenue définitive que vers le milieu du xix° siècle, sous la pression de toute une génération d'abolitionnistes français et anglais. L'émancipation progressive a été déclarée par le gouvernement anglais dès 1833; l'émancipation totale et définitive, par la République française, en 1848.

Elle n'a triomphé aux États-Unis que de notre temps, après une guerre longue et sanglante.

Si je vous rappelle ces souvenirs, c'est afin de vous montrer comment les rêves humanitaires des philosophes, soutenus par une propagande infatigable, finissent par s'imposer à l'opinion et aux pouvoirs publics, alors même que la coalition des intérêts conjurés semblait en rendre impossible la réalisation.

Après l'affranchissement des esclaves dans chaque État civilisé, est venue sa consécration diplomatique par des conventions internationales entre les différents États. Peut-être ne tarderons-nous pas beaucoup à voir conclure des conventions analogues pour arrêter cette grande infamie sociale qui s'appelle la Traite des blanches.

Rappellerai-je comment la piraterie internationale, c'est-à-dire le pillage par les corsaires des biens des particuliers dans les guerres navales, a été interdite, il y a un demi-siècle, par des conventions conclues entre les différentes nations ?

La tradition et l'usage de semblables traités n'est donc pas chose inouïe et insolite, même dans l'ordre des principes généraux du droit des gens. L'objet que nous poursuivons, au sein de cette assemblée, ne saurait être réputé ni chimérique en théorie, ni fatalement stérile en fait. Car il est conforme à la tradition historique de la France et de l'Angleterre, à cette tradition si puissamment proclamée par votre grand homme d'État, Gladstone, à la fin même du xix° siècle. Nos espérances à cet égard sont d'autant plus légitimes que, sous l'inspiration généreuse du Tsar de Russie, l'institution du tribunal de La Haye a créé l'organe de la nouvelle fonction. La convention d'arbitrage qui vient d'être conclue entre la France et l'Angleterre fournira, sans doute, quelque occasion prochaine d'en montrer l'avantage.

Maintenant, il faut nous mettre à l'œuvre pour en développer l'application méthodique.

Je ne doute pas que les États-Unis ne se joignent volontiers à nous. Nous aurons aussi le concours de ces petits peuples de l'Europe, foyers d'une civilisation si intense et si souvent refuges des opprimés : la Hollande, la Belgique, la Suisse, la Suède, le Danemark. Trop fréquemment victimes, à cause de leur faiblesse, de la brutalité de leurs grands voisins, ils s'empresseront de se placer sous l'égide de la nouvelle ligue. Nous constituerons ainsi, sans autre pression que celle du sentiment de la justice et de la solidarité des peuples, un faisceau respectable de forces morales et matérielles groupées autour du nouveau principe de l'arbitrage obligatoire.

Si nous ne pouvons prétendre tout d'abord l'appliquer qu'à un petit nombre de cas strictement définis, ne doutons pas que les bienfaits de ses conséquences le fassent étendre jusqu'aux conflits plus graves, exclus tout d'abord par des réserves formelles, à cause de la grandeur des intérêts en jeu. Alors, seulement, on pourra essayer de l'imposer à toutes les contestations, de façon à décharger les nations du faix insupportable des dépenses et des obligations militaires et tendre vers cette limite idéale : la paix universelle.

Il a bien fallu plus d'un siècle pour réaliser l'abolition complète de l'esclavage chez les peuples civilisés. Si l'abolition de la guerre s'accomplit au cours du xx° siècle, les générations qui vont nous succéder nous béniront pour avoir préparé ce nouveau et merveilleux triomphe de la sagesse et de la Raison !

LA PAIX PAR LA JUSTICE

Lettre à M. Th. Ruyssen.

Vous me faites l'honneur de me demander une préface pour la publication annuelle[1] de votre Association : j'aurais quelque crainte de parler, après les illustres promoteurs de l'idée pacifique qui m'ont précédé. Mais je suis trop sympathique à l'idée généreuse qui dirige votre œuvre pour ne pas essayer d'y concourir, dans la faible mesure de mon autorité.

La paix par la justice, c'est en effet l'un des plus anciens rêves de la race humaine. Le cri de la souffrance humaine et son désir d'apaisement retentissent depuis le vieil Aristophane et les philosophes grecs, depuis les poètes latins et les apôtres du bouddhisme et du christianisme. Au xviiie siècle l'abbé de Saint-Pierre poursuivait son projet de la Paix universelle

---

[1]. *Almanach de la paix pour 1903* : Préface.

et les penseurs du xixe siècle n'ont pas cessé de proclamer cet idéal de l'humanité future. Vous vous efforcez de le réaliser au xxe siècle : je ne puis que vous applaudir et me joindre aux ouvriers de l'œuvre groupés dans votre Association.

L'autorité qu'il m'appartient d'invoquer en sa faveur est celle de la Science. La Science, en effet, tend à l'Unité intellectuelle et morale de l'Espèce humaine, parce qu'elle est universelle et dégagée, en principe du moins, de tous intérêts particuliers, individuels, ou nationaux. Il n'existe point de privilège ou de monopole attribué à quelque état, ou à quelque personne, en physique ou en chimie. Les faits et les lois, découverts dans ces sciences par l'observation et par l'expérimentation, ne peuvent être réclamés comme une propriété particulière ni par les Français, ni par les Allemands, ni par les Anglais, ni par les Russes, ni par aucune nationalité grande ou petite. Sans doute les savants qui les découvrent apportent, chacun à sa patrie, l'honneur de leurs travaux : mais c'est là une compétition purement honorifique, qui ne constitue aucun droit d'ordre scientifique, pour les peuples dont ils font partie. Si la propriété des applications industrielles elles-mêmes, qui découlent des découvertes scientifiques, est régie par des lois spéciales, ces lois ne garantissent que des monopoles temporaires, portant seulement sur les détails pratiqués des procédés, et non sur les lois elles-mêmes : celles-ci appartiennent au monde entier. Tout homme instruit, doué de la culture convenable, s'empare de la connaissance de ces lois, sans qu'aucune domination ou tyrannie puisse s'y opposer. Je dis aucune tyrannie, à l'exception des tyrannies d'ordre spirituel ou théologique; mais depuis deux siècles la force de ces dernières a été peu à peu brisée dans l'ordre scientifique, parmi les peuples civilisés.

Si l'unité de culture scientifique est désormais accomplie, il tend à en être de même de plus en plus de l'unité de culture morale. Les règles de la Justice entre les individus résultent aujourd'hui de principes également reconnus chez toutes les nations qui sont complètement sorties de l'état barbare.

Il n'en est pas malheureusement de même jusqu'à présent ni de la Justice sociale, dans l'intérieur de chaque nation, ni de la Justice internationale. C'est précisément pour établir et généraliser l'application de cette double Justice que votre Association multiplie ses efforts.

La notion du droit y suffirait, si elle était partout reconnue comme adéquate à celle de la Justice et si celle-ci était reconnue comme fondée uniquement sur les lois immanentes, qui régissent à la fois le monde matériel et la nature humaine. Ces lois, en effet, n'ont rien d'arbitraire : leur constatation appartient, comme celle de toutes les autres, à la Science; elle doit être exécutée par les mêmes méthodes générales, à la condition d'appliquer ces méthodes avec une sincérité et un désintéressement absolus, comme le font les chimistes et les physiciens.

Par malheur, il n'en est pas ainsi, ni dans l'ordre de la souveraineté, dans chaque État particulier, ni dans l'ordre des relations internationales.

Dans l'ordre de la souveraineté, le droit est trop souvent tiré de principes arbitraires, tels que le droit divin; ou bien encore de principes intéressés et égoïstes, qui prétendent perpétuer les inégalités et les violences historiques, établies par la force ou la conquête. Il serait téméraire de vouloir réformer d'un coup toutes ces injustices et ces inégalités; mais nous devons y tendre constamment par la voie de la persuasion, en invoquant la notion plus profonde de la solidarité, seule base stable de toute organisation sociale et de toute domination. Une agrégation qui y manque ne subsiste qu'en vertu d'un faux équilibre et elle est exposée à des causes de dislocation intérieure, dont l'action est lente, mais à la longue inévitable; à moins qu'elle ne soit atténuée, puis supprimée par le fait des institutions. Jetons nos regards autour de nous en Europe : les applications de cette vérité éclatent à tous les yeux, et c'est la violation des principes généraux de la solidarité humaine qui est la cause fondamentale du malaise dont souffre l'Europe et des défiances qui maintiennent les nations en armes.

Dans l'ordre des relations internationales, il n'est pas moins nécessaire de tenir compte de la lutte aveugle et égoïste des intérêts, qui se sont regardés jusqu'à ce jour comme en opposition inévitable les uns avec les autres. Chaque peuple cherche à s'enrichir aux dépens de ses voisins, sans leur offrir les compensations nécessaires. Il s'efforce de fonder les profits de son industrie et de son commerce sur l'appauvrissement des autres peuples. Chacun voudrait s'approprier toutes les richesses naturelles du globe terrestre; chacun prétend conquérir ou vassaliser à son profit exclusif les autres nations — les nations barbares ou demi-civilisées d'abord; — puis les nations civilisées, ses sœurs les plus prochaines. De là ces prétentions criminelles à l'impérialisme, qui menacent le monde de nouvelles conflagrations, plus générales et plus terribles que les guerres d'autrefois. La notion du droit est aussi invoquée comme prétexte à l'appui de ces prétentions. Mais c'est en vertu de cette fausse notion qui identifie le droit avec l'intérêt :

tout intérêt étant affirmé aujourd'hui, par un sophisme singulier, créer un droit par le fait de son existence. Bref, la morale internationale a été jusqu'à présent fondée sur le sentiment personnel de l'égoïsme, et non sur le sentiment général de la Justice.

La Science, sans doute, concourt déjà, dans une certaine mesure, à empêcher ces conflagrations ; précisément en raison du caractère mondial des voies de communications modernes, créées par elle et qui les rendraient bientôt universelles. La gravité d'une semblable aventure épouvante tout le monde. — On dit aussi que la Science s'oppose au développement de la guerre, en raison de la nature de plus en plus terrible des engins qu'elle a mis à la disposition des futurs combattants et des catastrophes effroyables qu'elle déchaînerait.

Sans doute ! Mais ce ne seraient pas là des raisons dirimantes, si les passions, les intérêts et les amours-propres venaient à être déchaînés. Le grand obstacle à la guerre, c'est dès à présent la conscience collective de l'humanité ; c'est le sentiment d'une solidarité de plus en plus étroite entre les peuples, solidarité qui résulte de l'identité de la Science universelle et de ses applications à l'industrie et à l'organisation sociale. Si vous mettez le feu à la moisson de votre voisin,

L'aquilon souffle et vos champs sont brûlés.

Plus cette identité deviendra frappante, plus la conviction des lois naturelles et morales, qui résultent de la constitution même de l'esprit humain, viendra s'imposer, et plus les peuples et les individus comprendront que toute violence qui lèse les uns, lèse aussi les autres, par contre-coup. Plus les futurs belligérants seront retenus, d'abord par cette conviction même et ensuite par la volonté des autres peuples de s'opposer aux luttes fratricides, dont les conséquences et les ruines sont exposées à retomber sur tous.

FÊTES FRANCO-ITALIENNES

Lettre à M. Ch. Beauquier, député[1].

Votre publication sur les fêtes franco-italiennes, c'est-à-dire sur la nécessité de l'union morale entre la France et l'Italie est excellente.

Nos deux nations sont liées d'une façon indissoluble par leur composition ethnique et par leur évolution historique. Depuis trois mille ans au moins, les races celtiques et gauloises ont concouru à peupler la Lombardie et l'Ombrie actuelles, se superposant à de vieilles familles de peuples préhistoriques, venues les unes d'au delà des Alpes, les autres des rivages de la Méditerranée; tandis qu'au sud de l'Italie se développait la civilisation primitive des tribus qui ont constitué plus tard les Hellènes et les Latins.

Au temps de l'Empire romain, la culture hellénico-

---

1. Préface à l'ouvrage *France et Italie*.

latine a dominé la Gaule et elle y a laissé sa langue et son empreinte sous des formes diverses. Plus tard s'est exercée l'influence et l'infiltration des races germaniques, depuis longtemps puissantes au nord de la Gaule, et qui ont dominé à leur heure et concouru à peupler l'Italie moderne.

Ce sont là les constituants fondamentaux de l'Italie et de la France. La culture romane du midi de la France et la grande renaissance de la culture antique en Italie ont encore resserré ces liens; en même temps que s'exerçait la puissante influence de l'art italien sur la civilisation moderne.

Voilà l'héritage transmis à nos pères, au moment où la Révolution française est venue donner aux conceptions politiques et sociales une forme et une évolution nouvelle.

Ce sont là nos traditions, communes à la France et à l'Italie, et nous devons les poursuivre d'accord, pour maintenir l'autorité de notre manière de concevoir le rôle de la Science et de la Liberté dans le monde!

LA FRANCE ET L'ITALIE

Lettre à Enrico Ferri, député à Rome.

Je suis heureux de me joindre à nos amis italiens, en ce moment consacré à fêter la concorde rétablie d'une façon durable entre les deux grandes sœurs latines de la civilisation moderne.

Voici quatre siècles depuis l'époque où l'évolution du monde présent a débuté par la Renaissance de la culture antique, succédant à l'oppression théocratique du moyen âge, et inaugurée en Italie par tant d'hommes et d'artistes de génie. Elle a été poursuivie d'abord par la grande tentative de Réforme religieuse, entreprise en Allemagne et poussée vers ses conséquences capitales dans l'ordre intellectuel par les fondateurs de la science moderne : Galilée, Bacon et Descartes; aussitôt combattus avec le même acharnement que la Réforme, par le dogmatisme infaillible des papes romains. L'affranchissement de la pensée et l'élargissement incessant des horizons scientifiques ont abouti à l'œuvre fondamentale du xviii° siècle. Voltaire, d'Alembert, Rousseau, Condorcet l'ont proclamée dans tous les ordres : social et politique, aussi bien que philosophique ; moral et économique, aussi bien que matériel et industriel.

La Révolution française en a tiré la première les conséquences et elle a écarté toute autre autorité que celle de la raison humaine dans la direction des sociétés. Ces conséquences ont été poursuivies en Europe et dans le monde entier pendant le cours du xix° siècle. Mais c'est surtout à la fin de la période présente que le rôle de la science est devenu tout à fait prépondérant.

Elle transforme chaque jour davantage et avec une force accélératrice croissante l'organisation matérielle des nations. Elle accroît la richesse universelle, par les trésors tirés de ses découvertes et qui ne sont ravis à personne par la force ou par la ruse, et elle fournit par là même les ressources indispensables pour accroître le bien-être de tous les citoyens, assujettis à la loi bienfaisante du travail. Elle proclame le devoir de l'État d'assurer à tous leur développement intellectuel par l'éducation, et la sécurité de leur existence par l'hygiène et par l'aide due aux faibles, aux malades et aux vieillards. La principale puissance de la science moderne, c'est qu'elle reconstitue la morale et la justice sur la base purement humaine de la solidarité.

Ce que nous sommes, nous le devons à la fois aux générations qui nous ont précédés et dont tous les vivants sont les héritiers communs et légitimes, et au concours de tous les efforts et de tous les travaux de la génération présente.

De là résulte le droit de tous sur tous et le sentiment fraternel, qui doit présider désormais aux relations entre les concitoyens d'une même patrie, et entre les membres des nations modernes.

EN FAVEUR DE LA MACÉDOINE

Réponse à M. Antoine Spiliotopoulos, directeur du journal Κρατος à Athènes.

21 juillet 1904.

J'ai toujours eu pour la Grèce une sympathie particulière et je n'ai jamais refusé, comme vous voulez bien en témoigner, de donner mon concours moral aux peuples souffrants et opprimés. Je suis profondément ému de la tragique destinée des Macédoniens. Tandis que les autres populations des Balkans, Grecs, Roumains, Serbes, Bulgares, ont été successivement libérés du joug des conquérants barbares qui dominèrent ces malheureuses races, depuis cinq cents ans les Macédoniens sont demeurés livrés à leur brutalité.

Mais ce qui aggrave le sort des populations macédoniennes, c'est qu'elles ne sont homogènes ni par le sang, ni par la religion. Les races multiples qui habitent cette contrée sont aussi opposées entre elles que vis-à-vis des Turcs, leurs dominateurs. C'est là, ne l'oubliez pas, ce qui retarde leur affranchissement et entrave l'action protectrice de l'Europe. Le salut des Macédoniens serait dans une fédération amicale et tolérante, sur le pied d'égalité, entre les races différentes qui coexistent sur ce sol ensanglanté. Il serait digne des Hellènes, les plus anciennement affranchis, de prendre l'initiative de cette équitable fédération : ce serait leur grandeur morale et le salut des opprimés.

POUR L'ARMÉNIE

A Monsieur ***, Arménien.

Paris, le 5 juin 1894.

Le martyre de votre peuple émeut profondément tous les hommes dévoués au bien de l'humanité et à l'honneur de la civilisation moderne. Rien n'est plus tragique dans l'histoire que la destinée des Arméniens, dont les biens, l'honneur, la vie sont livrés sans fin aux pires violences de brigands, déchaînés par le souverain même qui aurait pour premier devoir de les protéger. Les atrocités commises contre des personnes inoffensives, des vieillards, des femmes, des enfants, et sans cesse réitérées par les Kurdes, avec le concours des régiments Hamidiës et des troupes et gouverneurs turcs, ont soulevé depuis dix ans l'indignation générale. Les réformes promises par le traité de Berlin et garanties par les puissances européennes ont été constamment et impudemment éludées.

A la vérité, permettez-moi de le rappeler, le gouvernement français, en novembre 1895, sur ma proposition, a envoyé sa flotte dans les eaux de l'Archipel, et cet envoi a eu pour résultat d'empêcher les massacres d'Arménie de se propager parmi les populations de la Syrie, déjà menacées du retour de la catastrophe qui les avait frappées trente ans auparavant.

Les instructions que j'avais adressées à M. Cambon, alors notre ambassadeur à Constantinople, ont été soutenues par lui avec un zèle et une énergie dignes de tout éloge, et il a rappelé à la Porte « les graves responsabilités encourues par un certain nombre de ses fonctionnaires et l'obligation qui s'impose à elle d'appliquer dans leur intégrité les réformes auxquelles elle a donné son adhésion ». (Dépêche du 11 février 1896.)

Mais la France n'est pas assez puissante pour agir seule, au milieu des rivalités d'ambition et d'intérêts internationaux, qui ont paralysé jusqu'ici nos efforts et permis aux crimes commis en Arménie de reprendre leurs cours. Il y faudrait le concours de toutes les grandes puissances.

Certes, ce concours peut et doit être obtenu. Il a

déjà été réalisé à plusieurs reprises, au courant du xixe siècle, et il a amené les affranchissements successifs de la Grèce, de la Roumanie, de la Serbie, de la Bulgarie, de la Crète, constituées en États plus ou moins indépendants. Voilà comment ces populations ont été délivrées de la tyrannie d'une domination originaire du dernier flot des invasions barbares du moyen âge et qui en a conservé les traditions de ruse et de cruauté implacable.

Je connais quelqu'un à qui un personnage autorisé a proposé, il y a huit ans, sous forme confidentielle, ainsi sans doute qu'aux autres gouvernements, le partage de l'empire ottoman.

Je ne sais si telle sera la solution de l'avenir. En attendant, continuez votre légitime campagne pour soulever l'opinion publique parmi les peuples civilisés : nos races sont parfois entraînées par les sentiments généreux plus loin que par les intérêts?

LE ROLE DES RACES SCANDINAVES

DANS LE DÉVELOPPEMENT
DE LA CIVILISATION MODERNE [1]

Je vous souhaite, Messieurs, la bienvenue au nom du groupe parlementaire français pour l'arbitrage international, au nom de la nation française tout entière, avec laquelle vous avez tant de traditions historiques communes!

Vous êtes venus de vos trois belles capitales nous rendre visite à Paris, comme à des amis; je dis mieux, comme à des frères; afin de nous entretenir ensemble de questions qui concernent l'avenir et la sécurité de l'humanité civilisée.

Cette réunion offre un caractère original; elle procède suivant une méthode nouvelle au point de vue

---

[1]. Discours prononcé, le 28 novembre 1904, au banquet de l'Arbitrage International, offert aux délégués des Parlements de Danemark, Norvège et Suède.

international : ce n'est pas un acte officiel et diplomatique des gouvernements, comme la conférence de La Haye, à laquelle nous adhérons d'ailleurs et que nous voulons appuyer. Ce n'est pas non plus un congrès formé de citoyens isolés, poursuivant et accomplissant une œuvre purement individuelle ; telle que celle poursuivie par nos précurseurs, les penseurs et les philosophes du xviii° et du xix° siècle, dont nous continuons les grandes traditions.

Sans doute l'opinion publique et la presse, son organe naturel, ont toujours eu à cet égard un rôle, mais toujours un rôle indirect. La nouveauté, c'est que la réunion de personnes assemblées dans cette enceinte n'est pas, ainsi que dans les congrès ordinaires, celle de simples particuliers, sans mandat et sans autorité légale. Nous représentons ici, à titre réel quoique purement officieux, nos parlements respectifs de Danemark, de Suède, de Norvège et de France, c'est-à-dire des corps électifs, organes constitutionnels du progrès dans nos différentes nations et dont le concours est indispensable pour la confection des lois et la marche normale des gouvernements. Nous avons, je le répète, un droit légal d'intervention dans l'évolution et la réforme des institutions, dans la poursuite et l'accomplissement des améliorations sociales : soit entre individus, pour chaque État particulier; soit entre nations, pour l'ensemble des États civilisés, destinés à réaliser, dans un avenir prochain, la sainte alliance des peuples. Les délégués des parlements sont donc spécialement désignés pour une semblable propagande : je veux dire à la fois pour agiter ces problèmes, les éclaircir par la discussion, et pour signaler les règles qui devront être proposées à la sanction officielle des pouvoirs nationaux. Voilà pourquoi et avec quelle autorité morale nous nous assemblons aujourd'hui, animés d'un même esprit de progrès et de solidarité !

L'initiative des penseurs et des associations libres du xxe siècle n'est pas stérile d'ailleurs. Elle est déjà sanctionnée par ces traités internationaux, signés entre les États civilisés et qui tendent à étendre et à préciser chaque jour davantage les questions susceptibles de rentrer dans le domaine de l'arbitrage international. Ce sera sans doute l'un des traits caractéristiques du xxe siècle, l'honneur des Souverains et des Républiques qui poursuivent aujourd'hui avec tant de générosité cette grande révolution dans l'histoire de l'humanité !

C'est à juste titre, Messieurs, que les nations scandinaves s'associent à ce noble mouvement; votre rôle a toujours été grand dans l'histoire, depuis deux mille ans. Il reculerait bien haut, s'il fallait donner créance aux vieilles traditions faisant venir de la Chersonèse cimbrique, c'est-à-dire du Danemark, les Cimbres et les Teutons, qui ont failli détruire à ses débuts la domination romaine. Vos origines remonteraient ainsi à la jonction des grandes races celtique et germanique, dont le mélange et l'association constitue le fonds commun des populations de l'Europe occidentale : Français, Allemands, Anglais, et même Italiens et Espagnols du Nord, aussi bien que des peuples scandinaves, et cette descendance générale s'étend aujourd'hui aux peuples américains. Quelle que soit la valeur de la légende que je viens de rappeler, il est certain que nous avons dans nos lointaines origines quelque fraternité ethnique, quelque communauté physiologique, propre à rendre compte de la similitude du développement matériel et moral de nos civilisations nationales.

Cette communauté d'origine apparaît avec plus de certitude au moyen âge. Elle devient à la fois plus profonde et plus manifeste, au moment de la prépondérance des races scandinaves, à l'époque où vos Vikings possédaient l'empire des mers, ce rêve des plus grands peuples.

Pendant deux siècles ils ont étendu leur action sur tous les rivages européens, de la Baltique et de la mer du Nord, à l'océan Atlantique et à la Méditerranée. Ils ont fondé en Russie les États varègues, c'est-à-dire la première organisation de cet empire devenu si considérable; ils ont colonisé l'Islande, les côtes des États Britanniques, le nord de la France, le sud de l'Italie, et leur influence a rayonné depuis le nord de l'Amérique, jusqu'à l'Archipel et l'Empire byzantin, jusqu'à la mer Noire et la Géorgie. Partout où ils ont passé, ils ont semé des germes durables et leur trace demeure fortement imprimée.

Permettez-moi de rappeler à cet égard des souvenirs personnels. Il y a un quart de siècle, j'ai visité vos États : d'abord le Danemark, où j'ai admiré Copenhague, l'Athènes du Nord, reproduisant toute la civilisation artistique et raffinée de notre midi de l'Europe; puis j'ai connu Christiania et la forte individualité politique et intellectuelle des Norvégiens; j'ai été heureux de parcourir Stockholm et Upsala, avec la vision du grand développement scientifique, les souvenirs inoubliables des longues relations des Suédois avec la France, et de recevoir le bon accueil que leur souverain réserve aux compatriotes de ses ancêtres.

Ce n'est pas ici le lieu de vous rappeler toutes les choses qui m'ont frappé, ni la sympathie que j'ai partout rencontrée, du lac Mœlar, au grand Belt et à l'île d'Odensée. Je vous dirai seulement comment en me promenant sur le port de Copenhague et sur le port de Stockholm, j'ai été surpris de retrouver la plupart des physionomies et des façons d'être de nos marins du Havre et des côtes de Normandie. Certes ils ne parlent pas la même langue; mais leurs gestes, leur active énergie, leur dévouement à leurs devoirs maritimes sont pareils et les feraient regarder comme appartenant à une même nation.

L'importance du rôle des peuples scandinaves pour la civilisation et pour la liberté des croyances et des opinions, s'est manifestée de nouveau et d'une façon capitale au xviie siècle, au moment où la réaction catholique menaçait d'étouffer, en Allemagne et dans l'Europe civilisée, toute liberté dans la religion, dans la science et dans la pensée. Les Danois, les premiers, ont engagé la lutte contre la puissance alors colossale de l'Autriche, et les Suédois n'ont pas tardé à la poursuivre, seuls d'abord, puis avec le concours de cette France, que vous venez visiter aujourd'hui.

Il ne s'agit pas maintenant d'une œuvre de lutte, comme au temps de la guerre de Trente ans, mais d'une œuvre de pacification; nous la continuons ensemble, dans l'espérance de la rendre universelle et définitive.

Pour cette œuvre nouvelle le concours de tous est

nécessaire; et vous avez la juste prétention que les peuples scandinaves jouent dans la réalisation de cette entreprise de civilisation un rôle non moins considérable qu'autrefois dans la guerre. Vous avez pour cela ce qu'il faut : l'énergie nécessaire à toute initiative, la haute culture qui ne le cède à celle d'aucun autre peuple, même plus favorisé par le nombre ou par le climat. Vous avez les grands hommes, promoteurs de tout progrès dans la civilisation.

Qui pourrait méconnaître l'importance de vos institutions, Universités, Académies scientifiques et littéraires, Musées et écoles de tout genre et surtout le mérite des génies individuels, par lesquels les institutions sont vivantes et fécondes? Je veux parler de vos grands savants, de vos grands artistes, de vos littérateurs d'autrefois et d'aujourd'hui, célèbres dans le monde entier : Scheele et Berzelius, parmi les fondateurs de la chimie; Oersted, qui a découvert l'électromagnétisme; Thorwalsden et vos écoles d'artistes en tout genre. Vous avez les grands explorateurs des mers polaires, Nordenskiold et Nansen, dignes héritiers des anciens Vikings; vous avez Ibsen, l'un des rénovateurs du théâtre moderne; Brandès, le grand critique; Bjoernson, ce philosophe si profond et si original, et tant d'autres hommes illustres que je ne saurais énumérer ici. Bref, vous avez une pléiade d'hommes de génie, qui perpétuent l'action des races scandinaves sur le développement de la civilisation moderne. Leur gloire est le patrimoine commun de vos trois nations : c'est aussi celui de l'humanité tout entière !

Ce n'est certes pas dans cet ordre immatériel et idéal que les esprits chagrins pourraient prétendre que le nombre brut devient de plus en plus prépondérant au sein de nos sociétés d'aujourd'hui ; ni que ceux-là ont le plus grand poids parmi les peuples, qui comptent la plus grande multitude de soldats.

Sans remonter jusqu'à l'antiquité, où la petite Grèce a triomphé du tout-puissant empire des Perses, nous n'avons encore oublié ni les cantons suisses, défendant avec succès leur indépendance contre l'Empire germanique; ni la Hollande, victorieuse après une lutte séculaire, d'un empire sur lequel le soleil ne se couchait pas. La Suisse et la Hollande ont été pendant plusieurs siècles le refuge de l'indépendance religieuse et intellectuelle, l'asile des opprimés par les grandes monarchies d'alors. Elles ont montré que la vraie puissance d'un peuple, ce n'est pas le nombre, c'est l'énergie morale et la vigueur intellectuelle de ses citoyens.

L'histoire nous apprend ainsi que la vie est souvent plus intense chez les peuples peu nombreux ; de même que dans les cités antiques et dans les petites républiques de l'Italie du moyen âge. Les relations directes entre citoyens, leur émulation, la confiance réciproque qu'ils ont les uns dans les autres, les sympathies et jusqu'aux jalousies et rivalités qui les animent, entretiennent une ardeur singulière dans ces petits foyers. Ce sont en quelque sorte les ferments qui excitent et multiplient la vie intellectuelle, artistique et morale de l'humanité. L'un de nos poètes disait :

> Dieu ne mesure pas nos sorts à l'étendue.
> La goutte de rosée, à l'herbe suspendue,
> Y réfléchit un ciel vaste, aussi pur
> Que l'immense Océan dans ses plaines d'azur.

C'est pourquoi il est utile et nécessaire de faire appel à tous pour le progrès de la civilisation. Une concorde de ce genre doit devenir la règle et la garantie universelle des peuples, quel que soit le nombre de leurs citoyens. Une semblable ligue pour le bien public tend à nous préserver tous des surprises et des agressions subites de la force brutale, qui a livré jusqu'ici trop souvent le monde à l'esprit de conquête.

La civilisation moderne doit reposer de plus en

plus sur ces grands principes, proclamés par la raison et la philosophie, en vertu desquels nul n'a le droit d'imposer son empire par la force. Toute domination doit reposer désormais sur le libre consentement des populations. Nul différend entre les peuples ne doit aboutir à l'asservissement des citoyens, au démembrement des territoires, au pillage de la fortune privée ou de la fortune publique du vaincu par le vainqueur.

La science nous enseigne d'ailleurs que la guerre et le pillage ne sont pas les moyens véritables et durables d'acquérir le bien-être et le bonheur. Elles détruisent le fruit du travail des vaincus, en le livrant à l'arbitraire des vainqueurs, qui s'empressent trop souvent de gaspiller ces biens mal acquis. Ni la guerre, ni la violence ne créent aucune source nouvelle de richesse dans le monde. Toute richesse doit être le fruit du travail; mais c'est la science qui l'accroît sans cesse. Oui! les seules sources inépuisables de richesse et de puissance sont celles que la science moderne multiplie chaque jour pour le bien des hommes, par l'utilisation pacifique des forces naturelles que le labeur des ouvriers et des paysans met en œuvre et féconde. L'œuvre de la science a grandi surtout depuis deux siècles, en faisant reculer devant elle l'antique ignorance, l'antique fanatisme et l'antique barbarie. La science a enseigné comment on prolonge la vie moyenne des hommes; comment on les préserve, dans une mesure chaque jour plus étendue, de la maladie et de la souffrance; comment on peut combattre la misère et développer le bien-être et la fortune des peuples et des individus, en même temps que leur instruction et le dévouement réciproque. Ce sont là les trésors qu'il importe désormais de multiplier; c'est la robe blanche de l'agneau sans tache que toute race doit suivre dans l'avenir!

Tel est l'idéal que proclament la raison et la science, appuyées sur une connaissance de plus en plus profonde de la nature humaine, de ses instincts de sociabilité et, par conséquent, de solidarité, seule base fondamentale et certaine de la morale privée et de la morale collective.

Sans doute, la réalisation de cet idéal, comme celle de tous les autres, ne saurait être ni instantanée ni absolue; sans doute le règne de la vérité, de la justice et de l'amour ne sera jamais absolu dans le monde. Mais notre devoir, notre volonté est d'y tendre d'un effort soutenu, sans jamais nous lasser et de le faire triompher de plus en plus dans les relations entre les peuples, comme entre les individus.

Voilà le but que poursuit notre association pour l'arbitrage international. Notre réunion dans cette enceinte manifeste une nouvelle preuve du désir des nations civilisées d'accomplir désormais l'arrangement pacifique et diplomatique de tous leurs différends ; c'est-à-dire cette double chimère du passé, cette double réalité de l'avenir : la libre fédération des États civilisés d'Europe et d'Amérique et la paix universelle !

TROISIÈME PARTIE
SCIENCE

LA SYNTHÈSE CHIMIQUE DES ALIMENTS

La presse danoise célébrant la fête de la presse civilisée, elle a demandé des articles à seize personnes, illustres ou populaires dans le monde. Le ministre de l'Intérieur en Danemark, a écrit en particulier dans ce but une lettre personnelle à M. Berthelot, en le priant de traiter la question de la fabrication chimique des aliments et il a transmis sa lettre par l'intermédiaire de M. J.-J. Jusserand, ministre de France.

Lettre de M. Jusserand.

2 juin 1902.

Monsieur le Sénateur,

S. Exc. le Président du Conseil des Ministres Danois me prie de recommander à votre bon accueil une requête dont vous allez être saisi par son collègue le Ministre de l'Intérieur, M. Sprensen.

Ce dernier sollicite de vous, en faveur d'une publication fondée à l'occasion de l'exposition historique de la presse danoise (laquelle s'ouvrira ici le 15 de ce mois), une réponse à une question d'ordre scientifique.

C'est une question qui vous est familière : celle de l'influence future de la chimie sur la production des aliments et sur la nutrition. Votre avis est sollicité à ce sujet. Bien que vous soyez accablé de travaux qu'il importe à tous de ne pas interrompre, cependant, en raison de la haute autorité intervenue auprès de la Légation dans cette circonstance, je me permets, non sans m'en excuser, de recommander à votre bienveillant examen la demande qui vous est ainsi adressée.

JUSSERAND.

Réponse de M. Berthelot.

L'évolution du genre humain, depuis les temps obscurs où il s'est dégagé du sein des races animales, a traversé bien des périodes et il n'est certes pas au bout de ses transformations, pas plus dans l'ordre moral que dans l'ordre matériel, pas plus dans l'industrie que dans la politique.

Le sauvage trouve ses aliments dans la nature; la

chasse, la pêche et la cueillette les lui fournissent, et les anciens voyageurs européens prétendent avoir connu des tribus qui ignoraient encore l'art de les accommoder au moyen du feu. La première appropriation due à l'invention des hommes fut la domestication des animaux herbivores, qui assurent à leurs maîtres, sans grands efforts, des repas toujours à leur disposition. Aux tribus de pasteurs, demeurés nomades par la nécessité de chercher incessament, sans autre travail, de nouveaux herbages, l'invention de l'agriculture, divinisée par les Grecs sous les noms de Cérès et de Triptolème, fit succéder les peuples à habitation fixe, assurés de recueillir chaque année une nourriture abondante et variée, et d'amasser des approvisionnements, par la récolte de leurs moissons. C'était à la vérité le fruit d'un long et pénible travail antérieur de défrichement des forêts, d'assainissement des marais, d'endiguement des fleuves, dont l'histoire a conservé la tradition. Il y fallait aussi un labeur renouvelé chaque année, pour ensemencer le sol et en entretenir la fertilité. C'est à ce prix que l'agriculture subvient aux besoins des nations modernes; elle représente l'accumulation d'un capital antérieur énorme et la mise en œuvre continue des bras de l'homme, aidé dans les temps anciens par l'effort des animaux et des esclaves. Les inventions mécaniques du xix⁰ siècle en ont singulièrement accru la puissance, en même temps que les découvertes de la chimie relatives aux engrais multipliaient les rendements agricoles de toute nature.

Cependant, nous voyons en ce moment poindre l'aurore d'une nouvelle révolution, plus radicale peut-être que celle de l'agriculture, dans l'alimentation de l'homme. La chimie, développant sans mesure l'audace de ses découvertes, prétend aujourd'hui fabriquer les aliments et substituer, aux industries agricoles, toutes fondées sur la production des êtres vivants, animaux et végétaux, la création de toutes pièces des matières nutritives. Aux fermes succéderaient les usines; aux paysans et aux laboureurs, les ingénieurs et les mécaniciens. Ce serait une transformation non seulement industrielle, mais sociale, plus profonde que celles que la race humaine a traversées depuis les temps historiques.

Une semblable prétention a surpris tout d'abord les intelligences non préparées; elle excite encore le sourire des esprits conservateurs, qu'elle aurait dû épouvanter. Cependant, on doit y voir un signe des temps présents, où la science moderne commence à introduire dans la direction des choses humaines la domination de ses lois et de ses méthodes, avec une activité et un succès tous les jours accélérés. Le monde tend à être régi par la physique et par la chimie, maîtresses du monde minéral — en attendant le jour, plus lointain, où la science entreprendra peut-être la transformation des êtres vivants.

Deux questions dominent la nouvelle évolution : je veux dire la question de la production des matières alimentaires, la seule dont je veuille parler aujourd'hui; il s'agit de sa possibilité et de son économie. La possibilité de former par synthèse toutes les matières organiques, contestée et réputée chimérique jusqu'au milieu du xixe siècle, est aujourd'hui démontrée en fait par trop d'exemples particuliers et réalisée par trop de méthodes générales, pour donner désormais lieu à aucune discussion.

On sait que les aliments appartiennent à trois classes fondamentales : les corps gras, les sucres et hydrates de carbone, les principes albuminoïdes. Or, j'ai accompli, en 1854, la synthèse des corps gras naturels, au moyen de leurs composants prochains : acides gras et glycérine; et j'ai exécuté expérimentalement la synthèse, par les éléments, des carbures d'hydrogène, c'est-à-dire des générateurs mêmes des acides gras et de la glycérine. La production chimique des corps gras est donc démontrée. Elle permet d'obtenir non seulement les corps gras naturels, mais une infinité d'autres, formés en vertu des mêmes lois et susceptibles des applications les plus diverses. Il en est de même de la fabrication chimique des sucres et hydrates de carbone, ou du moins de la plupart d'entre eux, depuis les découvertes de M. E. Fischer. Restent les principes albuminoïdes, plus compliqués et plus altérables. Mais les méthodes de fabrication qui leur seront applicables sont poursuivies avec zèle par la génération d'aujourd'hui et je ne pense pas qu'aucun chimiste réputé mette en doute la réalisation prochaine de la synthèse de ce dernier groupe.

Voilà pour la possibilité.

Quant à la question économique, c'est en définitive de sa solution que dépend l'évolution que nous pouvons prévoir. Or, des problèmes du même genre ont déjà été résolus et chaque jour amène à cet égard une invention nouvelle. On sait produire dans nos usines l'alizarine et l'indigo à des prix plus rémunérateurs, surtout pour la première, que ne le fait l'agriculteur; la culture de la garance et des plantes productrices des couleurs de la pourpre est aujourd'hui abandonnée. Les laboratoires préparent en outre des centaines de matières colorantes artificielles, qui rivalisent avec les couleurs naturelles. Il en est de même des parfums. Dès 1860 j'avais fait la synthèse du camphre avec un carbure d'hydrogène. Depuis, les succès des chimistes dans cet ordre se comptent par douzaines.

Mais, dira-t-on, il s'agit là de matières rares et précieuses, dont le prix assez élevé peut supporter les frais des opérations chimiques. Sans doute! Mais l'expérience de chaque jour dans l'industrie prouve que, dès qu'il y a intérêt à fabriquer à bas prix, l'esprit ingénieux des inventeurs finit par tourner toutes les difficultés.

Dès à présent, parmi les produits synthétiques qu'il est facile de produire d'une façon économique, on peut citer des exemples frappants : l'acide formique, fabriqué avec l'oxyde de carbone ; l'acétylène, carbure synthétique dont la préparation est devenue assez simple et assez peu coûteuse pour remplacer aujourd'hui avec un grand avantage d'éclat, et même dans l'éclairage domestique, les huiles tirées des végétaux.

Rien n'est plus légitime que de concevoir la probabilité d'application des méthodes de synthèse à la fabrication économique des matières alimentaires. Il y faudra sans doute du temps et des ingéniosités spéciales : mais notre science a surmonté bien d'autres difficultés, depuis le temps où les Égyptiens fabriquaient le cuivre au moyen des turquoises des mines du Sinaï, à un prix de revient qui serait comparable aujourd'hui à celui de l'argent, jusqu'à la période actuelle où le prix du cuivre est devenu cent fois moins élevé. L'industrie de l'aluminium n'a pas vu, de notre vivant même, de moindres variations, et ce métal est devenu d'un emploi économique. En pareille matière, toute espérance est permise.

Ici, d'ailleurs, comme l'ont montré d'abord la synthèse des corps gras, puis celle des matières colorantes et des parfums, la puissance créatrice de la science surpasse la nature vivante. En effet, les lois découvertes par les savants ne conduisent pas seulement à produire les composés naturels, mais aussi à former à volonté une infinité de corps artificiels analogues, qui se prêtent à une variété extrême d'applications. De même que nous préparons aujourd'hui une multitude de couleurs industrielles, égales ou supérieures aux couleurs végétales, nous obtiendrons des matières alimentaires plus sapides, plus parfumées, d'une digestion et d'une assimilation plus promptes et plus faciles que les aliments naturels.

Gardons-nous pourtant d'une illusion fort répandue. Quelques personnes s'imaginent que les aliments chimiques permettront de réduire la nourriture à quelques pastilles, ou petites tablettes. C'est là une pure illusion. L'homme brûle chaque jour, dans son état de santé, une quantité d'aliments renfermant 250 à 300 grammes de carbone, et il élimine 15 à 20 grammes d'azote. Il convient même d'ajouter un supplément d'un septième environ de ces éléments pour les déchets. Telle en est la dose contenue dans les aliments naturels, dose indispensable à notre nutrition quotidienne et à l'entretien de notre activité. Il ne faudrait pas s'imaginer que cette dose puisse être réduite à une quintessence et concentrée dans les aliments purement chimiques, à la façon des alcalis thérapeutiques fournis par les écorces ou les extraits végétaux. Ainsi le poids et le volume des aliments, quelle qu'en soit l'origine, demeurera toujours considérable.

Pour mettre en évidence le caractère du problème économique qui se présente ici, il convient de faire les remarques suivantes. S'il fallait aujourd'hui fonder une compagnie industrielle chargée de fabriquer le pain au moyen du blé, avec les seuls moyens d'un pays neuf et privé des ressources actuelles de la civilisation, la compagnie devrait d'abord entreprendre le défrichement du sol, puis repasser à grands frais par toutes les découvertes et fabrications accomplies pendant le cours des siècles; bref réaliser en peu d'années tous ces progrès, pour arriver à tirer profit de ses capitaux. Or, c'est dans ces conditions de début que l'on se trouve pour la préparation chimique des aliments.

Mais ce qui permet d'en entrevoir la réalisation plus prompte, c'est que la science moderne dispose d'énergies naturelles, inconnues des civilisations d'autrefois. Nous devons même entrevoir le jour où elle pourra mettre en œuvre la réserve illimitée des énergies gratuites empruntées au soleil; énergies que nous tirons déjà, sous une forme imparfaite, du transport à distance de la force, tirée des chutes d'eau des montagnes. Or ce n'est là qu'un premier pas. Les énergies gratuites empruntées à la chaleur centrale du globe terrestre, et bien d'autres sans doute, seront à leur tour mises en œuvre, avec le concours de l'électricité, cette transformatrice universelle des forces naturelles. C'est avec ce concours des énergies révélées et dirigées par la science que procédera de plus en plus la race humaine. Par cela même que l'énergie sera partout présente, la fabrication des aliments pourra être entreprise, sur tous les points du globe, et dans tous les climats, même les plus déshérités, au lieu d'être localisée, comme aujourd'hui, dans les localités favorables à notre agriculture naturelle. La terre deviendra ainsi partout utilisable et peuplée; l'inégalité dans la distribution des avantages et des agréments de la vie entre tous les hommes tendra à diminuer sans cesse, suivant la loi invariable des progrès réalisés depuis quelques siècles, par suite des créations incessantes de la science.

Ne nous imaginons pas cependant que la somme de travail imposé à l'individu pour l'accomplissement de sa destinée en soit diminuée. La perfection n'est pas une œuvre de repos et de contemplation extatique. Le vieux sage disait déjà : *Qui auget doctrinam, auget laborem.* La science est collective; si elle profite à tous, elle impose le travail à tous, parce qu'elle résulte du concours incessant de tous à la découverte de la vérité. Mais cet accroissement de travail est surtout d'ordre intellectuel et moral. Il implique un développement de plus en plus complet de toutes les activités de chaque individu, de chaque peuple, et, par une conséquence nécessaire, un sentiment moral de plus en plus profond de la solidarité de tous les individus et de tous les peuples, dans l'accomplissement de l'œuvre universelle de l'humanité.

SUR LA DÉFINITION DE L'ALIMENT

Lettre au Dr Ricard, sénateur de la Côte-d'Or.

10 septembre 1904.

Je suis à la fois confus et honoré de l'importance que le Congrès de Physiologie de Bruxelles attacherait, d'après la lettre que vous m'avez écrite, à mon opinion sur la définition de l'aliment. En principe, toute définition est libre et par conséquent arbitraire, au point de vue purement logique. C'est le fond et la réalité des choses qu'il faut envisager, si l'on ne veut tourner dans quelque cercle scolastique. Or l'expérience prouve qu'il ne suffit pas pour entretenir la vie et la rénovation incessante des matériaux de nos organes et tissus, il ne suffit pas, dis-je, d'y introduire des principes immédiats n'ayant d'autre propriété que celle d'être brûlés dans l'économie. Sans doute les combustions sont indispensables pour y entretenir la chaleur et les travaux nécessaires au maintien de l'existence; mais il faut aussi faire intervenir dans la nutrition des substances capables de remplacer les matières usées par ces travaux, les déchets de nos organes actifs.

La définition de l'aliment ne saurait donc être établie d'après une seule propriété : elle devrait comprendre l'ensemble des corps simples et composés, régénérateurs de chaleur, et des principes immédiats qui concourent aux phénomènes physiologiques. Or je ne voudrais pas risquer à cet égard aucune définition absolue.

Comme il arrive souvent dans les sciences naturelles, il faudrait faire une description et une énumération, plutôt qu'une définition simple; dire, par exemple, que l'alimentation complète exige un certain nombre de substances fondamentales, susceptible de répondre à un ensemble de conditions biologiques.

L'isodynamie, notion exacte au point de vue de la thermogénèse, ne correspond pas exactement au point de vue alimentaire; pas plus que les tableaux que l'on calcule d'après ce principe. Il faudrait à la fois la préciser et la rectifier, en introduisant dans la définition de l'aliment, la conception, parfois bien obscure, — je le reconnais, — des matières susceptibles de régénérer chacun de nos tissus importants et organes essentiels.

Les découvertes récentes relatives aux sécrétions internes ont montré combien est difficile le problème ainsi posé. Vous savez mieux que moi d'ailleurs, que ces matières ne sont pas les mêmes pour tous les individus humains, sans aller jusqu'aux animaux : les aliments des uns sont souvent nuisibles aux autres. Il y a une certaine convenance complémentaire et adaptation entre la qualité des sécrétions de chacun et celle des aliments qu'il est apte à digérer. Il faudrait faire tout un livre pour donner avec rigueur la définition, ou plutôt l'ensemble des définitions des aliments.

L'ALCOOL EST-IL UN ALIMENT[1]?

L'alcool est un combustible, plutôt qu'un aliment régénérateur.

Il est certain que l'alcool absorbé est partiellement comburé; mais une partie se dégage en vapeurs, ce dont témoigne l'haleine des buveurs, et la combustion se fait sans profit pour la régénération des tissus organiques.

Atwater lui-même n'a pas conclu de ses expériences que l'alcool fût un véritable aliment, c'est-à-dire qu'il fût capable de s'incorporer à l'organisme.

L'alcool employé en petite quantité agit comme un excitant du système nerveux; employé à très faibles doses, et dans certains cas, il peut être utile à la façon d'un médicament, comme la quinine par exemple.

L'histoire des races humaines montre que l'abus

---

1. Enquête faite par *la Presse*, février 1904.

qui est fait de l'alcool les entraîne nécessairement à leur perte. C'est ainsi que disparaissent actuellement les peuplades sauvages. C'est également aujourd'hui un élément de décadence physique et de ruine morale pour la plupart des nations européennes. Le salut pour elles ne pourra venir que de lois très énergiques contre l'alcoolisme, comme celles qu'appliquent déjà les pays scandinaves par exemple. Si nous voulons conserver l'énergie de la race française, nous serons forcés, nous aussi, malgré la pression électorale résultant des intérêts, d'adopter une législation de cette nature : autrement le fléau aurait à la longue raison de nous.

LA PATHOLOGIE DANS L'HISTOIRE [1]

L'esprit scientifique, sous ses formes multiples, et par ses méthodes diverses, étend son domaine dans tous les ordres : en histoire, notamment, il fournit des contrôles et introduit des intelligences inattendues. Les moins intéressantes ne sont pas celles qu'apportent les sciences médicales. Ce n'est pas d'aujourd'hui, d'ailleurs, que l'on a imaginé de rechercher dans la physiologie et la pathologie l'interprétation des événements historiques et les mobiles des hommes qui les ont accomplis. Déjà Pascal parlait du grain de sable qui arrêta les entreprises de Cromwell, et il est certain que de nos jours la pierre de Napoléon III a été l'une des causes de son affaiblissement physique et moral et a joué un rôle essen-

---

[1]. *Journal des Savants* — article fait à l'occasion des ouvrages suivants : *Le Cabinet secret de l'histoire*, par le D' Cabanès; 1", 2° et 3° série. 3 vol. in-18, 1897-1898. — *Documents relatifs à la maladie de Rousseau*.

tiel dans les désastres de 1870. Michelet abonde, surtout dans les derniers volumes de son *Histoire de France*, en détails et commentaires empruntés à la médecine. Malheureusement, ce pénétrant esprit ne possédait pas, en pareille matière, toutes les lumières professionnelles qui seraient nécessaires.

Les documents de cette espèce sont d'ailleurs rares et incertains avant le xvie siècle. Aussi les tentatives que Littré a faites pour reconstituer l'histoire des maladies de quelques personnages de l'antiquité laissent-elles trop de part au doute, parce que les documents manquent parfois d'authenticité et surtout qu'ils n'offrent point d'ordinaire une signification suffisamment précise au point de vue médical. L'affection qui détermina la mort d'Alexandre à Babylone et mit fin, à la fleur de l'âge, à sa carrière triomphante, était-elle une fièvre pernicieuse, une fièvre typhoïde, ou toute autre? C'est ce que le journal conservé de ses derniers jours ne permet guère de décider. D'ailleurs la connaissance des causes exactes de la mort d'un grand homme relève surtout de la curiosité et n'intervient que rarement dans l'étude de ses actes antérieurs et de son caractère. Chaque historien peut imaginer à sa fantaisie les faits et gestes que son héros aurait accomplis s'il avait vécu. Mais, comme on disait au moyen âge : Dieu lui-même ne connaît pas les futurs contingents. Il n'y a lieu à aucune explication de faits non réalisés.

Cependant il est un autre ordre de problèmes, dont la solution serait capitale pour l'histoire : ce sont ceux qui se rattachent à l'hérédité physiologique, dans les races royales et aristocratiques. Ce sont, en effet, les tares ancestrales qui amènent la décadence et l'extinction des grandes familles, et l'on peut en entrevoir le rôle dans l'histoire de la plupart des dynasties d'autrefois; pour ne pas parler des contemporaines, qu'il serait offensant de vouloir examiner de trop près à ce point de vue. Mais le sujet est d'autant plus scabreux que les filiations ne sont pas susceptibles de démonstrations mathématiques, au moins du côté paternel. Déjà, dans l'*Odyssée*, Télémaque disait : « Ma mère affirme que je suis le fils d'Ulysse : personne ne connaît le secret de sa naissance. » On sait comment la descendance posthume que sa veuve préparait à Louis XII fut interceptée par les constatations de la mère de François Ier. De nos jours, plus d'une naissance d'enfant royal a donné lieu, comme on sait, à des protestations.

Sans s'étendre davantage sur ce côté fort intéressant des controverses historiques, il convient de rappeler que l'influence de l'hérédité sur la santé et les qualités physiques et morales des descendants ne jouait guère de rôle dans les mariages d'autrefois. Les alliances des rois et des princes étaient réglées exclusivement par des considérations politiques. Ce n'est guère que de notre temps que l'on a commencé à se préoccuper de l'état de santé des futurs conjoints, afin d'atténuer l'influence néfaste des défauts héréditaires, ainsi que le prouvent quelques unions de souverains, que chacun peut citer. Encore sont-ce là des cas exceptionnels, et ce genre de considérations n'a pas, même dans les sociétés les plus civilisées, l'importance capitale qu'il devrait présenter.

Quoi qu'il en soit, cet ordre de problèmes n'est pas examiné dans l'ouvrage dont j'ai donné le titre en tête du présent article. Ce qui en fait surtout l'intérêt, c'est l'autorité particulière à son auteur. En effet, nous devons accueillir avec reconnaissance les spécialistes, tels que le Dr Cabanès, qui recueillent une collection de documents exacts et qui les commentent avec une assurance professionnelle. Il ne s'agit pas, bien entendu, d'un recueil complet et systématique des faits connus, — entreprise dont l'application à l'histoire d'un royaume ou d'une nation dépasserait les forces humaines, — mais d'une série de notes sur des points particuliers : quelques-unes comprennent peu de lignes; la plus étendue, relative à J.-J. Rousseau, forme la moitié d'un volume. Elles concernent à peu près exclusivement la France et les derniers siècles de son histoire.

Les plus anciens documents qui figurent dans le *Cabinet secret de l'histoire* remontent à Louis XI, ou plutôt à son médecin Coictier et à son habitation; dont les derniers restes subsistent encore dans un débris de l'ancien rempart de Paris, situé à l'extrémité de la rue du Jardinet, et, à l'ouverture de cette dernière rue, au fond du Passage du Commerce. Mais l'auteur s'est surtout occupé de Louis XIV et de ses deux successeurs, ainsi que de divers personnages illustres du xix° siècle, de Napoléon à Gambetta.

En ce qui touche Louis XIV, on sait que nous possédons non seulement une multitude de témoignages contemporains, mais le journal détaillé de sa santé, tenu par Fagon et par les médecins du grand roi. Le *Cabinet secret de l'histoire* rapporte ses maladies de jeunesse, résultant d'un libertinage effréné; la fistule intestinale, dont Michelet a tant parlé; une autre fistule, produite par la carie du maxillaire supérieur et communiquant avec les fosses nasales, dont la cure fut longue et coïncida avec la révocation de l'édit de Nantes. Il n'est pas douteux que la mauvaise santé de Louis XIV n'ait joué un rôle essentiel dans l'affaiblissement intellectuel et dans la décadence de ce règne, si brillant à ses débuts.

Parmi les détails spéciaux fournis sur certains points par les monographies de M. Cabanès, citons la substitution des accoucheurs aux sages-femmes, lors de la naissance des enfants du roi. Elle date de Louis XIV. Ces praticiens utiles ont fait tradition, depuis Julien Clément, qui mit au jour les petits-enfants du grand roi, de la Dauphine, de la reine d'Espagne, de la duchesse de Bourgogne et des grandes dames du temps. Il fut aussi l'accoucheur de madame de Montespan ; dont la veuve Scarron emporta l'un des enfants adultérins dans son écharpe, chargée qu'elle était d'en dissimuler la naissance ; en attendant le jour où elle supplanta son amie et protectrice.

L'un des chapitres les plus intéressants de l'étude du D\ Cabanès est consacré au médecin de madame de Pompadour, le D\ Quesnay, le célèbre économiste. Logé dans l'entresol même de la favorite, il y recevait Duclos, Marmontel, Buffon, les encyclopédistes, d'Alembert et Diderot, et il observait avec une finesse mêlée de timidité les jeux et intrigues des courtisans. « Vous avez l'air embarrassé devant le roi, et cependant il est si bon », disait un jour madame de Pompadour. « Madame, lui répondit Quesnay, lorsque je suis dans une chambre avec le roi, je me dis : Voilà un homme qui peut me faire couper la tête, et cette idée me trouble. » — Un philosophe, ami de l'empereur Adrien, répondait de même : « Je ne contredis pas quelqu'un qui commande à quarante légions. »

Les détails médicaux sur Louis XVI sont fort précis, en ce qui concerne surtout les raisons anatomiques (phimosis) qui retardèrent si longtemps son union conjugale et qui déterminaient de sa part une frigidité vis-à-vis des femmes, si opposée à l'excès de libertinage de son grand-père.

Dans le second volume, M. Cabanès a réuni des détails intéressants sur Scarron, sur Couthon, sur Charlotte Corday, sur les superstitions de Napoléon Ier, sur le cas de madame Récamier, qui restera toujours obscur, sur le roman à trois de George Sand, Musset et Pagello ; mais il y a plus d'anecdotes que de physiologie dans ces chapitres. J'y note en passant quelques détails sur des « illustres débris et reliques anatomiques », tels que le squelette de madame de Maintenon, recueilli, dit-on, après la profanation de son cercueil à Saint-Cyr en 1793 ; le crâne de madame de Sévigné, tiré de son tombeau à la même époque et qui se trouverait aujourd'hui en double exemplaire; le crâne de Charlotte Corday, acquis, dit-on, chez un antiquaire du quai des Grands-Augustins ; la collection d'ossements royaux trouvés dans un carton du Louvre, avec les étiquettes : Omoplate de Hugues

Capet, Côte de Louis XII, Mâchoire d'Anne d'Autriche. En pareille matière, l'authenticité ne peut être établie que par une suite continue de témoignages autorisés, qui manquent, ce semble, aux reliques précédentes. En somme, il s'agit ici du bric-à-brac de l'histoire, plutôt que de l'histoire elle-même.

La notice la plus développée et la plus importante de l'œuvre du Dr Cabanès est celle relative à J.-J. Rousseau; il y a réuni une multitude de documents, qui en font une véritable monographie médicale, sous le titre suivant : *Jean-Jacques Rousseau, ses infirmités physiques et leur influence sur son caractère et son talent.*

C'est là un sujet qui a souvent préoccupé les historiens et les philosophes, en raison de la grande influence exercée par ce personnage sur la nation française et sur l'humanité. Rousseau a pris soin de nous renseigner lui-même sur les maladies qui l'ont tourmenté depuis son enfance, et son témoignage a été contrôlé et souvent rectifié par ceux de ses contemporains. On y trouve l'explication de bien des traits de son caractère et celle de la surexcitation maladive, de l'hyperesthésie physique et morale, qui constituait l'une des sources de son génie.

L'équilibre parfait des facultés physiques et morales d'un individu aboutit le plus souvent à une heureuse médiocrité. Au contraire, le génie traduit d'ordinaire l'exaltation de certaines facultés, aux dépens de certaines autres, déprimées ou atrophiées : c'est une névrose, qui peut faire le malheur de celui qui en est atteint et qui touche parfois à la folie. L'aiguillon intérieur dont parle saint Paul, lequel n'est autre que l'instinct sexuel, excite et trouble à la fois les facultés intellectuelles et les aptitudes physiques. L'existence de J.-J. Rousseau fournit à cet égard une démonstration des plus saisissantes.

On ne doit cependant pas en conclure que toute folie, et même tout défaut d'équilibre mental, est corrélatif du génie : il y faut l'intensité exceptionnelle des facultés sensitives et intellectuelles.

Dès l'enfance de Rousseau, une certaine faiblesse et excitabilité des organes génitaux se manifesta, sans être due, comme il l'a cru plus tard, à tort, à quelque vice de conformation : aucun vice organique de ce genre n'a été découvert par les anatomistes qui ont fait son autopsie après sa mort.

Cette excitabilité se traduisit chez lui par les perversions sexuelles d'une imagination enfantine et par des habitudes solitaires, qui en sont presque toujours la conséquence, dans la période précédant la puberté. Les récits des *Confessions* à cet égard ne recèlent rien de bien exceptionnel.

Mais cette excitabilité, au lieu d'aboutir à une régularisation des fonctions sexuelles, persista et donna naissance à des maladies, ou plutôt à des infirmités véritables, qui tourmentèrent Rousseau jusqu'à sa mort ; elles eurent sur son moral une influence funeste, comme il arrive pour la plupart des patients en proie à des affections chroniques, et spécialement à celles des organes génito-urinaires. Jusqu'à l'âge de trente ans, il demeura à la fois passionné en esprit et continent en fait, par timidité : « Voilà comment, dit-il lui-même, mes sens, d'accord avec mon humeur timide et mon esprit romanesque, m'ont conservé des sentiments purs et des mœurs honnêtes. » De là certains symptômes pathologiques, exposés tout au long dans les *Confessions*. Les aliénistes de nos jours les ont souvent constatés pour des centaines de cas analogues, où ils aboutissent quelquefois à la police correctionnelle. C'est ce qu'ils ont appelé de divers noms : le *masochisme*, le *fétichisme amoureux*, la *rumination érotique des fétichistes*, la *folie exhibitionniste*, etc. Lallemand, dans une étude approfondie sur Rousseau, rapportait les phénomènes présentés par celui-ci aux pertes séminales, auxquelles Lallemand, dominé par ses études de médecin spécialiste, attribuait une importance excessive : elle appartient plutôt aux causes dont cet accident représente l'un des effets.

On sait comment madame de Warens, avec sa moralité facile, accorda ses faveurs à Rousseau, pour le soustraire aux dangers de cet état, sans y apporter un soulagement définitif. « Je goûtai le plaisir, dit Rousseau ; je ne sais quelle invincible tristesse en empoisonnait le charme. » Rappelons ici les vers de Lucrèce :

. . . . medio de fonte leporum
Surgit amari aliquid, quod in ipsis floribus angat;

Lucrèce, génie névrosé, qui finit, dit-on, par le suicide.

En effet, le remède ne guérit pas notre malade. Il sembla même aggraver tout d'abord son épuisement : langueur générale, palpitations, éblouissements, bourdonnements, essoufflements, maux d'estomac, perte de sommeil, incapacité d'exercice violent et d'application intellectuelle, surtout quand il s'agit de suivre les idées d'autrui : tel est le tableau, sans doute exagéré, que Rousseau nous retrace de lui-même. Son hypocondrie commence à se dessiner : il reste plongé dans la mélancolie, se lamente sans motifs et se laisse aller au découragement. Tantôt il attribue son état à de l'arsenic, qu'il croit, à tort ou à raison, avoir avalé dans une expérience de chimie ; il fait son testament, puis il cherche à s'éclairer par un ouvrage de médecine : « Je ne lisais pas la description d'une maladie que je ne crusse être la mienne. » C'est là une illusion bien connue. — Finalement il se croit atteint d'une maladie bizarre, un *polype au cœur*. Sur ce, il s'en presse d'aller chercher les lumières des célèbres docteurs de Montpellier. De Chambéry à Montpellier, il a de nouvelles aventures amoureuses, qui ne durent pas le remettre en santé. Les médecins de la Faculté, ne lui trouvant aucune lésion organique, le regardent comme un malade imaginaire : « Mon ami, lui dit le professeur Fizes, buvez-moi de temps en temps un verre de bon vin. »

Cependant, sous l'influence de cette vie irrégulière de toute façon, l'irritation des organes ne fit que s'accroître. A l'âge de trente-sept ans (1748), il fut atteint de coliques néphrétiques, avec fièvre et ardeur et rétention d'urine, et dès lors il ne connut plus guère de repos complet. A cette époque, il était secrétaire de Francueil, beau-fils de madame Dupin, et il fit connaissance de Thérèse Levasseur, servante d'auberge, qui sut prendre sur lui un empire durable jusqu'à la fin de sa vie.

Rousseau entrait en même temps dans le grand mouvement d'esprit du xviie siècle et faisait la connaissance de Diderot, qu'il allait visiter au donjon de Vincennes. Diderot y était enfermé, à la suite de la publication de sa *Lettre sur les aveugles*.

Une nouvelle attaque de son affection des reins mit Rousseau au plus bas; il resta au lit cinq à six semaines, en proie à une affection qui exigeait des sondages continuels.

Cependant son talent se développait; le succès du *Devin du village* appelait sur lui l'attention publique. L'originalité de son caractère et de ses œuvres, la nouveauté littéraire des sentiments qu'il y exprimait excitaient la curiosité et la sympathie. Cette société polie et curieuse du xviii° siècle applaudissait à l'éclosion du nouveau génie qui se révélait. Mais la révélation s'accomplissait au milieu de la souffrance de son promoteur. A cet égard, quelques-uns des médecins qui ont étudié sa vie l'ont comparé à Pascal, dont le génie s'est également épanoui au cours des douleurs de la maladie.

L'agitation nerveuse de Rousseau croissait avec le sourd agacement de ses souffrances physiques. Sa santé s'altérait de plus en plus; son infirmité lui imposait de fréquents besoins de sortir et le maintenait dans un état d'inquiétude incessante, qui lui faisait refuser une audience du roi; lequel avait désiré le voir pour lui faire une pension. Elle le tourmentait plus encore peut-être, en l'obligeant à se tenir éloigné des cercles et de la société des dames, malgré l'attrait passionné qui attirait vers elles son imagination. Son caractère s'aigrit, en raison même de cette contradiction : il devient de plus en plus susceptible et méfiant. Son amour-propre, surexcité par l'admiration publique, n'en est que plus sensible à la critique, qui s'acharne comme toujours en raison même de cette admiration. Sa maladie physiologique se compliquait, ainsi que dans les cas de ce genre, de particularités psychologiques, qui l'amenaient à exagérer la malveillance trop réelle de ses envieux et à voir partout des complots imaginés pour le perdre.

Cependant chacun s'empressait à lui offrir, qui une retraite dans la forêt de Montmorency (madame d'Épinay), qui une place de bibliothécaire de la ville de Genève (Tronchin). Rousseau se décida pour l'hospitalité de l'Ermitage, mais avec réserves; car il redoutait toujours d'être asservi, trop faible pour résister aux offres de service et trop ombrageux pour en avoir pleine reconnaissance.

En même temps qu'il recherchait la solitude et la liberté de la campagne, il se plaignait de l'isolement où le laissaient ses amis. C'est à ce moment (1757), à l'âge de quarante-cinq ans, que Rousseau se trouva pour la première fois en présence de madame d'Houdetot, dont il devint aussitôt éperdument épris, mais toujours en vertu de ce fétichisme amoureux qui lui fit voir en elle, « au travers d'une espèce de délire », la Julie de la *Nouvelle Héloïse* « revêtue de toutes les perfections dont il venait d'orner l'idole de son cœur ». Elle le traita à la fois en ami, en maniaque, en malade. Il ne cessait en effet de l'être, sa manie morale et sa maladie physique était inséparables. En 1758, entouré de sondes et de bandages, se croyant près de mourir, malgré les remèdes du Dr Thierry son médecin, il fait son testament. Trois ans après, le frère Come, célèbre spécialiste, lui déclare, après examen, qu'il n'a pas la pierre, mais une hypertrophie de la prostate et qu'il vivra longtemps : prédiction qui se vérifia par une survivance de dix-sept années.

Au milieu de tous ces maux, en partie réels, en partie imaginaires, et sous l'empire de la surexcitation intellectuelle et sentimentale, qui en était inséparable, Rousseau continuait son œuvre littéraire et sociale, avec une éloquence, une raison mêlée de paradoxes et en tout cas un éclat incomparable. C'est ainsi qu'il produisit successivement la *Nouvelle Héloïse*, le *Contrat social* et l'*Émile*.

Déjà Voltaire, autre génie impressionnable, se croyant offensé par la *Lettre à d'Alembert sur les spectacles* (1758) et jaloux d'ailleurs de cette réputation rivale, avait commencé à diriger contre Rousseau les traits acérés et parfois injurieux de sa redoutable hostilité. Mais, en 1762, notre héros s'attaquait au fondement même des institutions sociales. Aussi, à ce moment, ses craintes de persécution cessèrent d'être imaginaires.

Peu de jours après la publication du dernier ouvrage, il fut décrété de prise de corps et obligé de s'enfuir en Suisse; ce qu'il put d'ailleurs accomplir, grâce à la protection du prince de Conti et du maréchal de Luxembourg. Il y resta trois ans, en butte à des tracasseries croissantes, toujours languissant et valétudinaire.

Les *Lettres de la Montagne* soulevèrent de nouvelles colères, et Rousseau entra dans une période d'existence, où les imaginations d'autrefois trouvèrent des confirmations trop réelles, qui achevèrent de le pousser à l'hypocondrie et à la misanthropie. Repoussé de la Suisse, la France lui étant interdite, les gouvernements de Venise, de Turin, de Vienne lui refusent un asile. Mais il finit par accepter l'offre amicale et bienveillante de l'historien Hume et put passer en Angleterre. Un passeport spécial, avec autorisation d'arrêt à Paris, lui fut accordé. Là éclate cette contradiction perpétuelle de la France du xviii° siècle, entre les institutions despotiques et la protection donnée aux opinions philosophiques par la société d'alors.

Arrivé à Paris en décembre, Rousseau est accueilli

avec un enthousiasme extraordinaire : toutes les grandes dames veulent le voir. Mais les soirées et les dîners en ville ne tardent guère à retentir sur sa santé; il en résulte une rétention d'urine douloureuse.

Cependant il passe en Angleterre et il y trouve, sous le patronage de Hume, une retraite agréable et tranquille (1766), où il s'occupe de rédiger les *Confessions*.

Il en sort brouillé avec le philosophe anglais, et repris de plus en plus du délire des persécutions. En 1770, il est à Paris, toujours accablé de visites et de dîners, et, vers la fin de ses jours, il parle plutôt de ses rhumatismes que de son affection rénale, si ce n'est à la suite de voyages prolongés en voiture.

Rousseau se retira à Ermenonville, dans un asile ménagé par madame Girardin. On sait qu'il y mourut en 1778, âgé de soixante-six ans. Des bruits de suicide coururent alors, bruits que l'examen récent de son cercueil et de ses restes, dans les caveaux du Panthéon, où je les ai étudiés directement moi-même, lors de l'ouverture officielle de ces caveaux, le 18 décembre 1897 [1], n'a pas confirmé. Son autopsie, ainsi qu'il a été dit plus haut, ne confirma pas non plus

---

1. Notice sur *la sépulture de Voltaire et de Rousseau* dans mon volume *Science et éducation*, p. 324.

les idées qu'il s'était faites de son vivant sur l'existence de certains vices de conformation.

En somme, Rousseau fut victime d'une surexcitation maladive des organes génito-urinaires, aboutissant plus tard à des phénomènes de dysurie. En même temps, et par une corrélation psychopatique bien connue, se manifestèrent ces appétits sexuels, en grande partie paralysés par l'impuissance, et plus tard cette mélancolie, cette hypocondrie, ce délire des persécutions, qui en sont trop souvent les conséquences.

Certes, cet état maladif n'a pas été la source du génie de Rousseau, car il ne saurait communiquer à quelqu'un des facultés que ne comporte pas sa constitution cérébrale. Mais on ne saurait contester que la surexcitation nerveuse, qui résulte d'un semblable état physiologique, ne puisse exalter le génie naturel d'un homme et augmenter l'éclat et l'intensité de son talent littéraire. Il en est dans cet ordre, comme dans l'agriculture : c'est en plaçant les arbres dans des conditions anormales et souvent contraires à leur évolution spontanée que l'on réussit à en obtenir les fruits les plus savoureux.

Le Dr Cabanès a réuni dans son étude les documents relatifs à une question intéressante dans l'histoire de J.-J. Rousseau. Il s'agit des enfants qu'il aurait eus de Thérèse et abandonnés aux Enfants-Trouvés. Des doutes ont été soulevés à cet égard et longuement discutés. On s'est demandé si ce récit n'avait pas été inventé de toutes pièces par Rousseau, par vanité génésique : on sait, en effet, que, malgré toutes les tentatives faites pour rechercher ces enfants, tant après la mort de Rousseau que de son vivant, aucune trace n'a pu en être retrouvée. On a ajouté que ces enfants auraient fort bien pu être ceux de Thérèse, dont l'inconduite est connue, en dehors de la paternité de Rousseau. Mais ce sont là des questions insolubles. Je dirai cependant qu'en fait, on a publié un document qui semble ne guère laisser de doute à l'égard de l'existence même de ces enfants; il s'agit de la cession que Thérèse fit après la mort de Rousseau et par acte notarié des droits de propriété sur les manuscrits musicaux laissés par son mari, à la condition que le produit en fût attribué à l'hospice des Enfants-Trouvés : ce qui fut d'ailleurs réalisé, le produit s'étant élevé à 3 400 livres.

Peut-être, en terminant, ne sera-t-il pas hors de propos de signaler quelques rapprochements singuliers entre Voltaire et Rousseau, rivaux de gloire et d'influence pendant leur vie et morts à quelques mois d'intervalle, en 1778. Tous deux, en effet, ont été en proie aux inquiétudes et aux souffrances d'une maladie vésicale, sur la fin de leurs jours, ainsi qu'à la surexcitation cérébrale qui en est trop souvent la conséquence. L'existence de Rousseau en est remplie, comme le montre la présente notice, Voltaire n'en souffrit pas moins, du moins dans les années qui ont précédé sa mort. Les péripéties glorieuses, mais impuissantes, de la fin de sa vie les avaient singulièrement exaltées, et il est mort, comme Rousseau, en proie à une sorte de délire, que le médecin Tronchin qualifiait de folie. Les physiologistes de nos jours y verraient peut-être ce délire urémique, qui accompagne souvent l'arrêt des fonctions du rein durant les derniers jours des malades.

Quoi qu'il en soit, les noms de Voltaire et Rousseau demeurent liés d'une façon inséparable dans l'histoire de la Révolution française. Tous deux furent dévoués à l'humanité, quoique avec un idéal différent : celui de Voltaire plus prochain et déjà réalisé à peu près entièrement de nos jours ; tandis que l'idéal de Rousseau se prolonge dans l'élan plus vague qui entraîne vers le socialisme les générations nouvelles.

LA MÉTHODE SCIENTIFIQUE EN POLITIQUE

Lettre à M. Audiffred, député.

8 juillet 1904.

Les hommes éclairés, dévoués à la Démocratie et à la République, sont aujourd'hui d'accord sur la nécessité d'appliquer les méthodes de la science moderne, Observation et Expérimentation, à la sociologie et à la politique, c'est-à-dire au gouvernement des États civilisés. Puisque vous voulez bien me demander mon opinion à cet égard, je ne puis que vous déclarer qu'elle est conforme à la vôtre d'une manière générale.

Je n'ai jamais cessé d'y insister, depuis ma lettre à Renan sur la Science positive et sur la Science idéale, publiée il y a quarante ans[1].

---

1. Voir mon volume : *Science et Philosophie.*

Mais les méthodes théologiques, mystiques et magiques d'une part, rhétoriciennes, purement logiques et métaphysiques de l'autre, ont présidé à l'éducation et à la politique pendant de longues séries de siècles et leur influence prédomine encore aujourd'hui, même chez les peuples modernes.

L'application à la direction des individus et au gouvernement des Sociétés, de nos sciences *a posteriori*, ennemies des systèmes préconçus et des dogmatismes arbitraires, n'est pas d'ailleurs facile, — fût-ce par des gens convaincus, vous le savez, — à cause de la grande complexité des problèmes et des intérêts.

Pour accélérer l'avènement de cette ère nouvelle, notre premier devoir est de tourner l'éducation des enfants et des adultes vers l'esprit scientifique positif, de façon à faire évanouir dès les premières années l'influence des fantômes et des idoles d'autrefois.

Nous sommes les ouvriers modestes de cette grande œuvre. Poursuivons-la, en restant toujours animés de sentiments de bienveillance et d'indulgence pour nos prédécesseurs et nos contemporains; mais poursuivons-la, avec une ténacité à la fois douce pour les personnes et inflexible pour les principes!

LOI

RELATIVE A LA SANTÉ PUBLIQUE[1]

Messieurs,

La loi sur la santé publique est, depuis plusieurs années, en suspens, et perpétuellement on la retarde, pour des motifs d'actualité tout à fait du même ordre que ceux qui viennent d'être indiqués pour l'ajourner par l'un de nos collègues, mais certes avec peu de connaissance des services déjà rendus par la science.

J'invoquerai d'abord l'un de ses arguments, mais pour en tirer une conclusion opposée à la sienne.

Il fait observer que l'hygiène en France s'est améliorée considérablement depuis un certain nombre d'années. Or, c'est précisément sous l'influence des hygiénistes, des physiologistes, des chimistes, des savants qui sont intervenus dans ces questions d'hygiène, pour indiquer, imposer à l'opinion un certain

[1]. Discours fait au Sénat, séance du 18 décembre 1900.

nombre de règles nécessaires, que la mortalité a diminué dans tous les pays civilisés.

Maintenant il s'agit d'aller plus loin. En France, nous ne sommes pas au premier rang, tant s'en faut, au point de vue des résultats sociaux de l'hygiène et de la diminution de la mortalité : il y a des pays où l'on est arrivé à éteindre presque complètement certaines maladies qui sévissaient sur les populations autrefois, et même encore au commencement du xix° siècle et qui font encore périr bien des gens en France. J'insisterai seulement sur les faits suivants, de toute actualité. L'état sanitaire de la ville de Paris est absolument désastreux au moment où je parle, au point de vue de la fièvre typhoïde et de la variole. Or, ce sont là deux maladies qui peuvent être éteintes à peu près complètement et qui l'ont été dans les pays voisins, par l'observation rigoureuse des règles établies par les hygiénistes. Partout où la variole a disparu, c'est par suite de l'obéissance exacte et générale à des prescriptions très simples. Elles ne tarderaient pas à l'éteindre également en France, si on les suivait dans les départements les moins instruits, tels que certains départements de l'Ouest dont, malheureusement, les représentants ne semblent pas suffisamment imbus des véritables principes de l'hygiène publique.

Les populations de ces régions ne sont pas vaccinées, et c'est précisément parce que l'on a amené à Paris, au moment de l'Exposition, une multitude de personnes qui se trouvaient dans cette condition que nous avons eu une épidémie de variole, qui fait périr encore présentement une quinzaine de personnes par semaine à Paris; ce qui est un chiffre de mortalité considérable.

Quant à la fièvre typhoïde, sa propagation résulte aussi de ce que l'on n'observe pas les règles de l'hygiène, en ce qui touche les eaux potables principalement. Il serait facile de poursuivre cette énumération; mais je m'arrête, ne voulant pas le moins du monde faire à cette tribune un cours sur les règles de l'hygiène.

Cependant ces règles sont parfaitement connues dans les pays civilisés. C'est grâce à leur observation qu'en Allemagne, notamment, on est arrivé à restreindre la fièvre typhoïde aux plus étroites limites. C'est parce qu'on ne les observe plus suffisamment, depuis un an ou deux à Paris, que nous sommes arrivés, dans cette ville, à ce chiffre énorme d'une quinzaine de décès par semaine.

Telles sont, Messieurs, les raisons qui, à mon sens, nécessitent qu'on en vienne enfin à discuter la loi soumise aujourd'hui au Sénat. En ce qui me concerne, je regarderais comme une action meurtrière, au point de vue de la population française, d'ajourner perpétuellement la discussion de cette loi sur la santé publique.

L'ÉVOLUTION DES SCIENCES
AU XIXe SIÈCLE[1]

Je vous présente le professeur Arrhenius, membre de l'Académie suédoise des sciences, l'un des promoteurs des vues les plus nouvelles en électro-chimie : je vous prie de l'accueillir avec toute l'attention que méritent ses découvertes et toute la bienveillance que nous portons à la nation qu'il représente.

Les Suédois ont été autrefois nos alliés : ils sont toujours restés nos amis. Le roi de Suède est de race française : l'Académie des Sciences de Suède a décerné l'an dernier l'un de ses grands prix à deux savants français, MM. Becquerel et Curie. Ce sont certes là des titres suffisants à notre sympathie. Mais M. Arrhenius en a de plus considérables, fondés sur son propre talent, sur ses vues et découvertes originales.

[1]. Allocution adressée à la Société chimique de Paris, en ouvrant la conférence à laquelle cette Société avait invité M. le Professeur Arrhenius, de Stockholm, le 20 mai 1904.

La science aujourd'hui se transforme rapidement. Ce n'est pas à dire que la vérité scientifique change et que les affirmations acceptées hier soient exposées à devenir les erreurs d'aujourd'hui. Non! dans la science moderne il y a des bases certaines : ce sont les faits et les lois bien constatés. Les lois de la Physique et de la Mécanique, découvertes au XVIIe et XVIIIe siècle par Galilée, par Descartes, par Newton, par Lavoisier sont demeurées vraies. Ce qui varie, ce sont les théories, les systèmes, les langages et symbolismes, les interprétations. Celles-ci s'élargissent et se modifient par une évolution incessante, en même temps que la connaissance incessamment accrue des faits nouveaux.

Aux débuts du XIXe siècle, on avait cru pouvoir constituer les sciences de la nature dans des formules définitives. C'était une illusion qui s'est évanouie : toutes nos théories ont été modifiées. A la théorie de la chaleur fondée sur l'imagination d'un fluide calorifique, s'est substituée la théorie mécanique de la chaleur, qui est devenue la base de nos idées scientifiques actuelles et de nos applications industrielles relatives à la métamorphose réciproque de toutes les forces naturelles. Les théories d'autrefois sur les fluides lumineux et électriques subissent aujourd'hui une évolution non moins considérable, et la découverte d'une multitude de faits ignorés, jointe à la connaissance de systèmes plus généraux et plus obscurs, jusqu'ici du moins, de radiations invisibles, fait entrevoir dans les phénomènes des profondeurs jusque-là non soupçonnées. Nos conceptions mêmes sur la nature de la matière semblent prêtes à se transformer.

Quoi qu'il en soit, les faits anciens, les lois anciennes subsistent, dans l'ordre et la mesure où ils ont été démontrés. La science ne renverse pas à mesure ses édifices ; mais elle y ajoute sans cesse de nouveaux étages, et à mesure qu'elle s'élève davantage, elle aperçoit des horizons plus élargis.

NOTICE HISTORIQUE
SUR
LA VIE
ET LES TRAVAUX DE M. CHEVREUL [1]

MEMBRE DE L'ACADÉMIE

I

Messieurs,

La science et la civilisation sont des constructions progressives, érigées par le lent effort des générations humaines : mais l'œuvre de chacune de ces générations n'est ni semblable, ni d'égale valeur. A certains moments il s'élève des hommes de génie, des héros, comme on disait autrefois, qui ouvrent des voies nouvelles, qui couronnent ou proclament, par un acte ou par une découverte, l'accomplissement d'une longue préparation, due au pénible travail effectué par leurs ancêtres. C'est ainsi que la science

[1]. Lue dans la séance publique annuelle de l'Académie des sciences du 22 décembre 1902.

grecque avait été fondée, il y a vingt-cinq siècles, sous une forme surtout logique et mathématique; c'est ainsi qu'après une période de dogmatisme théologique et de long obscurcissement intellectuel au moyen âge, la doctrine moderne a repris, du XVIIe au XIXe siècle, les habitudes rationnelles de la doctrine antique et constitué pour son propre compte les sciences physiques et naturelles, assises sur les fondements solides de l'observation et de l'expérimentation. Quelques grands noms dominent cette évolution de la pensée moderne : Galilée, Newton, Lavoisier en ont été les plus brillants protagonistes. La chimie en particulier, se dégageant de la confusion d'une doctrine antérieure à moitié chimérique, a été ainsi constituée, vers la fin du XVIIIe siècle, par une pléiade de génies exceptionnels : Lavoisier à leur tête, mais aussi Priestley et Cavendish, Berthollet, Scheele, Wenzel, et bientôt Volta; pour ne parler que des savants du XVIIIe siècle. Après ces premiers fondateurs, les générations des inventeurs en chimie se sont succédé sans interruption pendant un siècle entier, sans que leur initiative soit encore épuisée. Nous devons attribuer une part toute spéciale de notre reconnaissance à ceux qui ont suivi les célèbres promoteurs de l'origine; je veux dire aux Épigones, pour parler le langage d'autrefois. Tels ont été Gay-Lussac,

Chevreul, Dulong, Thénard, en France; et ailleurs, Davy, Dalton, Faraday, Berzélius, OErsted, Liebig et bien d'autres justement célèbres, quoique les ténèbres du passé commencent à envelopper leurs noms. Nul des savants d'aujourd'hui, même parmi les plus âgés d'entre nous, n'a connu Lavoisier ou Priestley. Mais il n'en est pas de même de leurs successeurs. Aux temps déjà lointains de ma jeunesse, j'ai pu voir et entretenir avec respect, j'ai connu quelques-uns de ces grands hommes, parvenus au terme de leur carrière. A ce moment, c'est-à-dire il y a un demi-siècle, déjà les premiers rôles étaient tenus par d'autres, maîtres vénérés des membres de l'Académie qui m'écoutent aujourd'hui.

Un seul des Épigones, c'est-à-dire des savants qui florissaient à l'époque du premier Empire, a survécu jusqu'à la fin du XIXe siècle, et sa réputation s'est accrue en raison de sa longévité exceptionnelle, par un phénomène de répercussion sur les générations humaines successives, qui rappelle les effets de l'induction électrique. La vie de Chevreul, prolongée jusqu'à cent trois ans, a atteint un terme auquel aucun membre des Académies françaises, ni peut-être étrangères, n'était jamais parvenu, au cours des deux siècles et demi écoulés depuis leur fondation. Ajoutons même qu'il se passera peut-être un temps non moins considérable, avant que notre postérité assiste à une semblable carrière, parcourue tout entière en l'honneur de la science et au profit de l'humanité!

Voilà seize ans que la Sorbonne a vu le monde scientifique et les pouvoirs publics honorer par leur présence et leurs applaudissements le centenaire de Chevreul, qui se proclamait modestement le Doyen des Étudiants de France. Depuis, sa statue a été érigée sur une des places publiques d'Angers, sa ville natale. Elle a été aussi inaugurée le 11 juillet 1901 au Muséum d'histoire naturelle, là où il a vécu, où ses travaux ont été accomplis, et où son image perpétue son souvenir.

Le moment est venu de l'honorer aujourd'hui, dans cette solennité annuelle de l'Académie des sciences, consacrée à rappeler les membres qui ont illustré notre corporation. La tâche n'est pas sans difficulté, je dirai même sans quelque monotonie; car je n'aurai guère à retracer ces incidents privés ou publics, qui relèvent l'intérêt de la plupart des biographies : celle de Chevreul sera consacrée principalement à l'exposé de ses idées et de ses travaux.

Ce serait d'ailleurs mal louer sa mémoire que de le faire par un panégyrique banal et continu, sans essayer d'y placer les lumières et les ombres, nécessaires pour caractériser cette vénérable physionomie.

Chevreul, en effet, a été le type de ces savants qui poursuivent et développent, d'un effort consciencieux, l'œuvre collective; sans prétendre se poser comme les initiateurs des révolutions profondes, qui changent les fondements des doctrines. Cependant sa forte main a taillé quelques-unes des pierres fondamentales de l'édifice, et c'est là un mérite qui ne saurait être effacé ni amoindri, dans l'histoire de la chimie moderne.

II

Michel-Eugène Chevreul est né à Angers le 31 août 1786. Il était fils d'un médecin, chirurgien et accoucheur, né aussi à Angers en janvier 1754, nommé correspondant de l'Académie de médecine en 1825 et mort à Angers le 2 juillet 1845, âgé de quatre-vingt-onze ans. La mère de Chevreul atteignit l'âge de quatre-vingt-treize ans; c'est-à-dire que ses parents lui transmirent, comme il arrive parfois, leurs aptitudes héréditaires à la longévité et à la culture des sciences. On sait combien sont nombreux dans l'histoire les descendants des médecins, formés par leur père à l'habitude du travail, du devoir et des hautes études.

Chevreul fut élevé dans ce milieu provincial, qu'il ne paraît pas avoir quitté avant l'âge de dix-sept ans.

Il y reçut la forte empreinte de l'esprit sérieux, laborieux, conservateur, qui caractérise cette région de la France. Ses plus anciens souvenirs, tels qu'il les rappelait de temps à autre dans de longues conversations, se rapportaient aux taches sanglantes de la guillotine, répandues sur les places publiques de sa ville natale, qui avaient effrayé les tendres années de son enfance. Il en avait retenu une certaine horreur de la politique, à laquelle il ne fut jamais mêlé; sinon le jour où de malencontreux amis essayèrent, en 1875, de le porter dans le département de Maine-et-Loire candidat au Sénat de la troisième République.

Le seul des hommes de l'époque révolutionnaire dont il parlât quelquefois était La Révellière-Lepeau, l'un des membres du Directoire et l'un des protecteurs de la petite société des théophilanthropes. Chevreul semblait professer pour lui quelque sympathie; sans doute en souvenir des cours que La Révellière avait professés à Angers avant 1789, et surtout de ses relations ultérieures au Jardin des Plantes avec la famille du botaniste Thouin.

A l'âge de quatorze ans, Chevreul entra comme élève dans l'École centrale d'Angers : il y fit trois ans d'études, en rivalité avec Béclard, qui devint plus tard professeur d'anatomie à Paris et fut enlevé par une mort prématurée : tous deux avaient, suivant le style du temps, un vif amour de la gloire, qui devait les pousser plus loin.

Cette éducation des Écoles centrales, inspirée par les idées des philosophes de la fin du xviii° siècle, représentait une tentative originale : elle s'efforçait de concilier le désir moderne d'une instruction utilisable et pratique, avec les aspirations classiques à une haute culture ; aussi nourrie de science d'ailleurs que l'âge des élèves et les connaissances du temps permettaient de le faire. Essai imparfait sans doute, mais fondé sur des vues originales et profondes, et qui ne tarda pas à être étouffé par un retour pur et simple aux traditions universitaires. Depuis cette époque et pendant tout le siècle qui vient de s'écouler, l'éducation publique de la jeunesse bourgeoise s'est débattue entre les deux tendances contraires. Si nous avons réussi à constituer sur des bases indépendantes l'Enseignement populaire de nos Écoles primaires et l'Enseignement supérieur de nos Facultés, c'est parce que ces enseignements existaient à peine avant le xix° siècle et seulement à l'état rudimentaire. Au contraire, jusqu'à nos jours l'enseignement secondaire n'a pas pu être débarrassé des cadres devenus surannés, où il avait été jeté par les éducateurs du xvii° siècle. Quoi qu'il en soit, les Écoles centrales formèrent nombre d'excellents élèves; la plupart des savants du premier quart du xix° siècle en sont sortis. Chevreul notamment a été un de leurs produits les plus brillants. Il remporta les premiers prix de langues latine et grecque, de chimie et de minéralogie.

A dix-sept ans, sa famille l'envoya à Paris, compléter ses études dans un laboratoire de chimie, celui de Vauquelin. Il fut d'abord son élève en 1803, puis le préparateur de son cours au Jardin des Plantes : il devait rester dans cet établissement près de quatre-vingt-dix ans. Vauquelin était un observateur consciencieux, qui a laissé quelque trace, surtout par sa découverte du chrome. Chevreul avait gardé de ce premier maître un souvenir très reconnaissant, qui contrastait avec son peu de sympathie pour Fourcroy, savant illustre alors, mais aujourd'hui oublié. Plus tard, Chevreul faisait rarement mention de ce dernier, ayant gardé rancune d'un jugement précipité de Fourcroy rendu sur lui et sur Thénard : « Tous ces jeunes gens sont de nulle valeur. » Le mot méprisant de Fourcroy, resté dans la mémoire de Chevreul, était plus grossier et plus énergique; mais sa prophétie outrecuidante fut bientôt démentie.

Le Muséum d'histoire naturelle jouissait alors d'une grande autorité scientifique, acquise sous l'impulsion d'un groupe de savants tels que Cuvier, Haüy,

Étienne Geoffroy Saint-Hilaire, Jussieu, dont les idées exercèrent une grande influence sur les jeunes gens d'alors. Les travaux de Chevreul relatifs à l'espèce chimique et aux principes immédiats en portent le reflet.

Son premier mémoire, publié en 1806 dans le tome LVII des *Annales de Chimie*, a pour titre : « Examen des os fossiles trouvés dans le département de Maine-et-Loire à Chavaignac » : c'est un essai d'écolier. L'année suivante, autre étude relative à l'action de l'acide nitrique sur le liège, consacrée à préparer l'acide subérique, récemment découvert par Brugnatelli. A ce moment (14 mai 1808), Chevreul devint membre de la Société philomathique, foyer actif du mouvement scientifique de la jeunesse du temps. Vauquelin engagea son élève à faire des expériences chimiques sur les matières colorantes, auxquelles il devait revenir plus tard et plus longuement, telles que l'indigo, le pastel, le bois de Brésil, le bois de Campêche. Puis vinrent d'autres recherches (1809) sur les substances amères formées dans la réaction de l'acide nitrique sur l'indigo, sur certaines espèces de tannin, découvertes par Hatchett dans la réaction qui a lieu entre l'acide sulfurique et diverses substances organiques, etc.

Bref, Chevreul cherchait péniblement sa voie, sans

la trouver d'abord, lorsqu'il aborda l'étude des corps gras et de leurs combinaisons avec les alcalis et en fit l'objet d'une lecture à la première classe de l'Institut, le 5 juillet 1813. Date mémorable dans l'histoire de la chimie organique et dans la vie de Chevreul en particulier! Je retracerai tout à l'heure plus longuement le récit des belles découvertes qu'il y fit. Mais en ce moment, il convient de nous attacher à l'étude de sa vie privée. Elle traversait en effet de graves péripéties, dont il se plaisait à raconter certains incidents.

C'était l'heure où l'Empire, si longtemps victorieux de l'Europe coalisée, commençait à incliner vers une décadence et une chute de plus en plus précipitées. Toute la jeunesse française, sans distinction de classes sociales, était appelée dans les armées par les injonctions les plus rigoureuses. Chevreul avait l'âge militaire; sa haute taille, sa forte constitution, sa santé florissante semblaient le désigner entre tous. « Voici un robuste gaillard! comment se fait-il qu'il ait échappé au service militaire? » Tel était le langage tenu par un visiteur étranger à M. de Champagny, ministre de l'Intérieur. « Oh! ne m'en parlez pas, répondit le ministre. C'est un grand risque que je cours là, pour être agréable à cette famille. Si l'empereur le savait, il me traiterait avec la dernière brutalité. » Et il se servait d'une expression soldatesque, image des mœurs du temps, mais dont je ne puis reproduire ici la crudité.

Voilà comment Chevreul entra dans le corps des pages du roi de Rome, et échappa à cette conscription fatale, qui moissonna tant de jeunes Français.

Cependant, il poursuivait lentement la carrière qu'il avait choisie, utilisant pour la culture des sciences les loisirs que lui procurait la fortune patrimoniale.

En 1809, Vauquelin lui confia la suite d'un enseignement spécial, fondé par Fourcroy, et que Chevreul continua jusqu'en 1818. Le 21 mars 1810, il mit enfin le pied dans l'étrier officiel, comme aide naturaliste du Muséum ; titre modeste, qui a été le premier galon de bien des savants. Trois ans après, en 1813, il était nommé professeur agrégé pour les sciences physiques au lycée Charlemagne, et professeur titulaire en 1817.

Pendant ce temps, il n'avait pas cessé de poursuivre ses travaux de laboratoire. Attaché avec une continuité méritoire à l'étude obstinée des corps gras, il multipliait ses recherches et ses publications, et construisait l'édifice qui a immortalisé sa mémoire. C'est de 1813 à 1815, pendant l'une des périodes les plus troublées de notre histoire, celle de la chute de l'Empire et des deux invasions, que Chevreul a exécuté les plus importantes de ses études; travaillant dans son laboratoire, sans paraître ni troublé, ni peut-être même ému par les ruines qui s'amoncelaient autour de lui :

Impavidum ferient ruinæ.

Du moins, aucune trace ne semblait en être restée dans ces réminiscences de jeunesse, qu'il prodiguait à ses visiteurs. A peine un mot, plus tard, pour dire que la publication de ses vues sur les principes immédiats, dans les *Éléments de physiologie végétale* de Mirbel, fut retardée par les événements politiques.

En 1816, à l'âge de trente ans, il fit une première candidature à l'Académie des sciences, en concurrence avec Darcet et Dulong. Ils furent distancés par un savant plus illustre alors, d'une génération antérieure : Proust, âgé de soixante-deux ans.

Proust était, comme Chevreul, originaire d'Angers. Sa vie s'était écoulée en Espagne depuis 1784, et il y avait fait de belles découvertes. Mais, à la suite de l'usurpation injuste de Napoléon, le peuple se souleva contre les Français; le laboratoire de Proust fut saccagé en 1808, et il revint en France, où il soutint contre Berthollet la doctrine des proportions définies des combinaisons. Aussi sa nomination à l'Académie était-elle justifiée de toutes façons. Il ne résida guère, demeurant retiré à Craon (Mayenne) jusqu'à son dernier jour, survenu dix ans après.

Cependant, la carrière de Chevreul continuait à se développer, en même temps que ses découvertes. En 1821, il devint examinateur de chimie à l'École polytechnique, poste qu'il occupa jusque vers le milieu du siècle. A cette époque il figura avec Gay-Lussac, comme expert en écriture, dans la fameuse affaire des héritiers Lesurque; Chevreul y témoigna une méfiance bien légitime, relative aux procédés de vérification.

Vers 1822, il se maria; ce mariage a laissé trace dans son œuvre d'une façon touchante, par la dédicace d'un de ses livres publié en 1866 : « A la mémoire de Madame Sophie Chevreul; reconnaissance de 44 ans de bonheur »; reconnaissance d'autant plus frappante, que Chevreul, avec la placidité d'un sage que rien n'étonne, ne témoignait guère à personne ni antipathie, ni sympathie marquées.

En 1823, il fut adjoint à l'Académie de médecine, de récente fondation; quelques-unes de ses recherches, d'importance secondaire, attestent l'intérêt qu'il a toujours porté aux questions physiologiques.

Un pas plus important, en 1824, marqua une orientation nouvelle dans sa carrière; je veux parler de sa nomination, le 24 septembre 1824, comme Directeur des teintures de la Manufacture royale des Gobelins, sur la proposition du vicomte Sosthènes de la Rochefoucauld, chargé de la direction des Beaux-Arts. Chevreul n'était pas le candidat du ministre; cependant, en raison de ses attaches de famille et de naissance, il était en bonnes relations avec la Restauration. Aussi disait-on autrefois, je ne sais sur quels fondements, qu'il avait dû cette place à la protection du duc d'Angoulême, personnage également propice à Gay-Lussac dans l'institution du bureau de garantie près la Monnaie. En tout cas, les choix étaient excellents, et Chevreul justifia, par soixante et un ans de service, sa nomination.

Ses débuts aux Gobelins rencontrèrent quelques difficultés; il n'y avait ni laboratoire, ni ressources pour le travail. C'est dans le laboratoire obtenu et agrandi plus tard que je l'ai connu, vers 1849, encore actif et agissant. Il opérait dans deux belles salles, bien éclairées, garnies de tables et d'appareils en bon état : à l'exception toutefois de la poussière qui s'y accumulait paisiblement; car il ne souffrait pas qu'on touchât aux objets qu'il étudiait, avec une patience et une lenteur indéfiniment prolongées. La plupart des vases et des capsules étaient protégés par des cloches, sous lesquelles je les ai revus inaltérés pendant plus de trente ans. Les instruments, d'ailleurs, avaient vieilli, comme leur propriétaire. Si son rôle pratique dans l'exécution des teintures des Gobelins fut quelquefois plus effacé qu'il ne l'aurait désiré, à cause de la résistance plus ou moins justifiée des services techniques, — et il s'en plaignait confidentiellement; — du moins Chevreul s'en dédommagea en essayant de perfectionner la théorie. C'est là, en effet, que fut édifiée la longue construction des cercles chromatiques, qu'il montrait à ses visiteurs avec une satisfaction un peu naïve et dans lesquels il s'efforçait d'emprisonner la théorie entière des couleurs naturelles. J'en parlerai tout à l'heure.

De 1826 à 1840, Chevreul a professé aux Gobelins un cours de chimie appliquée à la teinture; tous les deux ans, il revenait sur le contraste simultané des couleurs, auquel il a consacré un ouvrage spécial. En 1842, le ministre du Commerce l'invita à se rendre à Lyon, centre séculaire de la fabrication des soieries, pour y faire un cours; où il étudia les effets optiques propres aux étoffes de soie, d'après des théories physiques ingénieuses, mais imparfaites. Ce cours fut imprimé, quatre ans après, aux frais de la Chambre du Commerce de Lyon.

A l'étude physico-chimique des couleurs, Chevreul joignait d'ailleurs des vues esthétiques, qui témoignaient de ses relations avec quelques-uns des artistes les plus célèbres du commencement du xix° siècle.

Ce fut le 9 août 1826, à l'âge de quarante ans, que Chevreul fut élu membre de la section de chimie de l'Académie des sciences, en remplacement de Proust, devant lequel il s'était effacé dix ans plus tôt. Il devait en faire partie pendant soixante-trois ans : il présida deux fois l'Académie, en 1839 et en 1867, double investiture dont l'âge permet à peu de nous de recevoir l'honneur exceptionnel.

Cependant sa réputation, grandissant en France, recevait en même temps cette consécration et cette sorte de sanction que donnent aux savants d'une nation les suffrages des sociétés savantes des autres pays : consécration si douce parce qu'elle est désintéressée et se produit d'elle-même, avec le cours du temps. La même année où Chevreul devenait en France membre de l'Institut, la Société royale de Londres le fit son associé (29 novembre). L'Académie de Stockholm le nomma correspondant en 1829 (13 mai); l'Académie de Copenhague en 1833 (16 mai); l'Académie de Berlin en 1834 (30 juin); la Société scientifique de Moscou en 1848 (12 novembre); l'Académie de Saint-Pétersbourg en 1753 (23 décembre), etc., etc. En France, il était élu membre de la Société royale d'Agriculture le 22 avril 1832; commandeur de la Légion d'honneur en 1844; grand-officier en 1865;

grand-croix en 1875. Ce sont les faits les plus saillants de son *Cursus honorum*; à la condition bien entendu de ne pas oublier sa présence au Muséum d'histoire naturelle, où son nom est demeuré entouré d'une vénération traditionnelle.

Il faisait partie de cet établissement depuis un quart de siècle, comme préparateur, puis comme aide naturaliste, lorsqu'en 1829 il fut appelé à succéder à l'un de ses maîtres, Vauquelin, à titre de professeur de chimie appliquée aux corps organiques, et il y enseigna pendant soixante ans. Le Muséum était alors le foyer d'un grand mouvement scientifique. Chevreul eut pour collègues Gay-Lussac, Cuvier, Geoffroy Saint-Hilaire et son fils Isidore, Brongniart, Flourens, les deux Becquerel, de Blainville, de Jussieu, Milne-Edwards, Dumas, Quatrefages, Claude Bernard et bien d'autres hommes célèbres, l'honneur de la science française pendant tout le cours du xix° siècle : Chevreul se montra l'égal des plus illustres.

J'assistai, en 1849, à quelques-unes de ses leçons. Les auditeurs étaient clairsemés sur les bancs du vieil amphithéâtre. Chevreul y exposait longuement de vagues généralités relatives à la chimie et à la physique, avec le concours de son préparateur Cloez, chimiste de mérite, qui vieillit aux côtés de son maître, sans avoir jamais vu se réaliser l'espérance si naturelle de lui succéder. Chevreul y démontrait ce jour-là le froid produit par l'évaporation de l'éther, tombant goutte à goutte sur un tube mince qui contenait un peu d'eau; volatilisé dans un courant d'air, il devait déterminer la congélation de l'eau. L'expérience marchait mal; Chevreul se plaignait de son préparateur, suivant l'usage des professeurs en pareil cas. Je ne me rappelle pas si le liquide consentit à se solidifier.

Chevreul devint directeur du Muséum en 1864, moment critique dans l'histoire de cet établissement. On avait répandu le bruit qu'il était le siège d'abus multipliés, non sans l'arrière-pensée de mettre à sa tête un surintendant tiré de la famille impériale. Les courtisans, les journaux officieux s'en étaient mêlés. Il y avait un rapport hostile, fait en 1858 par un général, qui avait renouvelé ses attaques en 1862 à la Chambre des députés. Chevreul prit avec vigueur la défense du Muséum. Un autre général plus bienveillant, qui a été l'un de nos confrères à l'Académie, Favé, non sans crédit personnel auprès de Napoléon III, ramena l'opinion du maître. Ce fut ainsi que Chevreul inaugura sa direction du Muséum en 1864. Elle dura quinze ans.

L'événement le plus tragique survenu au Muséum pendant cette période a été le bombardement de Paris en janvier 1871. Quatre-vingt-sept obus tombèrent dans l'enceinte du Muséum : les serres furent dévastées et les cultures en partie anéanties, à la fois par les explosions et par le froid résultant de la destruction des serres. Chevreul avait alors quatre-vingt-quatre ans ; il demeurait dans l'une des maisons exposées au danger. Il montra le courage et le calme serein d'un sage ; en protestant d'ailleurs hautement contre cet acte de vandalisme envers Paris, l'un des grands foyers de la science et de la civilisation. Il proposa même d'inscrire cette flétrissure sur une plaque de marbre, destinée à en immortaliser le souvenir.

Cependant les atteintes de l'âge se faisaient sentir de plus en plus. En 1879, Chevreul devint directeur honoraire du Muséum ; en 1883, il laissa à M. Decaux la direction de l'atelier des teintures des Gobelins.

En 1886, son centenaire fut célébré, en présence du Président de la République et des délégations scientifiques venues de toutes les parties du monde.

Dans son œuvre comme dans sa personne, il avait su réaliser ce mot de l'un des hommes politiques d'autrefois : « Il faut durer. »

Il conserva jusqu'au bout sa robuste santé, sa pleine conscience des choses et son intelligence. Son fils le précéda dans la tombe de quelques jours ; mais il n'eut pas connaissance de ce deuil suprême. Chevreul s'est éteint sans souffrance le 9 avril 1889, dans sa 103º année, entouré d'honneurs et de respect, au sein de ce Muséum auquel il avait consacré son existence.

III

J'ai rapporté l'histoire de la longue vie de Chevreul, vie facile et heureuse, poursuivie sans incidents sérieux, dans les conditions d'une carrière régulière, d'une santé excellente et d'un avancement méthodique. Avant d'exposer les résultats scientifiques de cette belle existence, c'est-à-dire les découvertes de Chevreul, il convient de retracer le portrait physique et moral de notre confrère et d'essayer de fixer les traits de cette physionomie, devenue légendaire parmi nos contemporains.

Dans les temples de l'Extrême-Orient, on expose à la vénération des fidèles des objets et des reliques ayant fait partie du corps même de Bouddha, pendant les différentes époques de sa vie ; nulle invraisemblance n'arrête ses adorateurs. Ces merveilles mythiques, la science moderne les a réalisées, non seulement pour les êtres divinisés, mais pour chacun de nous. On possède l'image, les traits des hommes des générations présentes, depuis leur naissance, pour les périodes successives de leur existence ; jeunesse, âge mûr, vieillesse, jusqu'au masque dernier, relevé sur la couche funèbre. La plupart des auditeurs qui m'écoutent légueront ainsi au secrétaire perpétuel, chargé un jour de leur éloge, des documents détaillés et précis sur leur personnalité physique à chaque âge ; complément utile de leurs œuvres écrites.

Aujourd'hui, je suis moins favorisé dans mon désir de fixer devant vous la physionomie de Chevreul. Je ne connais aucune image de sa jeunesse ou de son âge mûr, et je ne puis vous retracer ses traits que tels que je les ai aperçus, au milieu du xix° siècle, alors qu'il avait atteint soixante-trois ans. Il avait déjà la figure qu'ont connue les derniers de ses contemporains et que les quarante dernières années ont vieillie encore, mais sans en altérer beaucoup l'expression.

C'était un grand vieillard, couronné de cheveux blancs, que le vent emportait derrière sa tête ; un homme robuste, à figure intelligente, assez régulière, dont les lignes bien accusées manquaient peut-être un peu de finesse et de vivacité. Sur ses lèvres régnait un sourire débonnaire, expression du contentement intérieur qui résultait d'une santé et d'un esprit bien équilibrés, d'une carrière heureuse et tranquille, d'une haute situation entourée du respect universel.

Né dans l'aisance, au sein d'une famille bourgeoise considérée, la vie avait été facile pour lui et sans grandes luttes, ni de situation, ni de doctrines. Son amour pour la science avait été couronné de bonne heure par de brillantes découvertes et il vécut toute sa vie, cantonné dans ses propres travaux et dans les idées des hommes de son temps; sans s'être assimilé aucune idée nouvelle, sans avoir été agité, comme les savants de notre génération, par l'évolution incessante des notions réputées définitives aux années de sa jeunesse; sans avoir été troublé par la crainte ou tout au moins par le regret mélancolique de se voir peu à peu dépassé.

Le point de vue de Chevreul à cet égard était celui de beaucoup de savants du xixe siècle. Laplace, Cuvier, pour ne citer que quelques-uns des plus illustres, croyaient avoir tracé à la Science des cadres définitifs. C'était une conviction de ce genre qui donnait à Chevreul cette expression de sérénité, de confiance qui frappait tout d'abord les gens qui l'abordaient. De là aussi cette bienveillance, un peu superficielle, avec laquelle il accueillait les jeunes gens. Il n'y avait en lui, certes, aucune trace de ces sentiments de jalousie ou de malveillance que l'on a reprochés, à tort ou à raison, à certains de ses contemporains. Mais il était enclin à se laisser mener par la flatterie. Peut-être même manquait-il un peu du sentiment de l'ironie.

Quoi qu'il en soit, Chevreul, absorbé dans sa propre personnalité, ne cherchait pas à comprendre celle d'autrui; il ne portait guère aux gens d'intérêt profond, et il a disparu, sans former ni école, ni élèves nombreux. Il n'en témoigna jamais le goût ou le désir, et il a passé sans avoir fécondé la jeunesse par cette ardeur communicative, qui la pousse en avant vers de nouveaux horizons. Cependant ses idées et ses méthodes ont exercé en chimie, dans le premier tiers du XIX° siècle, une influence considérable.

Ce qui donnait à son attitude une grande dignité, ce qui inspirait le respect aux gens qui l'approchaient, c'était son respect profond pour la vérité, et l'absence absolue de toute infatuation pour ses propres travaux. S'il y renfermait ses conceptions, il ne prétendait pas leur attribuer ce degré de certitude absolue, cette fausse infaillibilité, à laquelle prétend parfois l'orgueil des hommes de science. Chevreul connaissait mieux la faiblesse de tout effort humain : il avait adopté avec modestie comme axiome cette phrase de Malebranche : « On doit tendre avec effort vers l'infaillibilité sans y prétendre. » Le mot effort caractérise d'ailleurs son œuvre; elle porte partout la trace de cet effort continu, de cette longue patience, qui est l'un des attributs du génie ; à la condition pourtant de l'associer avec une imagination créatrice.

Esquissons à grands traits les caractères généraux de la vie privée de Chevreul, de sa vie académique, et de sa vie publique : ce qui ne saurait aller sans indiquer quelles étaient ses idées en politique, en religion et en philosophie ; car il n'était pas sans prétention sur ce dernier domaine.

Il n'eut jamais, en dehors de la science, de grandes passions ; mais il travailla toute sa vie : « Le travail, disait-il, est une des conditions essentielles pour une vie centenaire. » Je ne sais : car jusqu'ici, depuis plus de deux siècles et demi de durée de nos Académies françaises et quoique nous ayons tous l'habitude du travail, quelques-uns même son acharnement, personne n'a atteint cette extrême limite de la vie humaine, Chevreul excepté.

Il y faut donc d'autres conditions : l'hygiène d'abord. Chevreul n'a jamais bu que de l'eau ; il avait une répugnance instinctive contre le lait, le vin, l'usage du poisson et de la plupart des légumes. Il y joignait la modération dans les habitudes de la vie et spécialement, disait-il, cette condition ascétique d'une chasteté complète depuis l'âge de quarante ans. Plus d'un homme, plus d'un savant depuis Cornaro, s'est plu à rechercher les conditions favorables à la longévité humaine, sans réussir à les réaliser pour son propre compte. J'ignore s'ils s'étaient conformés aux règles tracées par Chevreul. Il semble cependant qu'en ce domaine, comme dans la plupart des autres, la constitution physiologique de l'individu joue un rôle prédominant.

Sa vie privée fut la vie simple d'un bourgeois économe et elle n'a guère laissé dans ses écrits d'autre trace que celle de son affection profonde pour madame Chevreul. J'ai été moi-même témoin de cette affection, dans l'une des rares circonstances où j'ai été invité à sa table : affection un peu exclusive et systématique d'ailleurs, car les dames qui entouraient M. Chevreul se plaignaient en souriant de ce que, appliquant à leur parure privée ses systèmes sur le contraste simultané des couleurs, il ne souffrait autour de lui que des robes grises et des teintes effacées. Mais ce petit travers n'empêchait pas Chevreul d'être l'objet du culte et de l'amour des siens. Il en fut privé d'ailleurs en grande partie, pendant les vingt-cinq dernières années de sa vie, sa femme étant morte et son fils établi loin de Paris.

Ses conversations sont restées légendaires. Il avait le débit tardif d'un homme dont la pensée est lente à se produire et ses discours se prolongeaient sans fin ; les sujets les plus divers s'y trouvaient abordés tour à tour, avec une grande mémoire, un bon sens solide et une sincérité parfaite, mais d'une façon parfois discontinue; sans que l'orateur se laissât jamais distraire par les observations de son partenaire : c'était le plus souvent un candidat, assujetti à une audition prolongée. Me permettra-t-on à cet égard de rapporter une anecdote que m'avait transmise Claude Bernard? Ceux qui ont abordé Chevreul savent combien il était difficile à l'interlocuteur de s'affranchir de ses monologues indéfinis. « Sans doute, disait Claude Bernard; mais il y a un procédé infaillible. Interrompez Chevreul par un calembour. Il s'arrêtera pour y réfléchir, avant de le commenter. Vous saisirez l'occasion pour vous retirer, en le saluant avec respect. » Le procédé n'est pas à la portée de tout le monde. Il fallait d'ailleurs se garder de contredire formellement Chevreul; car il professait sur la plupart des questions des principes absolus, prêts à se redresser contre l'interlocuteur. Dans ces conditions, bien peu osaient l'interrompre; l'eussent-ils fait que, dans la plupart des cas, la tentative fût demeurée vaine, à moins de l'artifice suspensif de Claude Bernard. Ils étaient ainsi retenus jusqu'au milieu de la nuit, exposés parfois à rencontrer des rôdeurs à la sortie du Muséum, dans les rues désertes qui entourent l'Entrepôt des vins. Cependant je n'ai point entendu dire qu'ils aient éprouvé d'autre sinistre que l'assaut de ces phrases interminables.

Ce n'est pas qu'elles ne renfermassent de temps à autre des souvenirs intéressants sur les hommes de sa jeunesse : La Révellière-Lepeau, Vauquelin, Fourcroy, Berthollet ; ces souvenirs s'entremêlaient avec quelque confusion. Ils naissaient tout d'un coup dans sa pensée, comme spontanément et indépendamment de sa volonté. Mais dès que Chevreul laissait entrevoir quelque récit intéressant, l'association des idées et des images l'entraînait aussitôt, ainsi qu'il arrive dans les rêves, à aborder de nouvelles questions ; dont l'exposé d'abord embroussaillé ne tardait pas à être à son tour interrompu et en quelque sorte brisé. Ce n'était pas là d'ailleurs, paraît-il, le résultat de son vieil âge : il en était déjà de même, m'ont rapporté des témoins qui l'avaient connu vers 1826, c'est-à-dire à quarante ans.

Ses écrits contrastent, en apparence du moins, avec sa conversation. Il s'efforce, en effet, de les construire d'après une méthode stricte, dont il laisse trop apparaître l'artifice, et d'après un enchaînement, plus rigoureux en logique abstraite qu'en réalité observée. Cette tendance a imprimé à son style quelque chose de pénible, de contraint et parfois de fastidieux. Il demeure enfermé dans une sorte de métaphysique, ou plutôt de scolastique verbale, où se retrouvent quelques réminiscences de la langue de Condillac.

Sa méthode, dans ce qu'elle avait de solide, dérivait de son éducation première au sein des écoles centrales, tout imbues des idées des philosophes du xvIII^e siècle, et particulièrement de d'Alembert et de Condorcet. On y retrouve ces tentatives pour construire le système général des connaissances humaines, qui ont inspiré, au début du xIx^e siècle, des hommes d'un génie plus puissant que le sien, tel qu'Ampère, Saint-Simon, Auguste Comte. Les chimistes et les physiciens, guidés par des idées mécaniques, ont été de tout temps, plus que les adeptes des autres sciences, portés à essayer de construire des systèmes logiques ; depuis les alchimistes grecs qui se proclamaient « disciples de Platon et d'Aristote » jusqu'aux partisans de l'atomisme moderne.

La vie académique de Chevreul offrit peu d'incidents, à l'exception de sa double présidence. Il accueillait les candidats avec les formes courtoises d'une bienveillance obligatoire; mais il laissait conduire les élections par Dumas ou Frémy, plus disposés à y exercer leur influence et plus habiles à manier les esprits et les intérêts.

Ce qui a caractérisé surtout la carrière de Chevreul dans notre confrérie, ce sont ses innombrables communications sur les sujets les plus divers : il suffisait qu'il eût touché à une question, si peu que ce fût et à une époque quelconque de sa vie, pour qu'il s'empressât de la rappeler longuement. De 1835 à 1850, c'est-à-dire de quarante à soixante-quatre ans, on trouve une quarantaine de notes signées de lui dans les tables de nos comptes rendus; son activité augmente encore de soixante-cinq à quatre-vingt-quinze ans. En effet, entre 1851 et 1865, il présente cent cinquante notes ou mémoires; de 1866 à 1880, près de deux cents. Ce chiffre se réduit avec l'âge, et il tombe à une quinzaine pour ses neuf dernières années.

Il ne recueillit aucun bénéfice de ses découvertes, dans différents ordres, où elles ont profité grandement à l'industrie. Un jour seulement il prit un brevet, en commun avec Gay-Lussac, relatif aux corps gras : ce brevet ne lui rapporta rien. Cependant ce sont ses découvertes qui ont conduit à fabriquer la bougie stéarique, en détrônant l'antique chandelle de suif. Mais, comme il arrive d'ordinaire, ce fut à l'industriel qu'alla le profit exclusif de l'invention scientifique.

La vie publique de Chevreul, en dehors de l'Académie et du Muséum, a été limitée à sa participation aux grandes expositions de la seconde moitié du xixe siècle. Quant à ses relations avec le pouvoir, elles étaient d'autant plus faciles que ses traditions de famille et ses origines tirées de l'Anjou, le rattachaient presque fatalement à l'esprit conservateur. Étranger à la politique, suivant la tradition de la plupart des savants, il ne prit point l'attitude d'un homme d'opposition. « On ne donne jamais sa démission », disait-il un jour à un jeune savant d'un caractère indépendant. Il n'avait point le goût de la presse et de la publicité et il manifestait quelque jalousie contre les réputations trop éclatantes. Avec un semblable caractère, il fut vu d'un bon œil par tous les gouvernants, depuis les ministres de Napoléon I*er*, qui l'avaient inscrit parmi les pages du roi de Rome, jusqu'à ceux de la Restauration, qui en firent le Directeur des Teintures des Gobelins. Sous Louis-Philippe, sous Napoléon III, il était parfois invité aux cérémonies et aux dîners officiels, où sa figure respectable représentait bien le type du savant pur, cantonné dans son horizon spécial. Dans ces réunions, il tenait sa place, parfois non sans agrément; sa conversation avait quelques réminiscences des auteurs classiques, étudiés pendant son enfance.

Il ne se gardait pas seulement d'entrer dans le domaine de la politique; celui des choses religieuses lui était encore fermé, s'il se peut, davantage. Sans doute les tendances philosophiques, fortement imprimées dans ses écrits et sa conversation, étaient d'ordre purement positiviste : s'il fallait le classer d'après ses ouvrages, ce serait incontestablement à la suite des disciples d'Auguste Comte. J'ai dit disciple comme tendance, mais non comme fait ; car Chevreul appartenait à une génération antérieure, et plus directement héritière des traditions du xviii° siècle. Néanmoins il ne parlait des choses religieuses qu'avec la plus extrême réserve et se refusait à toute tentative, si respectueuse qu'elle fût, pour l'amener sur ce terrain : « Ce sont là, disait-il, des questions qui mettent aux hommes le poignard à la main. » Mais il n'allait pas plus loin, se bornant à cette protestation voilée contre tout fanatisme, ainsi qu'aurait pu le faire un savant sceptique du xviii° siècle. En un mot, il semblait arrêté et comme figé dans une sorte d'optimisme scientifique, hostile à tout prosélytisme, mais déclarant qu'il convient de ne s'étonner de rien, de tout observer et soumettre au contrôle de l'expérimentation : c'est ce qu'il appelait la méthode *a posteriori* expérimentale. Il ajoutait que le concret ne nous est connu que par l'abstrait. Les faits, écrit-il encore, sont des abstractions précisées. N'insistons pas davantage sur ce langage antinomique.

IV

L'œuvre scientifique de Chevreul est considérable : elle est représentée par sept à huit cents notes et mémoires, imprimés dans les comptes rendus de l'Académie, dans les *Annales de physique et de chimie*, et surtout par plusieurs ouvrages, dont le premier est fondamental. Il s'agit des *Recherches sur les corps gras d'origine animale*, publié en 1823.

Au moment où Chevreul aborda l'étude des corps gras, la chimie organique n'existait pas encore. A la vérité, les travaux de Lavoisier, de Berthollet et de leurs contemporains avaient établi la nature des éléments chimiques des végétaux et des animaux : carbone, hydrogène, oxygène et azote. On avait même commencé depuis un demi-siècle, c'est-à-dire avant le temps de Lavoisier, à se préoccuper d'isoler les composés chimiques qui constituent les êtres vivants, tels qu'ils y préexistent et dans leur état naturel, sans leur faire subir les altérations qui résultent de l'action de la chaleur, de l'eau, des acides, des alcalis, et autres agents chimiques. Ces composés étaient sans discussion réputés produits sous l'influence de la vie. Dans l'état où ils se manifestent, ils étaient désignés sous le nom de « principes immédiats ». Rouelle le jeune surtout avait concouru à en fixer la notion. Mais on ignorait en partie l'art de les bien définir et les règles qui permettent d'en spécifier l'individualité par des propriétés constantes et caractéristiques. La loi même des proportions définies n'a été constatée et acceptée dans la science qu'à la suite d'une longue discussion entre Berthollet, qui la contestait, et Proust, qui la soutenait : la date de cette discussion précède immédiatement les travaux de Chevreul.

On regardait à ce moment les huiles fixes, opposées aux huiles volatiles, comme formant une espèce unique, assimilable aux espèces vivantes; mais susceptible, comme celles-ci, de présenter des variétés ou formes secondaires plus ou moins importantes. On expliquait ainsi la diversité indéfinie des corps gras naturels végétaux et animaux.

Les huiles se rattachent aux savons, utilisés de toute antiquité dans les arts et l'économie domestique et qui résultèrent d'abord de l'action des cendres végétales sur les corps gras. Aux cendres, on apprit dès le moyen âge à substituer leur lessive aqueuse, puis les alcalis, obtenus par la réaction de la chaux sur cette lessive. Deux théories de la saponification avaient été proposées à la fin du xviiie siècle. D'après l'une, exposée dans le *Dictionnaire de Macquer* (1778), le savon résulte de la combinaison de l'huile avec un alcali; toutes les huiles étaient réputées contenir un acide plus ou moins enveloppé et qui se dégage, soit par la rancidité, soit par l'action du feu, soit par la combinaison avec d'autres corps.

Déjà Stahl, au début du xviii° siècle, regardait l'existence des acides que l'on retire des huiles par la distillation comme la cause de la saponification. Berthollet, quatre-vingts ans plus tard, compare également les huiles aux acides et regarde la saponification comme due à l'affinité de l'huile elle-même pour les alcalis.

Fourcroy avait mis en honneur une autre théorie, plus conforme en apparence aux notions de la nouvelle chimie pneumatique, où l'oxygène jouait un si grand rôle.

D'après cet auteur, classique vers l'an 1800, l'huile exposée à l'air, sans être chauffée, s'épaissit peu à peu, devient concrète, blanche, opaque, analogue au suif. Ces phénomènes étaient attribuables, selon lui, à l'oxygène qu'elles absorbent lentement; elles formaient ainsi, à la longue, disait-il, les cires végétales. De même lorsque l'union des huiles et des alcalis produit le savon, l'huile fixe absorbe une portion plus ou moins considérable d'oxygène. C'est encore en raison de cette oxydation, plus prompte et favorisée par la présence des alcalis, que les savons se solidifient; voilà pourquoi il s'en sépare ensuite de l'huile concrète par l'action des acides.

Tel était l'état des connaissances, ou plutôt des préjugés des chimistes, au moment où Chevreul fut amené, — par le hasard, dit-on, d'un échantillon de graisse altérée apporté à Vauquelin, — à s'occuper de l'étude des corps gras. Il poursuivit cette étude pendant dix ans, de 1813 à 1823, avec une suite, une méthode, une patience admirables, qui le conduisirent à éclaircir l'histoire de toute une classe de composés organiques et à tracer les règles applicables à l'étude des principes immédiats et de leur constitution. Le récit de ses découvertes, de leur extension progressive et de leur enchaînement mérite d'être retracé.

Il débuta par l'examen d'une substance obtenue en délayant le savon de la graisse de porc dans une grande masse d'eau. Une partie se dissout, une autre se précipite en petites paillettes brillantes, sorte de matière nacrée. Cette matière nacrée, attaquée alors par l'acide muriatique, se sépara en chlorure de potassium, et en un autre corps composé, fusible vers 56°, qu'il proposa d'abord de nommer *margarine*, de μαργαρίτης, perle. La matière nacrée constituait sa combinaison avec la potasse.

L'existence de ces composés soulevait un problème non moins général et inattendu, celui des acides organiques insolubles dans l'eau. Or, l'existence d'un acide de ce genre parut si extraordinaire, si contraire à tous les faits alors connus, que Chevreul hésita d'abord et n'osa se prononcer. Ce ne fut que plus tard, après avoir préparé et étudié les sels de composition définie formés par ce corps avec les alcalis terreux et les oxydes métalliques, que Chevreul se décida à changer le nom de margarine en celui d'*acide margarique*. Ce nom aurait dû rester dans la science; mais par suite de cette manie, trop fréquente dans les sciences naturelles, de démarquer le linge de ses prédécesseurs, on a remplacé le nom d'acide margarique par celui d'acide palmitique.

Chevreul ne s'arrêta pas à ce premier degré. En effet, l'étude plus approfondie du savon de graisse de porc ne tarda pas à lui montrer que ce produit est en réalité formé de deux savons différents, constitués par l'union de la potasse avec deux acides gras différents : l'un solide, sa margarine qu'il désigne ensuite sous le nom d'*acide margarique*; l'autre qu'il appelle d'abord graisse fluide et plus tard *acide oléique*. Ces deux acides ternaires peu oxygénés, comparés aux acides organiques suroxygénés, tels que les acides oxalique, tartrique, citrique, acétique, jouent, dit-il, le même rôle que dans le règne inorganique les hydracides comparés aux oxacides.

Il s'attaque alors au problème même de la saponification et il reconnaît, conformément à une observation déjà ancienne de Scheele, qu'à côté des acides gras, on voit apparaître dans la décomposition des corps gras par les alcalis un principe doux et sucré, très soluble dans l'eau, auquel il donne le nom de *glycérine*. Par des mesures exactes, Chevreul reconnaît qu'il existe des rapports définis entre les poids de graisse saponifiée, d'acides gras et de glycérine formés. Ces rapports sont tels que la somme des poids des produits, glycérine et acides gras, surpasse de cinq centièmes environ celui de la graisse qui les a fournis; — accroissement de poids suffisant pour réfuter les anciennes opinions, qui considéraient les savons comme une simple combinaison du corps gras avec l'alcali.

Poursuivant toujours ses essais, avec une méthode inflexible, Chevreul constate que la saponification s'accomplit dans le vide, en l'absence complète de l'oxygène; ce qui fait tomber la théorie de Fourcroy. Enfin l'analyse élémentaire des acides gras et de la glycérine établit que le phénomène essentiel de la saponification se ramène à une simple fixation d'eau sur les produits de la décomposition.

Un progrès fondamental dans nos connaissances se trouvait ainsi accompli.

Cependant tout n'était pas dit, même en ce qui

touche les graisses naturelles. En effet, la graisse de porc avait fourni à côté et vis-à-vis de la glycérine deux acides gras différents, l'acide margarique et l'acide oléique. On pouvait se demander s'ils dérivent d'un produit unique, engendrant à la fois les deux acides; ou bien si la graisse elle-même ne serait pas un mélange de deux principes immédiats, susceptibles de fournir par leur décomposition : l'un de l'acide margarique seulement; l'autre de l'acide oléique seulement; l'un et l'autre associés séparément à la glycérine. Chevreul s'efforce de résoudre la question en isolant chacun de ces principes par la seule action des dissolvants; ce à quoi il n'est point parvenu. Cependant, il observa qu'on se rapproche ainsi beaucoup de la composition d'un principe gras, solide et neutre susceptible de fournir de l'acide margarique seulement et de la glycérine : il en admet l'existence comme probable et il appelle ce principe *margarine*, l'opposant à un principe fluide, supposé apte à fournir seulement de l'acide oléique et qu'il appelle *oléine*.

La margarine primitive de Chevreul devint ainsi l'acide margarique ; tandis que le nom même de margarine fut transporté par lui au corps gras hypothétique, qui serait susceptible de fournir par la saponification uniquement de l'acide margarique et de la glycérine.

Cette nouvelle conception pénétrait plus avant dans la constitution des corps naturels : Chevreul l'adopta. En réalité, elle était trop absolue : la théorie des corps gras, établie plus tard plus complètement par mes travaux synthétiques, a montré en effet qu'il existe à la fois certains corps gras formés par l'union de la glycérine avec un acide gras unique, et certains autres formés par l'union avec deux et même avec trois acides gras simultanément. En un mot, l'oléine et la margarine existent, conformément au système de Chevreul ; il en existe même plusieurs, ce que Chevreul ne soupçonnait pas. Mais il existe également des oléomargarines et même plusieurs.

Quoi qu'il en soit, la pénétration de Chevreul et sa patience obstinée avaient résolu toute une série de problèmes analytiques et coordonné un ensemble de notions nouvelles et essentielles pour l'étude des composés organiques.

Après avoir ainsi étudié minutieusement la graisse de porc et les produits de sa saponification, Chevreul chercha à généraliser ses résultats. Il examina successivement les graisses animales, graisse d'homme, de femme, de mouton, de bœuf, d'oie, de jaguar, puis les huiles végétales, et il retrouva dans tous ces corps une constitution analogue ; à cela près que le principal acide gras solide du suif n'est pas identique à celui du porc ou des huiles végétales. En effet, après purification convenable, l'acide du suif présente un point de fusion voisin de 70°, c'est-à-dire plus élevé que l'acide margarique, et il est plus riche en carbone. Chevreul lui donna d'abord le nom d'*acide margareux*, parce qu'il était moins oxygéné que l'acide margarique; nom auquel il ne tarda pas à substituer, vers 1819, celui d'*acide stéarique*, qu'il a gardé. Il l'envisagea comme dérivé d'un corps gras distinct, la *stéarine*, résoluble par la saponification en glycérine et en acide stéarique.

Il appliqua ensuite ses procédés d'analyse au beurre et aux huiles de dauphin et il découvrit parmi les produits de leur saponification, à côté des acides gras fixes, margarique, stéarique, oléique, certains acides gras volatils, auxquels il donna les noms d'*acide butyrique*, d'*acides caprique* et *caproïque* et d'*acide phocénique* : ce dernier reconnu depuis identique avec l'acide de la valériane. Il admit que ces acides seraient formés par décomposition, aux dépens de certains principes neutres, dont Chevreul supposa l'existence par analogie : la butyrine, la caprine, la phocénine, etc.

Poursuivant ses études avec une constance extrême et une méthode invariable, Chevreul aborde l'examen de cet ordre des corps solides, confondus par Fourcroy sous le nom d'adipocire : trois principalement; savoir le blanc de baleine ou spermaceti; une substance cristalline extraite des calculs biliaires; enfin une matière grasse, qui se présente comme l'un des produits ultimes de l'altération des cadavres.

Là encore Chevreul se signale par les découvertes les plus intéressantes. En saponifiant le blanc de baleine, il en extrait d'un côté un acide solide et fixe, qu'il appelle acide cétique, — lequel ne tarda pas à être identifié avec l'acide margarique des graisses animales, — et, d'un autre côté, un corps nouveau, l'*éthal*, qu'il compare d'une façon vague aux composés formés d'oxygène et d'hydrogène percarburé (notre éthylène). Il était réservé à Dumas et à Péligot d'en préciser, vingt ans plus tard, le véritable caractère. Quant aux calculs biliaires, Chevreul en retire une belle matière cristalline, la cholestérine, dont il ne soupçonna pas d'ailleurs l'analogie fonctionnelle avec l'alcool et l'éthal; assimilation établie plus tard par mes propres recherches. Le gras de cadavre, au contraire, ne lui fournit aucun composé nouveau : il reconnut que c'est une combinaison complexe des acides gras, préexistants dans le corps humain, avec diverses bases, qui se trouvent dans le corps ou dans le sol, telles que la potasse et la chaux, et même l'ammoniaque, produite par la décomposition des principes azotés.

Toutes ces questions, accessoires en quelque sorte par rapport au problème général de la saponification, se trouvèrent ainsi éclaircies par surcroît, et Chevreul put faire disparaître cette notion vague et confuse, jusque-là régnante dans la science, qui partageait la prétendue espèce dite corps gras en variétés, telles que les huiles, les beurres, les graisses, les suifs, selon leur consistance et leur fusibilité. Il y substitua une définition plus catégorique, qui envisage ces diverses substances comme résultant du mélange en proportions indéfinies de certains principes immédiats, à propriétés fixes, assujettis chacun à une composition constante d'éléments. Il expliqua ainsi la variété illimitée de cette classe de corps naturels.

Quant à la théorie exacte de la saponification, Chevreul a toujours déclaré qu'il demeurait indécis entre deux opinions : d'après l'une, c'est une opération qui détermine un changement d'équilibre des éléments sous l'influence des alcalis, changement analogue à celui des opérations pyrogénées, par exemple au changement de l'acétate de soude en acétone et carbonate de soude. Tandis que, d'après l'autre opinion, la glycérine et l'acide gras préexisteraient en un certain sens, à la façon de l'alcool et de l'acide acétique dans l'éther acétique : ce que Chevreul précisait en disant que la glycérine et l'acide gras seraient, dans cette hypothèse, les vrais principes immédiats des graisses. En tout cas, la chimie d'alors n'était pas assez avancée pour résoudre le problème : il y fallait les méthodes synthétiques, découvertes quarante ans plus tard.

Les grandes conceptions scientifiques ne s'imposent pas toujours du premier coup et elles rencontrent d'ordinaire le contrôle, d'ailleurs utile, de la contradiction. C'est ce qui ne manqua pas d'arriver dans le cas actuel. En effet, à ce moment de l'histoire de la découverte des corps gras, survint un incident. Un savant contemporain, Braconnot, professeur d'histoire naturelle à Nancy, d'un mérite réel, quoique fort inférieur à celui de Chevreul, s'était engagé dans la même voie ; il avait exécuté une série d'études parallèles et il réclama la priorité pour des conceptions bien différentes, mais dont le caractère incomplet contraste avec celui des travaux de Chevreul.

Sans nous y arrêter longuement, il suffira de dire qu'il regardait les corps gras comme formés d'une substance dont les propriétés varieraient entre certaines limites, et dont les variétés représentaient les matières désignées sous les noms de suif, axonge, beurre, moelle, graisse, huile. Guidé surtout par leur consistance, Braconnot n'envisage pas son corps gras comme constituant une même substance homogène ;

mais c'est, disait-il, le mélange de deux composés seulement, le suif et l'huile, matières séparables par imbibition dans le papier gris, à l'aide duquel il cherchait à en déterminer la proportion relative. Et il définit comme il suit la théorie de la saponification : « L'hydrogène et l'oxygène sont dans un certain état d'équilibre ; ils se séparent et se combinent dans un autre ordre, pour donner naissance à l'adipocire et à l'huile soluble dans l'alcool. »

Chevreul accueillit avec quelque mauvaise humeur cette compétition inattendue. Mais les faits qu'il avait découverts étaient trop nombreux, trop exacts, trop bien analysés et prouvés pour que la discussion pût être soutenue longtemps. En 1821, le 15 janvier, Berthollet et Thénard présentaient à l'Académie des sciences un rapport entièrement approbatif sur les recherches de Chevreul, qu'ils déclarent être au nombre des acquisitions les plus importantes de la chimie.

Chevreul réunit ses travaux en 1823 dans un ouvrage qui fait époque dans l'histoire de la science : ses *Recherches sur les corps gras d'origine animale*. Depuis, l'industrie en a tiré une multitude d'applications capitales : pour l'art du savon, pour la fabrication en grand de la bougie stéarique, pour l'emploi de l'acide oléique dans la préparation des laines à tisser. En 1852, un témoignage définitif est venu à cet égard, sous la forme d'un prix de douze mille francs, fondé par le marquis d'Argenteuil, à la Société d'encouragement. La décision de la Société était motivée par un rapport de Dumas, rédigé avec son élégance et sa netteté ordinaires.

Aucune sanction n'a donc manqué aux travaux de Chevreul, et j'ai été moi-même heureux d'y ajouter deux ans après le contrôle de la synthèse chimique, contrôle joint à des idées nouvelles, qui répondaient à une évolution inattendue de ces belles découvertes.

Les *Considérations générales sur l'analyse organique et ses applications*, publiées en 1824, représentent la conséquence et en quelque sorte la philosophie des dix années de recherches consacrées par Chevreul à l'étude des corps gras. Après avoir créé pour lui-même, par ses méditations, une méthode d'investigation rigoureuse, il se proposa de la réduire en règles pour l'usage des chimistes : son second ouvrage est le fruit de cette opération. Il prend pour épigraphe les paroles de Fontenelle, qui oppose la construction d'un système général à l'étude d'une matière particulière : « Ce système offre un spectacle plus pompeux à l'esprit qui aime à contempler d'un lieu plus élevé une plus grande étendue, mais aperçue d'une façon plus confuse, chaque partie de l'ouvrage étant traitée avec un moindre soin; tandis qu'une seule matière particulière bien éclaircie satisferait peut-être autant, sans compter que, dès qu'elle serait bien éclaircie, elle deviendrait toujours assez générale. »

C'est précisément cette généralisation de l'étude spéciale des corps gras d'origine animale que Chevreul se propose d'établir. « Je crois avoir démontré, dit-il, que la base de la chimie végétale et de la chimie animale est la détermination des principes immédiats des végétaux et animaux. » Ces principes étaient pour lui les véritables espèces organiques, au point de vue chimique, et Chevreul insiste sur l'utilité d'une méthode pour reconnaître les espèces organiques. « Or, il faut beaucoup de faits rassemblés, ajoute-t-il, et une semblable méthode ne peut être l'ouvrage que d'un seul homme. »

« Chaque science, dit-il encore, a sa philosophie spéciale. Or la philosophie propre à la chimie organique est presque entièrement renfermée dans la circonscription des espèces. C'est la connaissance des *principes* que l'on sépare *immédiatement* des végétaux et des animaux, dit-il encore, qui est la base de la chimie organique et de toutes ses applications... J'appelle principes immédiats organiques les composés dont les éléments ont été unis sous l'influence de la vie et dont on ne peut séparer plusieurs sortes de matières sans en altérer évidemment la constitution. »

Les principes immédiats doivent être regardés comme les unités de la matière des êtres organisés, et il déclare que « les progrès futurs de la chimie organique dépendent de l'application rationnelle des mots espèce, variété, genre ».

Cependant il n'est facile à personne de demeurer constamment fidèles à ses propres définitions. En effet, Chevreul, en discutant la constitution générale des sels, déclare ailleurs qu'il semble conséquent de dire que « l'acide et l'alcali sont les deux principes immédiats des sels ».

On voit par ces quelques lignes combien le point de vue de Chevreul, confiné dans la recherche des espèces extraites des êtres organisés, était étroit, et même opposé à la marche que la chimie allait inaugurer au cours du xixe siècle. Toute la philosophie de Chevreul est renfermée dans la discussion de cette notion de l'espèce, qui préoccupait si fort les botanistes, les zoologistes et les minéralogistes de son temps et à laquelle il s'était particulièrement attaché : parallélisme conforme à la fois aux idées de ses contemporains et à la destination de l'établissement scientifique, dans lequel il a vécu et professé pendant trois quarts de siècle. Il tourne exclusivement dans ce cycle d'idées, sans jamais en sortir. Il poursuit son ouvrage en définissant l'espèce chimique, les propriétés physiques et organoleptiques qui la caractérisent et surtout l'examen des phénomènes résultant de l'action des réactifs : réactifs simplement dissolvants, qui ne lui font subir aucune modification permanente, et réactifs altérants, qui en déterminent la transformation et la destruction. Il s'efforce particulièrement d'établir quelle est la voie à prendre pour rechercher les espèces chimiques et établir quelles substances doivent être considérées comme telles; en insistant d'ailleurs sur les difficultés qui résultent de la mobilité plus grande des produits de l'organisation vivante. « L'espèce chimique, dit-il, est la collection des corps identiques par la nature, la proportion et l'arrangement de leurs éléments. Les variétés résultent de quelques différences dans les propriétés peu importantes. » Tout cela est exposé avec beaucoup de clarté, non sans répétitions, et il y a encore quelque fruit à en tirer pour les commençants. Mais les opérations, décrites par Chevreul avec tant de soin pour définir les espèces chimiques, sont d'ordre purement analytique; précisément comme les opérations des naturalistes pour définir les espèces vivantes.

Il y manque une notion fondamentale, celle de la synthèse, c'est-à-dire de la puissance créatrice de la chimie, sur laquelle a reposé tout son progrès, — je dirai même son rêve, — depuis les origines de notre science; et j'ajouterai son idéal, réalisé dans la formation des êtres artificiels, qui constituent aujourd'hui la science chimique et la plupart de ses innombrables applications. Imperfection fatale de toute œuvre humaine et plus particulièrement de toute œuvre scientifique, qui est relative aux temps et aux lieux où elle a été exécutée!

Gardons-nous cependant de reprocher cette lacune à Chevreul : il a fait œuvre de bon travailleur, dans l'ordre des connaissances de son époque. On n'est pas en droit de réclamer davantage à aucun d'entre nous!

Chevreul ne s'est pas borné à l'étude des corps gras et à celle des méthodes en chimie organique; il a aussi abordé toutes sortes d'autres questions. Parmi ses ouvrages d'ensemble on doit insister sur ses travaux relatifs aux couleurs, aux conditions de leur vision, de leur contraste simultané et à leur définition.

C'est un fait d'observation connu de tout temps que la juxtaposition de deux couleurs sur une surface, étoffe ou tableau, influe sur la sensation qu'elles produisent. Chacune modifie sa voisine et cela de deux façons, comme intensité et comme nuance. Comme intensité d'abord, la plus claire paraît plus claire, et la plus foncée, plus foncée : c'est un effet de contraste. Comme nuance, un cercle rouge placé sur un fond blanc fait paraître celui-ci vert à son pourtour; un cercle blanc sur un fond vert paraît au contraire rouge; par suite, un cercle rouge et un fond vert agissent mutuellement pour aviver leurs teintes et il en est de même de deux couleurs complémentaires juxtaposées. Au contraire, deux objets dont la couleur est la même, à des nuances près, tendent à jeter l'un sur l'autre des ombres complémentaires : un vert éclatant tend à ternir un vert pâle. Certaines couleurs se nuisent ainsi, tandis que d'autres sont exaltées par leur rapprochement.

En posant ces principes, Chevreul s'instituait en quelque sorte en arbitre de la mode. Citons comme exemple un passage de ses écrits relatif aux chapeaux des femmes : « un chapeau noir à plumes ou à fleurs blanches, ou roses ou rouges, convient aux blondes; il ne messied pas aux brunes, mais sans être d'un aussi bon effet. Celles-ci peuvent ajouter des fleurs ou des plumes orangées ou jaunes, etc. Le chapeau blanc mat ne convient qu'aux carnations blanches ou rosées; la brune qui risque le chapeau bleu ne peut se passer d'accessoires orangés ou jaunes. Le chapeau vert fait valoir les carnations blanches ou doucement roses. Le chapeau rose ne doit pas avoisiner la peau; il doit en être séparé par les cheveux, ou par une garniture blanche, ou mieux verte. Entre les chapeaux jaunes ou orangés, un chapeau violet est défavorable aux carnations brunes, à moins qu'il n'en soit séparé non seulement par les cheveux, mais par des accessoires jaunes ». Madame Horace Vernet, à qui Chevreul exposait ainsi ses idées, lui répondit, non sans une aimable ironie : « Monsieur Chevreul, combien je vous aurais eu d'obligation, si j'étais plus jeune ! » On comprend pourquoi madame Chevreul déclarait en badinant qu'elle avait renoncé à porter autre chose que des toilettes grises.

Les notions qu'il exposait avec cette précision appartiennent à un ordre essentiellement subjectif et physiologique, plutôt que physique; car il s'agit de l'harmonie entre les sensations colorées, harmonie essentielle pour la teinture et d'une façon générale pour tous les arts décoratifs. Ces notions, pressenties plutôt que définies par les artistes, avaient été aperçues ensuite d'une façon plus précise par les physiciens du XVIIIe siècle. On vient de voir comment Chevreul en a fait l'objet d'une analyse développée, approfondie et fort méritoire.

Les cercles chromatiques de Chevreul représentent une tentative curieuse pour résoudre le problème si important de la définition des couleurs : mais cette tentative reposait sur des principes inexacts. Chevreul suppose que toutes les couleurs peuvent être ramenées à sept couleurs fondamentales, celles auxquelles on a coutume dans les traités élémentaires de rapporter le spectre solaire. En les combinant deux à deux, de façon à les parcourir circulairement, avec retour, il obtient 72 couleurs, tant simples que binaires. Chacune, étant modifiée graduellement dans son intensité, fournit 10 tons, soit une gamme de 720 tons. Cela fait, chaque ton est rabattu par un dixième, deux dixièmes et jusqu'à neuf dixièmes de noir ou de blanc. D'où résultent 14 400 tons différents, complétés par 20 tons gris, dits normaux; ce qui donne en tout 14 420 tons, distribués sur dix cercles chromatiques.

Chevreul croyait ainsi avoir résolu par une méthode incontestable le problème de la représentation des couleurs. Ses cercles ont en effet rendu service aux industriels, comme termes de comparaison des couleurs usitées autrefois; jusqu'au jour où la découverte des couleurs artificielles, préparées au moyen du goudron de houille, et tout d'abord de l'aniline, fit apparaître des nuances brillantes, d'un éclat incomparable, et qui échappaient aux cercles chromatiques. Chevreul essaya d'élargir son cadre, en déclarant qu'il fallait ajouter à ses couleurs une nouvelle variable, le *nitens*, répondant à la diversité de l'éclat. Mais ce faux-fuyant mal défini ne sauva pas le système.

En réalité les couleurs des objets naturels sont des résultantes complexes, où peut concourir chacune des radiations susceptibles d'être émises non seulement par le soleil, mais par une source lumineuse quelconque; chacune de ces radiations étant prise d'ailleurs avec son intensité propre. Dès lors, la définition de la couleur d'un objet ne peut être donnée rigoureusement que par une analyse physique détaillée, définissant chacune des radiations émises par l'objet, et son intensité. L'échec d'une tentative, de l'ordre de celle de Chevreul, était inévitable, parce qu'elle ne répondait pas aux véritables principes physiques. Cependant, dans la pratique, elle a pu rendre des services momentanés, tant qu'on est demeuré dans un certain ordre de colorations d'un éclat modéré.

Chevreul n'a pas limité ses études aux matières grasses et à la teinture; il s'est efforcé de les étendre à toutes sortes de domaines : l'agriculture, les engrais, l'alimentation, l'hygiène, les épidémies, les eaux minérales et les eaux potables, la peinture, la photographie, l'archéologie, l'histoire des connaissances chimiques. Il revenait sans cesse sur les premiers aperçus de sa jeunesse, parfois pour les féconder, parfois pour les rendre de plus en plus complexes et diffus. Il attachait une importance particulière à son « Histoire des principales opinions que

l'on a eues sur la nature chimique des corps, de
l'espèce chimique et de l'espèce vivante » (t. XXXVIII
des *Mémoires de l'Académie des Sciences*). On y
trouve l'exposé de ses idées et un atlas bizarre qui
les accompagne; ainsi qu'un tableau destiné à représenter la distribution des sciences en mathématiques
pures et en sciences naturelles pures, envisagées tour
à tour au point de vue abstrait et au point de vue
concret, etc. Cette histoire des connaissances chimiques devait former cinq volumes. Mais Chevreul
l'abordait avec une préparation insuffisante. Un seul
volume a été publié, consacré tout entier à des préli-
minaires.

Quoi qu'il en soit, un semblable effort de systéma-
tisation des connaissances humaines est intéressant,
comme signe de l'époque : en effet, il rappelle à la
fois les tentatives d'Ampère et celles plus remarquables d'Auguste Comte. J'ai dû en dire quelques
mots, à cause de l'importance qu'il a joué dans les
idées de Chevreul, qui y pensait sans cesse dans sa
vieillesse.

J'ai hâte d'arriver à un autre sujet, qui se rattache
également aux essais philosophiques de Chevreul et
où ses conceptions ont pris une forme plus nette,
plus conforme aux notions physiologiques et psychologiques de notre temps : je veux parler des travaux

remarquables de Chevreul sur la baguette divinatoire, le pendule explorateur et les tables tournantes.

Chevreul avait été initié au magnétisme animal par Deleuze, dans sa jeunesse (1810-1813) et lié depuis avec un certain nombre de ses partisans. Son ferme esprit en avait écarté les illusions, pour retenir seulement un certain nombre d'observations, qui rentrent dans le domaine attribué aujourd'hui à la suggestion. Ses idées à cet égard sont exposées surtout dans deux publications essentielles : une lettre à M. Ampère, datée de l'Hay, 23 mars 1833 et imprimée dans la *Revue des Deux Mondes*; et un volume publié en 1854, où ses premières idées, tout en conservant leur justesse, sont délayées dans de longs développements, qui en affaiblissent, sinon la certitude, du moins l'intérêt et l'agrément.

Il s'agit de quelques-unes des plus vieilles superstitions ayant eu cours dans l'histoire de la race humaine : la baguette divinatoire qui indique les sources, les métaux cachés et les voleurs; le pendule explorateur et les tables tournantes, qui désignent par leurs mouvements et arrêts les lettres des mots secrets, des paroles des morts et des oracles des dieux. On en trouve la mention dans les pratiques de la magie antique; elles sont rapportées en détail chez les historiens de l'Empire romain, tels qu'Ammien Marcellin.

Au moyen âge, leurs effets sont attribués à Satan, devenu le successeur des prophètes et magiciens du paganisme. Elles ont reparu dans les époques plus éclairées des temps modernes. A la fin du xvii° siècle, il existe toute une littérature qui y est consacrée. Les faits réputés autrefois surnaturels étaient attribués alors par quelques-uns à des qualités occultes, telles que les effluves, — depuis on a dit le magnétisme terrestre; — tandis que d'autres, Malebranche notamment, les traitent d'extravagances, fraudes et illusions. Cependant ces pratiques ont survécu à toutes les critiques; elles sont encore usitées de notre temps et les faits sur lesquels elles semblent reposer ont été observés par des esprits sagaces, dans des conditions qui ne permettent pas d'en écarter la réalité par une simple négation : ce qui ne veut pas dire qu'ils soient en dehors de toute interprétation scientifique. Au contraire, les conditions où les faits se produisent sont maintenant clairement définies, et elles expliquent quelle est la mesure des réalités et des illusions dans cet ordre de phénomènes. Le livre de Chevreul est fort intéressant à cet égard, en raison de la sagacité et de l'esprit critique avec lesquels des expériences décisives y ont été instituées, en présence du général Planta, grand partisan du magnétisme animal, d'Ampère, de Ballanche et de Dugas Montbel.

Dès le xvii° siècle, le Père Lebrun avait établi par expérience qu'aucune substance naturelle n'agit sur la baguette divinatoire, son mouvement dépendant d'une cause libre et intelligente : ce qui rendait d'ailleurs chimérique son emploi pour la recherche des sources.

Chevreul examine la question suivante : « S'il est vrai qu'un pendule, formé d'un corps lourd et d'un fil flexible, oscille lorsqu'on le tient à la main au-dessus de certains corps, quoique le bras soit immobile. » Il reconnaît d'abord qu'il paraît en être ainsi lorsqu'on opère au-dessus du mercure, ou d'une enclume ; tandis que si l'on interpose entre le pendule et ces corps une plaque de verre, ou un gâteau de résine, on voit les oscillations diminuer d'amplitude et s'anéantir : « ce qui fut répété, dit-il, plusieurs fois; le corps intermédiaire étant tenu par moi-même, ou par d'autres personnes ». Mais il ne s'arrête pas là, le contrôle n'étant pas suffisamment démonstratif. D'après des expériences conduites avec une méthode ingénieuse, Chevreul constate que dans les conditions ordinaires de ces expériences, un mouvement musculaire insensible du bras fait sortir le pendule du repos; les oscillations une fois commencées vont en augmentant par l'influence de la vue, qui a pour effet de mettre l'opérateur dans un état particulier de tendance au mouvement. En d'autres termes, « on observe dans ces conditions le développement en nous d'une action musculaire qui n'est pas le produit de la volonté, mais le résultat d'une pensée, qui se porte sur un phénomène du monde extérieur, sans préoccupation de l'action musculaire, indispensable à la manifestation du phénomène ».

Ces observations prouvent combien il est facile de prendre des illusions pour des réalités, toutes les fois que nous nous occupons d'un phénomène où nos organes ont quelque part.

L'analyse exacte et subtile des phénomènes par Chevreul est conforme à celle qui fut faite à la même époque par divers autres observateurs des exercices des tables tournantes, un moment si en honneur sous le patronage de Napoléon III.

Cependant Chevreul poursuit, en invoquant la tendance bien connue au mouvement du corps du spectateur vers la ligne d'un mouvement extérieur, tel que celui de l'eau qui coule, d'une pierre lancée, de la bille du joueur de billard, de la roue qui tourne à côté de nous, et par extension le vertige qui nous entraîne à faire le mouvement même que nous redoutons. Ce sont là des phénomènes que l'on comprend aujourd'hui sous le nom d'autosuggestion. Chevreul rappelle aussi comment cette suggestion peut être préparée et provoquée par la tendance à l'imitation, et même encore par les paroles et les gestes du prestidigitateur, de l'acteur, de l'orateur.

On voit par là avec quelle sagacité Chevreul sut démêler des phénomènes psychophysiologiques complexes et généraliser les résultats de son analyse.

V

Tels sont les travaux de Chevreul, telles sont les découvertes qui ont répandu son nom dans le monde entier : je me suis efforcé de retracer avec impartialité les grands et beaux traits de son œuvre et d'en mettre en lumière l'importance et l'originalité. Pour lui rendre une justice complète, il convient d'aller plus loin encore et de rechercher quelle influence Chevreul a exercée sur le développement de la chimie de son temps; influence dont le souvenir tend à se perdre, par suite de la disparition fatale des contemporains qui l'ont subie. Sans doute cette action ne s'est pas exercée par le groupement d'un grand nombre de disciples, fidèles aux préceptes et aux exemples du maître et reconnaissants de la part qu'il a prise à leur éducation et à leur carrière scientifique : Chevreul n'a guère eu d'élèves. Cependant son autorité a été grande à un certain moment et l'impulsion qu'il donna, quoique limitée à quelques points de la science, a été réelle et considérable. Ce qu'il a surtout créé et enseigné, ce sont des méthodes de recherches en chimie organique : méthodes générales d'analyse, destinées à isoler les principes immédiats naturels ou artificiels, et méthodes propres à définir les caractères exacts de ces principes.

Aux notions imparfaites et flottantes régnantes à son époque et qui tendaient à confondre sous des appellations vagues tout un ensemble de composés analogues, il a substitué des idées claires, précises, fondées sur une logique rigoureuse. Il a imposé aux chimistes et aux physiologistes une discipline inflexible, jusque-là inconnue dans les études de chimie végétale et animale. Les services de Chevreul à cet égard sont comparables, sous certains rapports, à ceux que les logiciens scolastiques ont rendus à la raison humaine. C'est surtout par ce côté de ses travaux que Chevreul s'est rattaché à la tradition philosophique des savants du xviiie siècle et qu'il a concouru, pour une part inoubliable et avec une pleine conscience de son œuvre, aux progrès généraux de la science et de l'esprit humain.

NOTICE HISTORIQUE
SUR
LA VIE
ET LES TRAVAUX DE M. DAUBRÉE[1]
MEMBRE DE L'ACADÉMIE

I

Messieurs,

Chaque profession a sa philosophie. En même temps que les hommes poursuivent une carrière pratique, ils réfléchissent sur le système moral et matériel des faits et des idées qui s'y rattachent : réflexions parfois profondes et susceptibles d'aboutir à des conceptions originales, lorsqu'il s'agit de personnes douées d'initiative propre, déjà développées et même mûries par une éducation méthodique. Tel est particulièrement le cas des gens adonnés à des professions scientifiques; et pour nous borner au sujet du présent entretien, tel est le cas des ingénieurs des Mines.

[1]. Lue dans la séance publique annuelle du 19 décembre 1904.

L'objet pratique de leur profession, leur rôle dans notre civilisation moderne, c'est la direction et la surveillance des travaux souterrains, source pacifique de richesses indéfinies pour l'espèce humaine : soit par la découverte des métaux précieux, soit par l'utilisation industrielle ou agricole des matériaux enfouis dans les profondeurs du sol.

Préparés dès leur jeunesse et initiés aux principes et aux méthodes de la mécanique, de la physique, de la chimie, ils sont obligés d'approfondir la géologie et la minéralogie.

Sont-ils géologues ? L'observation des actions naturelles et des lois qui les dirigent, les amène aux spéculations les plus élevées sur les origines et l'histoire des révolutions du globe terrestre, sur la formation progressive des montagnes et des mers, sur les effets généraux attribuables à l'influence des eaux et des feux souterrains. Les rêveries mystiques des cosmogonies primitives font place ainsi à des vues plus rationnelles et non moins séduisantes. Mais, dans cet ordre, il est encore plus facile d'imaginer que de démontrer; car nous ne connaissons l'histoire des révolutions d'autrefois que par les traces mutilées qu'elles ont laissées; l'observation des phénomènes actuels est toujours limitée et incomplète, et nous ne pouvons contrôler l'une et l'autre que par des expérimentations sur une petite échelle, hors de proportion avec les conditions de temps et d'espace où se sont développées les transformations géologiques du globe terrestre.

La minéralogie opère dans des conditions plus restreintes, plus minutieuses et souvent plus exactes. En effet on n'est pas réduit ici à la pure analyse; on observe la génération des minéraux de plus près et plus nettement que celle des roches et des terrains; on peut et on sait les reproduire. Aussi, depuis un siècle et davantage, les savants modernes ont-ils entrepris de résoudre par la synthèse les problèmes relatifs aux minéraux : problèmes qui touchent en réalité à des notions non moins profondes que ceux de la cosmogonie.

Au lieu d'examiner dans son ensemble l'étendue infinie de l'univers sidéral, nous abordons l'étude plus localisée en apparence, mais en réalité non moins illimitée du monde des molécules et des atomes, comme l'avaient déjà tenté les philosophes de l'antiquité. Les deux ordres de phénomènes ont d'ailleurs entre eux des connexions étroites; ce qui avait conduit nos prédécesseurs, lors de la fondation de l'Institut, à réunir dans une même section la Géologie et la Minéralogie. Ces deux sciences ont été illustrées par les plus grands noms scientifiques du XIXe siècle, en France et à l'étranger. Il suffit de rappeler dans cette enceinte les noms de Haüy, Élie de Beaumont, Cuvier, de Sénarmont.

Je me propose aujourd'hui d'exposer l'œuvre de l'un des plus célèbres représentants de ces grandes traditions, de Daubrée, qui fut à la fois minéralogiste et géologue, et n'hésita pas à aborder les hautes conceptions cosmogoniques.

II

La vie de Daubrée offre la simplicité de celle d'un savant élevé dans l'aisance, et qui poursuit sa carrière laborieuse suivant une direction rectiligne et à ciel ouvert; sans autre incident que les recherches originales et les découvertes, accomplies pendant la marche régulière d'un *cursus honorum* professionnel.

Une semblable régularité même exclut ces efforts excessifs et cette lutte intense pour l'existence, soutenue par les hommes moins favorisés de la fortune, et elle exclut également ces émotions passionnées, qui dévorent la vie exceptionnelle des artistes et des politiciens. Aussi Daubrée a-t-il mené l'existence sereine des gens d'étude et de laboratoire, en conservant cet équilibre et cette santé morale et physique, compagnes ordinaires d'un bon tempérament; et il a prolongé jusqu'à l'âge de quatre-vingt-deux ans une carrière entourée de l'affection des siens et du respect public.

Gabriel-Auguste Daubrée naquit à Metz le 25 juin 1814. Son père avait pris part à la funeste expédition de Russie; il n'y survécut pas longtemps et laissa son fils en bas âge aux soins d'une mère dévouée, qui présida à son éducation. Celle-ci eut lieu au collège de Metz et les goûts de l'enfant furent tournés de bonne heure vers les sciences naturelles. L'influence de son oncle, ancien médecin principal de l'armée d'Espagne, contribuait à l'y diriger. Conformément à une tradition courante dans cette ville patriotique et militaire de Metz, ravie à la France il y a un tiers de siècle, ses premières études aboutirent à préparer le jeune homme à l'École polytechnique, où il entra à l'âge de dix-huit ans avec le numéro 24. Il y rencontra la camaraderie ordinaire et les amitiés des élèves de cette grande école, celle de Faye en particulier. Deux ans après, il en sortit parmi les premiers rangs; ce qui lui permit de choisir la carrière des Mines. Puis il fit ses tournées d'élève-ingénieur : elles le conduisirent d'abord dans la Cornouaille anglaise, où il observa en 1837 les mines d'étain, qu'il devait revoir en Saxe quatre ans après. Ces observations ont fait l'objet d'un premier mémoire (1841) et elles ont été le point de départ de ses recherches originales sur la formation de la cassitérite naturelle.

Daubrée, poursuivant ces voyages réglementaires, dont l'usage est si utile pour le développement de la carrière pratique d'ingénieur, alla ensuite en Norvège et en Suède; il y entra en 1842 en relations respectueuses avec Berzelius, dont le nom dominait alors la science.

Les communications internationales personnelles ont toujours joué un rôle capital dans l'évolution intellectuelle de nos savants. La Suède a été un foyer célèbre de découvertes, depuis Scheele, Bergmann et Berzelius, jusqu'à Nordenskiöld et ses contemporains. Aussi Daubrée put-il rapporter de ses promenades dans le nord de l'Europe à la fois une connaissance profonde des filons métallifères, et des inspirations originales, qui servirent de guides ultérieurs à ses propres études.

Son mérite était dès lors si bien reconnu qu'en 1839, à l'âge de vingt-cinq ans, il fut presque simultanément désigné comme ingénieur des Mines en résidence à Strasbourg, reçu docteur ès sciences, avec une thèse sur les phénomènes calorifiques du globe terrestre, enfin chargé du cours de minéralogie et de chimie à la Faculté des sciences de Strasbourg.

Les créations des chaires d'Enseignement supérieur

étaient plus rares à cette époque que de nos jours, et les hommes capables, doués d'une instruction suffisante pour y professer, étaient peu nombreux, les directions scientifiques moins encombrées, les compétitions moins accumulées qu'aujourd'hui. C'est pourquoi la carrière s'ouvrait plus tôt aux jeunes savants; quoique les facilités de travail fussent assurément moindres et les ressources de tout genre, bourses et laboratoires, plus restreintes. Chaque temps, chaque période a ses commodités et ses entraves corrélatives.

Ainsi la vie a toujours été facile à Daubrée.

En 1843, il épousa mademoiselle Trotyanne, issue d'une famille lorraine, fille d'un ancien maître de forges. Il en eut trois enfants, un fils et deux filles, et ils vécurent ensemble et heureux jusqu'aux limites d'une vieillesse avancée.

Cependant les recherches originales de Daubrée se suivaient lentement. Elles débutent dans le tome XII des *Comptes rendus de l'Académie des Sciences* en 1841, elles s'y multiplient peu à peu, contenues dans 110 volumes de notre collection, soit 55 années. Au tome CXXII, en 1896, terme de la longue existence de notre confrère, le nombre de ses communications à l'Académie dépassait 1 400.

Son enseignement à la Faculté et ses travaux professionnels d'ingénieur l'occupèrent d'abord presque exclusivement. Il publia, en 1849 la carte géologique du Bas-Rhin, en 1852 la description géologique du même département.

En 1852, Léopold de Buch, alors le célèbre doyen des géologues européens, se l'adjoignit comme compagnon dans un voyage aux volcans éteints du Vivarais. La même année, Daubrée visita l'Auvergne avec G. Rose et Mitscherlich, autres grandes illustrations de la science allemande; l'année suivante, il voyagea en Italie.

Il publie en 1845 ses observations sur les minerais de fer qui se forment actuellement dans les lacs et les marais, travail honoré par une médaille d'or de la Société de Harlem. Puis vinrent des recherches sur la distribution de l'or dans le lit et la vallée du Rhin (1846). Les laveurs en retiraient alors pour 45 000 francs par an, en gagnant 1 fr. 50 à 2 francs par jour; leur récolte représentait les 8 billionièmes d'or du poids du sable traité, à raison de 17 à 20 paillettes d'or par milligramme. Cet or provient des couches schisteuses des Alpes.

La chaire de Strasbourg mettant à sa disposition des instruments de travail de plus en plus perfectionnés, il entre, en 1849, dans la voie nouvelle qui allait manifester toute son originalité, et compose un mémoire « sur la production artificielle de quelques espèces minérales cristallines ». Doyen de la Faculté en 1852, ingénieur en chef en 1855, il profite des travaux de captage accomplis sous sa surveillance, à partir de 1857, aux sources des eaux minérales de Plombières. Il y constate d'abord et étudie la formation d'un grand nombre de minéraux, silicates et autres, engendrés par les actions lentes exercées au cours des siècles entre les eaux thermales et les roches qu'elles traversent, et surtout entre ces eaux et les maçonneries, ciments et autres matériaux des constructions romaines.

Dans cette voie, les problèmes les plus élevés et les plus délicats sont abordés par Daubrée, et il éclaire les résultats que fournit l'analyse, à l'aide de la minéralogie synthétique. Ses recherches prennent un caractère à la fois plus étendu et plus général. Son mémoire sur le métamorphisme, où il expose l'ensemble de ses travaux d'alors, fut couronné par l'Institut en 1860. Sa réputation et son autorité grandissent ; il est rappelé à Paris pour y poursuivre sa carrière, dans des conditions à la fois plus favorables et plus éclatantes.

En effet, la mort de Cordier, l'un des géologues qui ont marqué au commencement du XIXe siècle, ouvrit en 1861 deux successions : celle de membre de l'Académie des Sciences (section de Minéralogie et

Géologie), où Daubrée fut nommé le 20 mai, et celle de professeur de géologie au Muséum, dont il devait réorganiser et enrichir les collections. On sait quel rôle les collections du Jardin des Plantes ont joué dans l'histoire de la Science française. Daubrée y trouva un champ d'expériences nouveau et illimité, par l'étude des météorites.

Le fauteuil auquel Daubrée fut ainsi appelé dans notre enceinte, à l'âge de quarante-sept ans, n'a eu que trois titulaires dans le cours d'un siècle, depuis la fondation de l'Institut ; tous trois justement célèbres : Haüy, membre de l'ancienne Académie des Sciences depuis 1783, puis membre de l'Institut de 1795 à 1822 ; Cordier, de 1822 à 1861 ; Daubrée, de 1861 à 1896, pendant trente-six années.

Une nouvelle perte plus douloureuse encore pour la Science française, celle de Sénarmont, l'une des figures les plus sympathiques de son temps et l'un des initiateurs et maîtres de Daubrée dans les problèmes de la synthèse des minéraux par voie humide, lui ouvrit, en 1862, l'enseignement de la minéralogie à l'École des Mines ; ce qui lui donnait à la fois, par l'une de ces coïncidences heureuses qui n'ont pas manqué à sa carrière, un poste d'activité et son entrée à l'École des Mines.

Il fut nommé ensuite inspecteur général des Mines

en 1872, puis directeur de l'École, en remplacement de Combes, et promu grand-officier de la Légion d'honneur en 1881.

Ainsi Daubrée s'était élevé d'un pas égal et parallèle dans la double hiérarchie administrative et scientifique. Élu pendant la même période correspondant des Académies et Sociétés étrangères les plus célèbres, il avait atteint les degrés les plus hauts des récompenses auxquelles puisse prétendre un savant : je veux dire les honneurs accordés par ses pairs.

Il prit sa retraite dans le service des Mines en 1884 et n'en continua pas moins à travailler jusqu'au jour du départ suprême, le 29 mai 1896; ayant rempli avec fidélité et conscience toutes les charges qui lui avaient été confiées et laissant le souvenir d'un grand savant et d'un homme de bien.

Je n'ai pas connu Daubrée dans sa jeunesse, quoique nous ayons commencé à être en relation au temps de son séjour à Strasbourg; d'où il m'écrivit pour signaler les analogies entre ses recherches synthétiques d'ordre minéral et mes travaux de synthèse en chimie organique. Depuis son séjour à Paris, nos relations étaient devenues plus fréquentes. Les contacts entre savants étaient nombreux à cette époque, plus peut-être qu'aujourd'hui. Autour de la personne respectée de Sénarmont, à l'École des Mines, quelques élèves et collègues se retrouvaient, venant lui soumettre leurs idées, avec la confiance que méritaient la rectitude de son esprit et la droiture de son caractère. Plus tard, au laboratoire de Henri Sainte-Claire Deville, à l'École normale, on se réunissait sur un pied de camaraderie, plus nombreux, plus affairés, mais non moins dévoués aux intérêts communs de la Science et à la poursuite des problèmes les plus élevés. Daubrée y apparaissait souvent.

C'était un homme de taille supérieure à la moyenne, et relevée par la nuance un peu officielle de sa posture. Sa figure aimable, réfléchie, distinguée, avait parfois quelque chose d'indécis et de flottant dans son expression. Doué d'une bienveillance naturelle et d'une grande aménité de relations, il était en rapports suivis avec de nombreux savants étrangers, qu'il se plaisait à patronner parmi nous. Le minéralogiste russe Kokscharow et l'illustre explorateur Nordenskiöld comptèrent parmi ses amis, et il honora aussi de son amitié l'aimable dom Pedro, empereur du Brésil. Mais si Daubrée était serviable, il avait horreur de toute lutte, incapable de se livrer même à ces médisances inoffensives, dont les meilleurs des hommes ne savent pas toujours s'abstenir. Il conserva jusqu'aux limites d'une vieillesse avancée l'humeur égale et l'activité tranquille de ses jeunes années.

« Tout m'a réussi, écrivait-il en 1895 une année avant sa mort, dans ma famille, dans mes affections et amitiés, dans ma carrière d'ingénieur et dans ma carrière scientifique; rare bonheur dont j'ai joui jusqu'au jour où j'ai été subitement privé de ma bien-aimée et dévouée compagne. »

Cette existence douce et privilégiée, autant que le comporte la destinée humaine, fut couronnée par de brillantes découvertes, fruits naturels de sa vive curiosité, de son ardeur soutenue dans le travail, de la justesse de son jugement, jointe à la force intellectuelle qui le conduisit à attaquer les questions les plus hautes, à orienter ses recherches autour d'un point central, dans une direction bien définie, et à pousser ses déductions jusqu'aux généralisations les plus hardies.

Ce sont ces recherches, ces découvertes dont nous allons maintenant nous occuper.

III

La formation des minéraux, des roches et terrains qui entrent dans la constitution de la masse terrestre a préoccupé les esprits réfléchis, dès les périodes les plus anciennes de l'histoire.

Les philosophes grecs ont imaginé pour en rendre compte différentes hypothèses rationnelles, en particulier celle des quatre éléments : terre, eau, air et feu. C'étaient leurs transformations réciproques qui engendraient les corps sous leurs états multiples : solide, liquide, aérien et igné. Ainsi se produisent en particulier les espèces métalliques, pierreuses, salines, d'après le *Timée* de Platon. Aristote, dans les *Météorologiques*, développe des idées plus précises, empruntées à une observation positive et qui font déjà pressentir nos théories modernes. Il suppose que les métaux et les minéraux sont engendrés dans la terre par deux exhalaisons : d'une part l'exhalaison fuligineuse, sèche et brûlante, qui produit les pierres infusibles, l'ocre, la rubrique, les sulfures, etc.; d'autre part, l'exhalaison vaporeuse, humide, qui produit les métaux fusibles et ductiles. Plus tard ces notions se compliquèrent d'imaginations astrologiques et mystiques, d'après lesquelles la génération des minéraux, et spécialement celle des métaux, serait soumise à l'influence du soleil, de la lune et des différentes planètes. Ces idées se retrouvent chez les alchimistes, jointes à la notion des esprits ou corps volatils, opposés aux corps fixes, terres et métaux, qu'ils modifient peu à peu, en les imprégnant lentement dans la nature, et dont l'art peut imiter les effets en un temps plus raccourci dans les laboratoires.

Ces systèmes vagues et mêlés de chimères méritent cependant d'être rappelés; car on y retrouve à la fois une aperception confuse des phénomènes naturels, étudiés aujourd'hui par nos sciences positives telles que la Géologie, la Minéralogie, la Chimie, et l'indication des premières tentatives faites pour les expliquer et pour les reproduire artificiellement.

Dès les débuts de la science moderne, les physiciens s'efforcèrent d'y substituer des conceptions plus conformes à l'expérience. C'est ainsi que l'on voit apparaître au xviie et au xviiie siècle les deux grandes écoles des Plutoniens, qui font tout dériver des actions du feu, en géologie, et des Neptuniens, qui rapportent tout aux actions de l'eau.

Déjà la vue des phénomènes volcaniques avait conduit les philosophes naturalistes du moyen âge à l'hypothèse du feu central.

Descartes envisageait la terre comme un astre refroidi, à l'intérieur métallique, enveloppé d'une croûte pierreuse, produite par des exhalaisons qui amènent à la surface les infiltrations de la masse centrale. Newton part de l'hypothèse de la fluidité initiale du globe pour en calculer l'aplatissement. Buffon approfondit ces vues cosmologiques. Mais il serait trop long de développer ici tout cet historique.

Il suffira de rappeler que c'est surtout au xix⁰ siècle que la constitution définitive de la chimie et les progrès prodigieux de la physique ont conduit les minéralogistes à multiplier leurs observations et leurs expériences suivant deux directions principales, la voie ignée et la voie humide. A la voie ignée se rattachent, en 1792, les expériences de Spallanzani : également célèbre en physiologie, où il combat la génération spontanée, et en géologie, où il opère la fusion des laves. Citons encore les tentatives de sir James Hall, vers 1805, pour reproduire le marbre en faisant cristalliser le carbonate de chaux sous pression; les vues de Davy sur les métaux alcalins, supposés préexistants dans la masse métallique centrale, et celles d'Élie de Beaumont sur la coupellation métallique.

Bientôt viennent des études plus précises sur les produits volatils ou scorifiés des hauts fourneaux et des creusets brasqués. On y observe la production de nombreux minéraux naturels, tels que le péridot, le pyroxène, le feldspath. Rappelons seulement les noms de Mitscherlich, de Berthier, de G. Rose, etc., dans cette voie, où ont marqué un grand nombre de savants en France, en Angleterre, en Allemagne, pendant la première moitié du xix⁰ siècle.

Les phénomènes attribuables à la voie humide ont été l'objet d'études et d'observations non moins multipliées et non moins importantes, que résume le mot de métamorphisme, appliqué aux transformations naturelles de certaines roches, telles que les roches calcaires, changées partiellement en dolomie par l'intervention des composés magnésiens. Il y a là un vaste ensemble de travaux et de recherches, qui s'éclairent et se complètent les uns les autres, au double point de vue de la constatation des faits particuliers et de la constitution des méthodes.

Nous arrivons ainsi aux savants qui ont été les précurseurs de Daubrée, de H. Sainte-Claire Deville et de leurs contemporains. Pour ne parler ici que des Français, il suffira de citer Ebelmen, qui opérait par voie sèche, en employant des dissolvants fusibles à haute température, tels que l'acide borique. Il a fabriqué ainsi le péridot, le corindon, les spinelles à base de fer, de zinc, de magnésie, diverses gemmes naturelles et bien d'autres composés.

D'autre part, la voie humide, c'est-à-dire l'action de l'eau maintenue liquide entre 100° et 300°, avec le concours de la pression, fut mise en œuvre avec un succès non moindre par de Sénarmont et il reproduisit une multitude de substances des filons, tels que le quartz cristallisé, le fer spathique, le carbonate de manganèse, le sulfate de baryte, divers sulfures simples et complexes de fer, de cuivre, d'antimoine.

Je viens de résumer brièvement l'état général de la science dans l'étude des problèmes minéralogiques, à l'époque où Daubrée entra dans la carrière scientifique. Comment a-t-il été conduit à traiter ces ordres de problèmes? à quel point de vue s'est-il placé? quelles découvertes spéciales; quelles idées et théories générales y a-t-il apportées? C'est ce qu'il convient d'examiner.

Observons d'abord, pour mettre les choses au point, qu'aujourd'hui, dans tout ordre d'études, les questions sont poursuivies simultanément dans les différents pays et par un grand nombre de savants exercés; leurs recherches s'entrelacent, se soutiennent, se complètent les unes les autres, et il est difficile, souvent même impossible, de faire à chacun une part distincte et équitable, quelque bonne volonté que l'on y mette. C'est pourquoi je dois me limiter à parler surtout des travaux de Daubrée.

C'est son œuvre personnelle que je vais essayer de retracer, en me limitant aux questions principales; car la variété de ses recherches est considérable et elles ont porté sur une multitude de problèmes, les uns généraux, les autres particuliers. Ils embrassent à la fois l'examen des produits naturels, et celui des conditions géologiques de leur formation et de leur reproduction par l'art du chimiste et de l'industriel.

Ainsi entendue, l'histoire de la Science touche à l'histoire même de la civilisation humaine.

A l'origine, les recherches professionnelles de Daubrée ont été le point de départ de ses travaux théoriques : je l'ai dit plus haut, en retraçant sa biographie; mais il convient d'y revenir, pour en mieux comprendre l'enchaînement méthodique. Tout d'abord ses études sur les gîtes de l'étain l'ont amené à en reproduire les minerais, par l'emploi de la voie sèche et des agents minéralisateurs volatils. Ses voyages en Suède sont devenus le point de départ d'un mémoire sur la formation des minerais de fer, dans les eaux, lacs et marais; ses travaux sur le captage des sources thermales l'ont conduit à étudier, et au besoin à imiter les réactions des eaux souterraines, ainsi que la formation, au cours des périodes historiques et même géologiques, des minéraux contenus dans les filons métalliques.

En abordant les phénomènes plus généraux du métamorphisme et les conditions de pénétration de l'eau dans les roches profondes, dirigé par un ensemble méthodique de déductions rationnelles, il a exécuté ses principaux travaux minéralogiques synthétiques, par voie sèche et par voie humide, suites et conséquences de cet ordre d'observations.

Sa nomination comme professeur au Muséum

d'histoire naturelle lui fit entreprendre l'étude systématique des météorites, l'une des séries les plus importantes dans son œuvre scientifique. Non seulement il en a établi la classification méthodique et tracé les règles de leur nomenclature; mais les déductions tirées de leur examen chimique et mécanique lui ont suggéré les expériences les plus intéressantes sur la formation même des couches superposées des terrains géologiques et la stratification des couches profondes : expériences résumées dans sa théorie du péridot, envisagé comme la scorie universelle. Enfin il aborda quelques-uns des problèmes relatifs à la constitution des corps extra-terrestres et à leur origine.

Ainsi, dans les différentes régions de la science, on retrouve de tous côtés la preuve de la curiosité universelle de Daubrée, de son ardeur enthousiaste et de la hauteur de ses vues scientifiques. — Il convient de développer le programme qui vient d'être tracé, comme embrassant l'ensemble de l'œuvre de Daubrée.

IV

Commençons par les travaux relatifs aux actions plutoniennes : je veux dire accomplies sous l'influence des hautes températures, et plus spécialement par voie sèche : ce qui n'exclut pas d'ailleurs les réactions de l'eau sous forme de vapeur. Les premières recherches de Daubrée furent inspirées par l'examen des minerais d'étain en Cornouailles (1837) et en Saxe (1841). Il observa que l'oxyde d'étain naturel (cassitérite) et les minerais d'étain, d'une façon plus générale, sont accompagnés par des composés fluorés. De là l'idée de reproduire artificiellement ces minerais d'étain, en faisant agir un composé volatil de l'étain sur la vapeur d'eau. Seulement, au lieu du fluorure, corps d'un maniement délicat, Daubrée opérait avec le chlorure stannique. Il réussit parfaitement. Ce fut sa première synthèse minéralogique, exposée dans un mémoire publié en 1849. La réaction s'opère nettement, même à une température inférieure à 300° et elle fournit un oxyde critallisé, qui reproduit les caractères principaux du minéral naturel. Ce n'est pas tout : les minerais de titane accompagnent fréquemment ceux d'étain et ils sont associés d'une façon pareille aux composés fluorés. Aussi Daubrée étend-il aussitôt ses expériences à la reproduction de l'acide titanique cristallisé, — anatase, rutile, brookite, — sous les formes multiples qu'il affecte dans les filons métallifères. Il l'obtient donc par l'action du chlorure de titane sur la vapeur d'eau.

Ces résultats, aussi bien que le détail des dispositions des produits, rappellent à certains égards les dépôts des fumerolles volcaniques et l'apparition de certaines substances non volatiles. En effet, dans les conditions de ce genre d'expériences, les composés réputés fixes offrent l'apparence énigmatique de sublimés; ce qui s'explique parce que la réaction qui les engendre a été développée au contact de deux vapeurs, dans la région même où elles sont entrées en conflit. C'est ainsi que Gay-Lussac, précurseur de Daubrée, avait, dans une expérience ancienne, obtenu le fer oligiste, en décomposant le perchlorure de fer par la vapeur d'eau.

Poursuivant et élargissant ses recherches, Daubrée réalise en 1851 la synthèse d'un minéral plus compliqué, l'apatite cristallisée, combinaison de phosphate et de chlorure qui existe dans la nature. Il l'a fabriquée en faisant agir le perchlorure de phosphore, non plus sur un corps volatil, tel que l'eau employée dans les essais précédents, mais sur la chaux vive.

Généralisant de plus en plus la méthode, en opérant avec le concours du chlorure et du fluorure de silicium, il crut pouvoir annoncer en 1854 la reproduction des silicates de chaux (wollastonite) et de magnésie (péridot), de chaux et de magnésie (pyroxène) et même de composés plus complexes, comparables à la topaze et aux feldspaths.

Depuis, cette méthode a trouvé, sous une forme et dans un sens non moins original, des applications du plus haut intérêt dans les recherches de H. Sainte-Claire Deville et de Hautefeuille, qui ont montré comment de petites quantités d'un corps volatil, tel que le gaz chlorhydrique, peuvent transformer et faire cristalliser, par des actions méthodiques et réitérées, de grandes masses d'oxyde de fer, d'étain, de titane : l'oxyde de fer, par exemple, se changerait tout d'abord en un chlorure volatil, qui, par une action inverse, régénère à mesure l'oxyde primitif sous forme cristalline. La théorie des agents minéralisateurs a pris ainsi une importance et un développement extrêmes ; comme il arrive souvent dans la science lors du concours de plusieurs savants, combinant d'une façon indépendante et mettant en quelque sorte bout à bout les résultats obtenus séparément par chacun d'eux.

Un tel ordre d'expériences offre en outre cet intérêt de rendre compte de certains phénomènes de métamorphisme, c'est-à-dire de transformations chimiques de roches et de terrains géologiques au contact de divers agents. Mais ce sont là des phénomènes d'un caractère plus général et que nous allons retrouver tout à l'heure.

La curiosité de notre futur confrère, partout en éveil, porta son attention jusqu'à étudier des découvertes singulières, faites dans diverses régions de la France. Il s'agit des forts vitrifiés, c'est-à-dire construits en déterminant la fusion de matériaux peu cohérents, assemblés d'abord régulièrement, puis cimentés par l'incendie de bois accumulés. C'est un genre particulier de fortifications barbares, mises en œuvre aux temps de la chute de l'empire romain.

Signalons encore en passant ses études sur le platine natif ferrugineux magnétipolaire de l'Oural, dont il a reproduit les propriétés, en fondant ensemble le fer et le platine en proportions convenables, avec le concours d'une orientation magnétique. N'oublions pas ses essais pour imiter l'anthracite, en chauffant le bois en vase clos vers 300°.

V

La formation des minéraux par voie neptunienne, je veux dire avec le concours des réactions de l'eau liquide, soit à la température ordinaire, soit à une température plus élevée, joue un rôle important parmi les phénomènes naturels : Daubrée a étendu ses recherches à cet ordre de réactions synthétiques et il occupe l'un des premiers rangs parmi les savants qui ont entrepris ce genre d'expériences. Elles touchent d'ailleurs en plus d'un point aux études plutoniennes. Entre l'action de l'eau liquide à haute température et l'action de la vapeur d'eau sous des pressions élevées, il n'existe pas de ligne de démarcation bien tranchée.

Dès ses débuts en 1845, le voyage de Daubrée aux pays scandinaves fixa son attention sur les minerais de fer qui se forment encore actuellement dans les lacs et les marais et jusqu'au sein des prairies, sous l'influence des sources et des infiltrations ferrugineuses.

On les retrouve dans tous les pays du monde. Ce sont des oxydes de fer hydratés et amorphes, dont l'exploitation industrielle est facile, pourvu qu'ils se présentent en masses suffisantes. Ils proviennent de l'oxydation et de la désagrégation des minéraux plus profonds, tels que les pyrites notamment, altération accomplie avec le concours simultané de l'oxygène, d'un peu d'acide carbonique et d'acide crénique, dissous dans les eaux souterraines. N'oublions pas d'autre part l'action réductrice propre des débris végétaux et des organismes microscopiques, déjà signalés par Ehrenberg. Les oxydes de fer ainsi redissous sont ensuite suroxydés et précipités, lorsque les eaux souterraines arrivent au contact de l'atmosphère. Ces minerais se manifestent sous la forme de grains sphéroïdes (pisolithes,) et de couches concentriques, renfermant souvent une certaine dose d'oxyde de manganèse.

Les mécanismes multiples et curieux qui président aux transformations naturelles du fer et de ses composés et les amènent aux états exploitables par l'industrie, jouent un rôle important dans la métallurgie et, par contre-coup, dans l'économie sociale. Ils ont fait l'objet des recherches de plus d'un minéralogiste. Daubrée, en particulier, les a étudiés et analysés avec beaucoup de finesse.

Mais ses études les plus originales sont celles auxquelles il a été conduit par ses travaux professionnels sur le captage des sources de Plombières et de diverses autres eaux minérales, déjà connues et exploitées du temps des Romains. En effet, dans les fouilles modernes, on a retrouvé les constructions antiques, et l'ingénieur a pu observer les transformations chimiques profondes des bétons et autres maçonneries, attaqués sous l'influence des siècles, par ces eaux, amenées souvent des profondeurs à une température plus ou moins élevée. Il s'y est engendré peu à peu toute une série de minéraux, dérivés à la fois des éléments propres de la construction, briques et poteries, et des éléments étrangers dissous dans les eaux minérales. On trouve ainsi réalisées sur une grande échelle des expériences de longue durée, dont on observe les produits et dont il reste seulement à établir par l'analyse les conditions d'exécution. Puis on s'efforce de les reproduire dans les essais de laboratoire, plus faciles à définir d'une façon rigoureuse, mais plus restreints au point de vue du temps et des masses intervenantes.

Daubrée constata d'abord la formation de certains silicates hydratés et zéolites, telles que chabasie, hyalite et opale mamelonnée, mésotype, analcime, apophyllite : tous corps offrant des caractères pareils à ceux des mêmes minéraux constatés dans les basaltes, traversés par les infiltrations aqueuses. De même le quartz cristallisé, la wollastonite (silicate de chaux), le pyroxène, etc. La plupart de ces composés peuvent d'ailleurs être reproduits en attaquant le verre par l'eau sous pression, à des températures de 200 à 300°, et même inférieures.

Il généralisa ces observations et reconnut que divers minerais métalliques apparaissent également dans certaines eaux, telles que les sources de Bourbonne-les-Bains, de Bourbon-l'Archambault, d'Olmeto en Corse, etc.; ces minéraux étant formés tantôt par la réaction des sels des métaux contenus à l'état de traces dans les eaux minérales, tantôt par l'action de ces eaux sur les médailles et objets métalliques, déposés jadis à titre d'ex-voto. Citons notamment le cuivre gris, les pyrites, la chalcopyrite, la panabase, la galène, le sulfate de strontiane, le fer carbonaté, etc.

Ces études l'amenèrent à d'autres rapprochements.

En effet, dans certaines fouilles, on a retrouvé les conduites artificielles et les trajets naturels par lesquels passaient autrefois des sources minérales aujourd'hui éteintes, ou ayant pris d'autres directions. On constate alors des effets non seulement séculaires, mais susceptibles de remonter aux époques géologiques. On peut d'ailleurs expliquer ainsi la localisation de certains minerais métalliques, les amas ferrugineux des Vosges notamment, observables le long des failles qui mettent en contact le grès des Vosges et le Muschelkalk.

C'est par des réactions du même ordre que l'on interprète la présence de certains minéraux disséminés dans les roches, sédimentaires et fossilifères, même inaltérées : condition qui exclut l'hypothèse d'une cristallisation résultant de quelque fusion ignée. Tels sont notamment : le quartz cristallisé, contenu dans des géodes de silex, les rognons de pyrites de fer, observables dans la craie et que l'on constate si aisément dans les éboulis des falaises du Havre et des côtes de la Manche. Certaines anomalies de minéraux naturels, par exemple ceux résultant de l'action de l'eau sur le basalte, rentrent dans la même interprétation.

Ainsi s'ouvre un domaine immense à l'étude des formations naturelles et à la science qui s'efforce de les imiter. La genèse des gîtes métallifères et des minéraux de filons tire une lumière singulière de cette introduction des réactions opérées par l'eau surchauffée, invoquée à côté des réactions accomplies à hautes températures entre des matières solides ou fondues, et certaines vapeurs. La transition s'opère dans l'étude des émanations métallifères qui ont concouru à remplir les filons ; et dans celle de la vapeur d'eau et du rôle qu'a pu jouer une petite quantité de cette substance, servant d'intermédiaire pour des suites méthodiques de transformations réciproques.

Là interviennent encore des considérations plus délicates, que Daubrée appuie par des expériences intéressantes. Il s'agit de l'eau dite de carrière et de l'infiltration des eaux produite sous l'influence des pressions énormes qui se développent dans les profondeurs du sol. C'est ce qu'il a établi notamment par ses expériences de 1861, relatives aux infiltrations capillaires de l'eau à travers une paroi poreuse, malgré une pression extérieure considérable. La considération de semblables pressions, opposée à la contre-résistance des espaces capillaires remplis alternativement de gaz et de liquides, explique comment l'eau peut passer d'une région soumise à la pression atmosphérique à des régions où les pressions internes sont beaucoup plus considérables. Ajoutons, pour compléter cette interprétation, l'intensité des effets chimiques et électro-chimiques développés par les affinités dites capillaires, si bien mises en évidence par Becquerel dès 1823.

Dans ce qui précède, nous avons relaté les métamorphoses au contact de divers agents, tels que les composés volatils d'abord et, d'une façon plus générale, l'eau sous ses formes fondamentales, liquide et gazeuse. Nous avons envisagé surtout les productions de minéraux déterminés, et susceptibles d'être formés synthétiquement dans les laboratoires; ce qui constitue l'originalité principale des travaux de Daubrée.

Or ces productions, d'ordre essentiellement minéralogique, l'ont amené à traiter des problèmes plus étendus, d'ordre géologique; concernant les transformations d'ensemble des filons, des roches et des terrains, c'est-à-dire les phénomènes compris sous le nom de métamorphisme; métamorphisme réciproque des roches éruptives, venues des régions profondes; métamorphisme des roches stratifiées, qui sont les sédiments des anciennes mers, eaux stagnantes et cours d'eau de toute nature. Ces roches ont été modifiées de façons multiples. Cependant la question du métamorphisme prise dans son ensemble serait trop vaste, et elle a été l'objet des recherches d'un trop grand nombre de travailleurs pour être traitée ici. Je me bornerai à rappeler brièvement dans l'ordre plutonien les belles expériences d'Ebelmen et celles de Daubrée sur la production des minerais d'étain, de l'apatite et d'un grand nombre de silicates naturels. Mais l'influence neptunienne a été plus considérable, et c'est l'action de l'eau, soit à l'état de vapeur à une haute température et avec le concours de pressions considérables, soit à l'état liquide, et au voisinage de la température ordinaire, qui a produit au cours des dernières périodes géologiques les phénomènes les plus remarquables. Il convient de signaler les études et observations de Daubrée, relatives au métamorphisme contemporain développé par les eaux thermales, que j'ai présentées tout à l'heure.

Il a étendu ces déductions généralisées aux roches éruptives et sédimentaires, avec de grands détails. La formation si vaste des terrains dolomitiques, attribuable au contact des sels magnésiens, d'origine marine, avec les roches calcaires, montre toute la portée de ces interprétations faites par les géologues et justifiées par les expériences exécutées sur une échelle plus réduite dans le laboratoire. Daubrée a réuni l'ensemble des faits connus relatifs aux réactions des eaux souterraines et au métamorphisme neptunien, tant aux époques anciennes qu'à l'époque actuelle, dans un grand ouvrage en trois volumes publié en 1887.

VI

Nous arrivons à un autre groupe d'études et d'expériences d'une originalité incontestable : je veux dire les recherches de Daubrée sur la reproduction d'un certain nombre d'effets mécaniques, les uns spéciaux, les autres d'un caractère général, effets observés dans la stratification de l'écorce terrestre. Il convient de les résumer ici, brièvement d'ailleurs, malgré leur importance. Si elles touchent à quelques-uns des problèmes essentiels de la géologie, elles ne les abordent qu'à des points de vue particuliers.

Dans l'ordre graduel de leur rôle naturel, il convient de parler d'abord de la formation des limons, sables et galets, par la réaction purement mécanique de fragments des roches, et des conséquences chimiques, entraînées par la pulvérisation des matières et l'accroissement des surfaces de contact entre les roches, les eaux naturelles et les gaz et vapeurs de l'atmosphère.

On se rend compte ainsi de la formation des

argiles, aux dépens des roches feldspathiques et silicatées.

D'autre part, l'étude du striage et du polissage des roches sous l'influence des mouvements des glaciers explique une multitude d'effets, observés sur les produits erratiques. Ces divers phénomènes ont été aperçus et étudiés par beaucoup d'autres savants, Tyndall notamment, dont on connaît les travaux sur les glaciers et sur la plasticité de la glace.

La direction expérimentale et synthétique de l'œuvre de Daubrée se retrouve avec un caractère plus net dans les études qu'il a publiées depuis 1878 sur les conditions dans lesquelles ont dû s'accomplir les déformations et dislocations des couches constitutives de l'écorce terrestre et, particulièrement, sur leur schistosité. En effet, l'énormité des masses en mouvement dans les phénomènes de glissement, de bouleversement, de renversement, bref, de déplacement réciproque des couches géologiques a développé des pressions purement mécaniques, d'une intensité extraordinaire et susceptibles d'imprimer aux couches solides des mouvements et des dispositions comparables jusqu'à un certain point à ceux que l'hydrodynamique constate dans l'étude des liquides. Telles sont les fractures de l'écorce terrestre et les tensions intérieures, manifestées par le développement des failles, des joints, des plicatures : non seulement à l'état de phénomènes isolés, mais constituant certains systèmes réguliers de fêlures, groupées parfois suivant deux directions conjuguées, orthogonales ou obliquangles.

Déjà sir James Hall avait cherché à reproduire, au moyen d'étoffes et d'argiles pliées et comprimées, les contournements que l'on observe dans les terrains stratifiés, Sorby et Tyndall avaient également travaillé dans le même sens. Mais Daubrée a surtout approfondi ce genre d'études. Après avoir établi une classification des fractures, en créant suivant ses habitudes une nomenclature spéciale des lithoclases, paraclases, diaclases, etc., il a tiré parti d'une machine imaginée par Tresca pour étudier, avec le concours de la presse hydraulique, les effets de compressions localisées et principalement les phénomènes désignés par ce savant sous le nom d'écoulement des solides. Daubrée s'en est servi pour reproduire la structure schisteuse, susceptible d'être développée dans les corps plastiques, et ses particularités. En opérant sur l'argile, on détermine ainsi un feuilleté, qui dépend de la direction d'écoulement et de la disposition de l'orifice de sortie, ménagé à la matière comprimée; celle-ci se distribue en feuillets parallèles ou perpendiculaires à la direction susdite.

Daubrée poursuit et épuise, avec une singulière sagacité, les conséquences des faits observés et leur application aux effets naturels grandioses, constatés sur les couches géologiques. Des corps rigides sont-ils mêlés aux matières argileuses mises en expérience? ils se brisent en fragments dispersés parmi les feuillets, à l'image des fossiles élongés et déformés, caractéristiques de certaines couches terrestres. Les petites parcelles fragiles, telles que celles du mica, se distribuent, au cours de ces essais, de la même façon que dans les schistes micacés et les grès psammites. On voit également dans les expériences, comme dans la nature, certaines déformations se résoudre en ondulations, en plis plus ou moins compliqués; que l'on peut suivre et discerner par l'interposition préalable de lames métalliques minces et flexibles. On retrouve ainsi tous les genres de plissements observés dans les Alpes et une multitude de phénomènes reconnus aujourd'hui dans la tectonique des montagnes.

Entrons dans quelques détails, afin de montrer toute l'ingéniosité développée par Daubrée dans l'exécution de ses essais synthétiques. Daubrée imagina en effet des appareils spéciaux, tels que des châssis en fer, de forme rectangulaire, sur lesquels il disposait des couches de matières variées, destinées à subir des pressions horizontales ou autres, analogues à celles qui sont exercées dans la nature avec tant de puissance sous l'influence des masses constitutives des roches et des terrains. Ce n'est pas tout : diverses combinaisons de plaques, de tiges perpendiculaires ou parallèles sont employées par lui pour exercer des pressions sur les couches. On peut au besoin opérer suivant deux directions rectangulaires, dans le plan même des couches. Celles-ci mêmes, dans ces expériences, étaient constituées par différents métaux, tels que zinc, plomb, laminés sous différentes épaisseurs. Quelques couches étaient formées de cire cassante, de cire à modeler, seule ou mélangée avec du plâtre, de la résine, de la térébenthine ; de façon à en faire varier la consistance et la plasticité. Enfin les couches mêmes étaient disposées en tables, en feuillets plus ou moins épais, parfois d'épaisseur variable, afin d'imiter le sens des lignes synclinales et anticlinales des géologues.

Les pressions étaient réparties tantôt régulièrement, tantôt inégalement, de façon à reproduire des effets transversaux et dissymétriques, des contournements, des plissements, poussés jusqu'au surplomb et au renversement des couches ; effets comparables aux dispositions de certains gisements houillers. Ces observations reproduisent le clivage des roches stratifiées, la structure en éventail, les grands accidents de la surface du sol et du relief, et toute la variété des failles, joints, fissures, observés parmi les couches de l'étage tertiaire dans les Alpes : molasses, couches nummulitiques ou éocènes, couches crétacées, etc.

Daubrée va jusqu'à faire apparaître les réseaux réguliers de cassures par l'intervention des mouvements ondulatoires; à imiter l'ensemble de certaines fractures constitutives d'un champ de filons, par la torsion d'une lame de verre épais, ainsi que la génération de surfaces polies et striées par simple écrasement, et même, dans certains cas plus éloignés de la réalité, à étudier l'action d'une enveloppe adhérente sur un sphéroïde contractile. Une grande lumière relative aux effets mécaniques de toute nature exercés sur la disposition des roches dans les terrains a été jetée par cet ensemble de travaux.

VII

La nomination de Daubrée à la chaire du Muséum (1861) ouvrit devant lui de nouveaux horizons en l'obligeant à étudier les météorites. Il en tira des inductions ingénieuses, d'après lesquelles les problèmes géologiques relatifs à la formation des produits terrestres deviendraient des problèmes cosmologiques, c'est-à-dire relatifs à des produits formés en dehors du globe terrestre et dans les espaces interplanétaires.

Son point de départ dans cet ordre d'études fut la possession et la mise en ordre de la Collection des météorites du Muséum : collection déjà considérable, lorsqu'elle fut confiée à Daubrée, chaque jour enrichie depuis par de nouveaux dons et acquisitions, et qui prit un développement plus vaste par suite de l'attention plus vive appelée par Daubrée sur ces études, que l'on avait regardées jusque-là plutôt comme un objet de curiosité, que comme présentant un intérêt général pour la géologie terrestre. Les matériaux réunis à la suite de ses efforts comprenaient en 1879 les produits de 283 chutes d'aérolithes.

L'étude des météorites n'a cessé d'être l'objet des préoccupations de Daubrée, qui fit appel aux observateurs du monde entier, à la fois pour développer et classer sa collection, et pour examiner et déterminer les caractères actuels des aérolithes, leurs circonstances d'origine, leur configuration et leur structure. Il a poursuivi sans relâche ses recherches expérimentales et ses méditations sur leur origine et leur mode de formation, sur les phénomènes aperçus au moment de leur passage à travers l'atmosphère terrestre et de leur chute, et il a entrepris toute une suite d'expériences synthétiques, dans le but de reproduire les phénomènes ayant présidé à la pénétration des météorites, dans notre atmosphère et à leur formation extra-terrestre : c'est cet ordre de résultats qu'il a désigné par le nom un peu ambitieux de géologie sidérale.

La classification des aérolithes a été systématisée par Daubrée, surtout depuis 1867. Une considération fondamentale le domine : leur composition chimique et surtout l'existence plus ou moins du fer, son mode de répartition, ou son absence.

Pendant la dernière partie de sa carrière scientifique, Daubrée a approfondi l'examen des météorites, au point de vue des circonstances qui ont accompagné leur passage à travers notre atmosphère et à celui de la comparaison de leur composition avec celle des roches et minéraux constitutifs de l'écorce terrestre : travail considérable auquel il a imprimé son cachet, tant par le rapprochement des faits que par la multitude d'expériences mécaniques, chimiques et autres, réalisées et accumulées.

Sans doute la science, sur ce point comme sur la plupart des autres, résulte de l'ensemble des efforts de plusieurs travailleurs; mais il est juste d'attribuer le mérite principal à celui qui les a réunis, sans prétendre d'ailleurs en méconnaître la filiation.

L'étude de la composition chimique des météorites a suggéré à Daubrée des expériences synthétiques et des comparaisons du plus haut intérêt.

En effet, l'analyse des silicates, si fréquemment reconnus dans les météorites, a montré que ces silicates offrent ce caractère général d'appartenir au groupe des silicates basiques; c'est-à-dire ceux que l'on rencontre dans les roches les plus profondes et parmi les roches éruptives, silicates n'ayant pas été dépouillés d'une partie de leur base alcaline, sous les influences séparées ou réunies de l'eau et de l'acide carbonique. Tels sont spécialement les composés contenus dans la lherzolite des Pyrénées, le péridot surtout, et aussi le pyroxène et analogues, l'enstatite, plus rarement l'anorthite.

Daubrée, après avoir constaté l'étroite parenté des deux ordres de substances, cherche à pénétrer plus avant dans les problèmes d'origine et il s'adresse, suivant son habitude, à l'expérimentation.

La partie la plus intéressante assurément de ses études sur les météorites consiste dans les expériences comparées sur leur fusion et sur celle de certaines roches naturelles, telles que la lherzolite des Pyrénées. Ces fusions peuvent avoir lieu sur la météorite ou la roche séparément, dans un creuset brasqué par exemple; ou bien avec le concours de substances tantôt oxydantes, l'air ou le peroxyde de fer, tantôt réductrices, le charbon ou l'hydrogène. La fusion simple est d'ailleurs susceptible de modifier profondément la composition et la répartition des éléments, en déterminant la réduction d'une partie de la matière du composé : en produisant du fer métallique par exemple, aux dépens d'une autre portion de sa matière. Ce changement fournit déjà certains indices sur les limites de température, entre lesquelles la météorite a pu prendre naissance, ou de celles qu'elle a pu traverser. Ainsi Daubrée observe que certaines météorites fondues se changent en une scorie riche en péridot cristallisé et enstatite, mélangés de grenaille de fer. D'ailleurs le péridot ainsi engendré est un produit constant des opérations.

Or le péridot constitue le type silicaté le plus basique, qui existe à la fois dans les météorites et dans les roches éruptives; tandis qu'il manque dans les terrains stratifiés sédimentaires. S'il se manifeste aisément, c'est en raison de son aptitude à cristalliser par simple fusion. En outre sa densité l'emporte sur celle des roches éruptives : circonstance corrélative de sa présence dans les plus grandes profondeurs accessibles du globe terrestre. Ajoutons, pour compléter l'énumération des propriétés du péridot susceptibles de jouer un rôle en géologie, qu'il cède aisément une partie de ses bases (magnésie, oxyde de fer) sous l'influence de la silice en excès, se changeant en silicates plus acides et moins fusibles. Il semble donc que le péridot soit susceptible de représenter le premier produit d'oxydation du fer et d'autres métaux, contenus tant dans le noyau terrestre que dans les corps planétaires.

De ces déductions il n'y avait qu'un pas à une vérification expérimentale. Daubrée y procéda aussitôt, en soumettant la lherzolite, roche riche en péridot, aux mêmes épreuves que les météorites et spécialement à l'action de l'hydrogène et du charbon. Or l'expérience réussit. Il obtint des produits semblables dans les deux cas et spécialement la régénération du fer métallique en grenaille, contenant même du nickel, autre élément des météorites. Cette expérience capitale, appuyée par toute une série d'analogues, conduisit Daubrée à envisager diverses météorites comme représentant les différents degrés d'oxydation d'une masse initiale, composée principalement de fer. Le péridot devient ainsi une substance fondamentale dans l'histoire du globe; c'est la *scorie universelle*, et l'histoire même de la terre est ramenée à des conditions communes avec l'histoire de l'univers. L'étude des météorites devenait l'un des fondements de la géologie.

VIII

Telle fut la carrière scientifique de Daubrée, type de celle d'un savant absorbé par la poursuite d'une grande œuvre. Il s'attaqua aux problèmes d'origine, à la fois les plus intéressants et les plus profonds, mais les plus difficiles. Il fut excellent observateur, expérimentateur fécond et original, et philosophe de la nature, au sens que les Anglais attribuent à ce dernier mot; c'est-à-dire qu'il aborda les grands problèmes par la méthode des sciences modernes, trop souvent méconnue des philosophes purement rationalistes et des métaphysiciens *a priori*. Il passa ainsi d'un point de départ particulier, systématiquement approfondi, à des vues de plus en plus générales, appuyées et déduites de l'observation des faits, et sans cesse contrôlées par l'expérimentation. On sait quelle discussion s'était élevée, il y a quarante ans, entre les naturalistes : les uns partisans exclusifs de l'observation pure, les autres affirmant la nécessité d'y joindre l'expérimentation. Je ne sais si cette discussion dure encore; mais Daubrée avait nettement pris place parmi les seconds. La synthèse a conservé entre ses mains ce caractère essentiel de vérification des faits, point de vue d'après lequel sa nécessité est signalée avec tant de force par Leibnitz et par Descartes. Cependant, il ne l'étendit pas jusqu'à envisager la synthèse d'une façon plus élevée et nouvelle : je veux dire jusqu'à en tirer ces méthodes créatrices de tout un monde de corps et de phénomènes inconnus dans l'histoire des évolutions spontanées de la nature : fécondité qui caractérise aujourd'hui les découvertes de la chimie organique. Certes la puissance de la science humaine ne saurait reconstruire *a priori* et d'ensemble une géologie artificielle. Mais dans les limites de la synthèse minéralogique, Daubrée a fait œuvre excellente et durable; son nom demeure marqué au premier rang parmi ceux des grands savants du xixe siècle qui ont illustré la France.

HISTOIRE DE LA DÉCOUVERTE

DES SUBSTANCES EXPLOSIVES[1]

L'usage des explosifs et leur existence même était ignorée dans l'antiquité; ils ne sont pas des produits naturels, dont l'empirisme pur ait pu révéler l'existence ou les propriétés : mais ce sont tous des œuvres artificielles, inventions de la science européenne.

La découverte du feu grégeois par les Byzantins, vers le vii° siècle de notre ère, en fut la première origine. Non que le feu grégeois constituât par lui-même une matière explosive : c'était un mélange de substances inflammables, résines, soufre, pétroles, bitume, avec le salpêtre, sel dont les Grecs et les Romains n'avaient pas soupçonné les qualités comburantes et qu'ils confondaient même sous le nom de *nitrum* avec d'autres sels, tels que le sulfate de

[1]. Préface au *Dictionnaire des substances explosives*, par le D' J. Daniel.

DÉCOUVERTE DES SUBSTANCES EXPLOSIVES. 333

soude, le carbonate de soude, le chlorure de sodium, susceptibles de s'effleurir à la surface des terres, ou des vieux murs. On ignore par suite de quelle circonstance on s'aperçut que le salpêtre avivait le feu, et comment son mélange avec les résines constituait une matière combustible, que l'eau n'éteignait pas et qui pouvait même continuer à brûler sous l'eau. Cependant, nous savons que ce mélange fut mis en œuvre à Constantinople, siège d'une science déjà raffinée, et il fut utilisé pour détruire les flottes des Sarrasins et celles des Russes, dirigées contre cette capitale. Il jouait un grand rôle au temps des croisades. A la longue, l'emploi du feu grégeois révéla l'existence d'une force projective, utilisée d'abord dans les fusées, et d'une force explosive, mise en œuvre dans les pétards : à l'origine, on redoutait fort cette dernière et l'on s'efforçait d'en prévenir les effets, dangereux pour les opérateurs.

Au xiv° siècle la science occidentale commençait à s'éveiller de nouveau : l'un de ses premiers progrès consista dans l'invention de la poudre à canon, mélange de salpêtre, de soufre et de charbon, c'est-à-dire dans l'utilisation, pour l'art de la guerre et la projection des boulets et carreaux, de ses propriétés explosives. La face du monde ne tarda pas à être changée par son emploi.

Observons que c'est à tort qu'il a été attribué aux Chinois : dans cet ordre, de même que dans la plupart des autres, les Chinois ont emprunté à peu près toutes leurs connaissances scientifiques à l'Occident.

L'histoire de l'origine de la découverte de la poudre à canon, le prototype des explosifs, est aujourd'hui éclaircie. Parmi les renseignements que fournit cette histoire, on peut remarquer une circonstance capitale : son emploi dans l'artillerie, une fois révélé, se propagea avec une extrême promptitude chez les nations européennes. En effet, en 1338, lors d'une opération de guerre décrite par les textes retrouvés dans nos archives par Lacabane, on se borne à acheter une livre de salpêtre et une demi-livre de soufre, destinés aux pots de fer (bombardes) qui lançaient des carreaux à feu, grandes flèches à pelote incendiaire. Tel est l'humble commencement de la substitution de la force balistique de la poudre à celle des arbalètes à tour et des mangonneaux, seule artillerie usitée jusqu'alors. En 1339, au siège de Cambrai, figurent la poudre et dix canons métalliques, engins de faible calibre ; car ils coûtaient seulement 2 livres, 10 sous, 3 deniers chacun. En 1345, on fabrique à Cahors

60 livres de poudre; et l'année suivante, à Crécy, les Anglais mettent en ligne trois petits canons.

Cependant l'importance de ces nouvelles armes de guerre se manifesta à tel point que, cinquante ans après, toutes les grandes villes et châteaux forts en étaient pourvus : en guerre, nul ne veut rester inférieur à ses adversaires, sous peine de défaite et de ruine. L'art des mines, tant pour la guerre que pour l'industrie, ne tarde pas à mettre en œuvre la poudre à canon, comme le montrent les descriptions et les images des manuscrits depuis l'an 1400 : on y voit notamment l'emploi de la poudre pour la destruction des troncs d'arbre.

Dès lors le feu grégeois, naguère si réputé, disparaît rapidement de la pratique. Cependant, ses recettes, contrairement à une opinion fort répandue, n'ont jamais été perdues : elles figurent non seulement dans les manuscrits, mais dans les ouvrages imprimés du XVIᵉ siècle, et elles se sont perpétuées par la composition de la roche à feu, encore usitée aujourd'hui dans les bombes, comme matière incendiaire projetée au moment de l'explosion des projectiles.

Si j'ai cru intéressant d'entrer dans ces détails historiques, c'est que, de notre temps, nous avons observé un changement plus prompt encore, lors de la substitution des nouveaux explosifs à la poudre noire, laquelle tend aujourd'hui à disparaître de la pratique, comme l'ancien feu grégeois.

La première atteinte à la dénomination exclusive du salpêtre, en tant que base des poudres de guerre, fut apportée par Berthollet, lorsqu'il découvrit le chlorate de potasse et ses propriétés éminemment comburantes, dans les dernières années du xviiie siècle. Il eut aussitôt l'idée de fabriquer avec ce sel, mélangé au soufre et au charbon, une nouvelle poudre, plus énergique que l'ancienne, mais aussi — ce qu'il ignorait — d'un maniement plus dangereux. Ces essais, poursuivis d'abord avec quelque succès, se terminèrent par une explosion terrible, où périrent plusieurs personnes.

Les progrès de la chimie firent connaître bientôt, au commencement du xixe siècle, un certain nombre de matières explosives, telles que l'or fulminant, l'argent fulminant, le fulminate de mercure, matières que leur sensibilité au choc écarta d'abord de tout emploi. Cependant, le fulminate de mercure et certains mélanges du chlorate de potasse avec le phosphore, le sulfure d'antimoine, etc., ne tardèrent pas à être employés comme amorces.

Vers 1846, les progrès de la chimie organique conduisirent à la découverte de matières explosives plus maniables, telles que la nitroglycérine, le coton nitrique et, plus généralement, les dérivés nitriques d'un grand nombre de composés hydrocarbonés. Un chimiste suisse, Schœnbein, eut l'idée d'employer l'un d'eux, le coton nitrique, à la place de la poudre à canon; il l'appela le *coton-poudre*. Cette invention eut d'abord quelque succès. Mais le nouvel explosif détonait trop violemment et il endommageait les armes. Les essais que divers gouvernements exécutèrent pour le fabriquer en grand aboutirent presque tous à de grandes catastrophes, par suite de la décomposition spontanée du coton nitrique, dont on ne savait pas alors assurer la stabilité; de telle sorte qu'à partir de 1864, sa fabrication, en vue de remplacer la poudre à canon, fut à peu près abandonnée. Néanmoins, ces études furent poursuivies dans l'emploi des mines, en raison de l'énergie plus grande que l'on avait cru constater empiriquement dans les nouveaux explosifs.

L'un d'eux particulièrement, la nitroglycérine, en raison du bas prix de sa matière première et de la facilité de sa préparation, prit une certaine importance dans les applications. Mais, cette fois encore, la grande sensibilité au choc de l'explosif détermina des accidents épouvantables, dans les localités et sur les navires où l'on en avait réuni des quantités considérables.

Ce fut un Suédois, Nobel, qui trouva le moyen de régulariser l'emploi de la nitroglycérine, à l'aide d'un artifice déjà bien connu par l'étude de la poudre noire, lequel consiste à mélanger la nitroglycérine avec une matière inerte convenablement choisie. Il employa d'abord une variété de silice amorphe, connue sous le nom de Kiesel-Guhr, constituée par les carapaces d'infusoires microscopiques. Nobel désigna le mélange ainsi obtenu sous le nom de *dynamite*, et reconnut en outre qu'il ne détonait pas avec certitude par simple inflammation à l'air libre, mais seulement par le choc d'une amorce, spécialement d'une amorce au fulminate de mercure. Cette invention, brevetée par Nobel en 1867, devint pour lui la source d'une fortune considérable et son succès encouragea les tentatives pour mettre en œuvre d'autres matières explosives, telles que les picrates et plusieurs dérivés nitriques.

D'autre part, le chimiste anglais Abel, par une étude approfondie de la préparation de la poudre-coton, détermina les conditions propres à en assurer la stabilité ; ce qui permit d'en reprendre l'emploi avec une sécurité inconnue auparavant.

Tous ces essais présentaient un caractère purement empirique et il n'existait jusqu'alors aucune théorie qui permît de prévoir à l'avance ou de calculer la force d'une matière explosive, soit ancienne, soit nouvelle.

Ayant été conduit à expérimenter les matières explosives sur une grande échelle, pendant le siège de Paris, j'ai montré, pour la première fois, comment, étant connues la composition chimique d'une matière simple ou mélangée et la nature des produits développés par son explosion, on pouvait en déduire *a priori* la force de cette matière; pourvu que l'on déterminât à l'avance la chaleur de formation par les éléments de tous les corps simples ou composés intervenant dans la réaction.

En effet, on calcule ainsi la chaleur dégagée dans la réaction même, et le volume des gaz développés. Ces deux données permettent d'évaluer le travail et la pression maximum que l'explosion est susceptible de produire, en supposant réalisées les circonstances les plus favorables.

Pour fournir les données nécessaires à ces calculs, j'ai mesuré les chaleurs de formation de l'acide azotique, du salpêtre, et des azotates, jusque-là inconnues, celle de la nitroglycérine, de la poudre-coton, celle des chlorates et des perchlorates, celle de l'azotate d'ammoniaque et du bioxyde d'azote. Bref, avec le concours de M. Sarrau et de M. Vieille, j'ai dressé le tableau de toutes les données thermochimiques indispensables pour calculer la force des matières explosives.

J'y ai joint une étude approfondie des autres circonstances fondamentales qui en déterminent les effets, telles que la vitesse des réactions explosives et le mécanisme jusque-là mal connu de leur propagation, spécialement lors de l'emploi du fulminate de mercure, ainsi que la théorie des explosions par influence. J'ai été ainsi conduit, dans des études faites en commun avec M. Vieille, à la découverte de l'*onde explosive*, qui joue un rôle capital dans une multitude de phénomènes.

A la suite de ces travaux, la comparaison entre les matières explosives connues autrefois et les matières nouvelles a pu se faire à l'avance et d'une manière générale; sans exclure cependant la nécessité de vérifier, par des épreuves spéciales, les conséquences de ces théories, dans les conditions particulières des applications.

L'un des premiers fruits de semblables déterminations fut d'éclaircir les causes, jusque-là obscures et mystérieuses, de la différence qui existe entre la force de la poudre noire de celle des nouveaux dérivés nitriques, tels que la nitroglycérine et la poudre-coton. En effet, j'ai constaté que l'énergie de l'acide nitrique, qui sert de base à ces poudres, aussi bien qu'au salpêtre, subsiste dans la nitroglycérine et la poudre-coton, suivant une proportion double environ de celle qui est conservée dans le salpêtre, base de la poudre noire. En conséquence, j'ai pu annoncer, il y a trente ans, devant l'Académie des Sciences, et malgré les protestations de savants artilleurs, partisans trop exclusifs des errements traditionnels, que la poudre noire, legs des âges barbares, était destinée à avoir le sort de l'antique feu grégeois et à disparaître dans un court espace de temps : prophétie aujourd'hui vérifiée.

Un tableau général de la force relative des divers groupes d'explosifs, à base d'azotates, de chlorates, de dérivés nitriques ; sur la comparaison desquels on ne possédait jusque-là que de vagues données, put dès lors être dressé.

Les études sur les matières explosives, appuyées désormais sur des notions plus précises, ont pris une extension chaque jour plus considérable et une importance immense ; particulièrement dans les industries minières. La découverte de la poudre sans fumée par M. Vieille, en 1886, bientôt imitée chez tous les peuples civilisés, a amené la disparition de la poudre à canon, qu'elle a remplacée dans les armes de guerre. Les explosifs nouveaux, tels que l'acide picrique et la poudre-coton comprimée, se sont également substitués à la poudre noire dans les obus et projectiles explosifs.

LES AÉROLITHES
OU
PIERRES TOMBÉES DU CIEL
LEUR ORIGINE ET LEUR COMPARAISON
AVEC LES ROCHES TERRESTRES

I

Les aérolithes ou météorites étaient appelés autrefois pierres tombées du ciel. Ils ont éveillé dès la plus haute antiquité l'attention des témoins de leur apparition, qu'ils attribuaient à une action divine. Les phénomènes lumineux et les bruits divers qui accompagnent leur chute ont frappé de tout temps l'imagination des peuples et excité des terreurs superstitieuses. Leur manifestation subite, assimilée à celle des comètes, était regardée comme un présage funeste, annonçant la mort des souverains et les révolutions : aussi les chroniqueurs en prenaient-ils note avec le plus grand soin.

Un certain nombre est déjà relaté par les annales des peuples européens et orientaux, dans l'antiquité et au moyen âge. Les vieux écrivains romains font de temps en temps mention de pluies de pierres, qui semblent se rapporter à la même origine ; bien que les modernes les aient attribuées quelquefois, à tort ce semble, aux éruptions des volcans du Latium. En pleine histoire, une chute célèbre d'aérolithe, ayant, dit-on, la dimension d'un char, eut lieu à Ægos-Potamos, durant la guerre du Péloponèse. Pline en a vu lui-même tomber un, dans la Gaule Narbonnaise.

Les philosophes grecs, observateurs attentifs des phénomènes naturels, avaient été vivement frappés par les conditions d'apparition des météorites. Diogène d'Apollonie les regardait comme des astres tombés du ciel, et leur existence ne fut pas sans doute étrangère à l'opinion d'Anaxagore sur le caractère purement matériel du Soleil et de la Lune, qu'il assimilait à des masses solides de la grandeur du Péloponèse. C'était là un premier aperçu sur la similitude de constitution entre les matériaux terrestres et sidéraux. Ce rapprochement fut d'abord taxé d'impiété, en raison de l'origine céleste des aérolithes.

Plusieurs de ces corps étaient devenus, depuis les temps les plus reculés, un objet d'adoration et de respect, participant des attributs de la Divinité. Telle est la pierre noire de la Mecque, centre de pèlerinage des Arabes, déjà révéré avant Mahomet; telle encore une pierre adorée en Galatie comme représentant la déesse Cybèle. Rappelons aussi la pierre d'Emèse, personnification du Soleil, dont Héliogabale était le grand-prêtre, avant de devenir empereur romain.

On sait qu'un certain nombre de ces aérolithes sont constitués par des minerais de fer presque purs. Plusieurs archéologues pensent que leur connaissance a été le point de départ de l'emploi et de la fabrication du fer métallique par l'espèce humaine. Les couteaux de certaines tribus d'Esquimaux, même de notre temps, ont probablement cette origine. On cite surtout l'emploi du fer météorique pour forger des épées réputées talismans, chez des peuplades antiques et par certains souverains, tels que Mahmoud le Ghaznevide, au xie siècle de notre ère. Un glaive de fer adoré par les Scythes, comme symbole du Dieu de la guerre, était également réputé d'origine céleste.

II

Revenons à des notions positives sur la nature des aérolithes. Leur origine céleste et la réalité même de leur chute furent mises en doute, dès le temps du moyen âge. En effet, certains auteurs ont pensé qu'ils se formaient dans notre atmosphère par la condensation de vapeurs métalliques, émanées du sein de la terre ; cela en conformité avec l'hypothèse d'Aristote, qui attribuait la production des minerais métalliques à des émanations naturelles.

L'apparition des météorites devenait ainsi assimilable à celle des météores aqueux, tels que la grêle et la neige, condensés aux dépens des vapeurs d'eau répandues dans l'air.

Quelques savants du xviii⁰ siècle, époque d'un scepticisme poussé parfois à l'excès par réaction contre les anciens préjugés, nièrent même résolument le fait des pierres tombées du ciel.

Mais cette négation ne put subsister en présence des études méthodiques de Chladni. En 1794, ce savant s'attacha à réunir les preuves historiques et les témoignages démonstratifs de l'authenticité de ces chutes.

Les doutes ne tardèrent pas à être entièrement écartés, à la suite d'une enquête exécutée par l'Académie des Sciences de Paris, lors de la célèbre chute de Laigle, dans le département de l'Orne, survenue le 26 avril 1803. L'aérolithe fit explosion en l'air, en plein jour. Sa lumière fut aperçue et le bruit de l'explosion entendu par plusieurs milliers de personnes. 2 000 à 3 000 fragments de toute forme ont été recueillis. Depuis, bien des chutes célèbres ont été constatées et leurs produits recueillis dans les contrées les plus différentes.

Ces météorites furent analysés avec soin, dans le but d'en reconnaître la constitution physique et chimique, et la nature des éléments des aérolithes, envisagés comme fragments de substances cosmiques existant en dehors de la terre. En fait, on n'y a rencontré jusqu'ici aucun corps simple étranger au globe terrestre, malgré leur origine extra-terrestre. Cette hypothèse, une fois démontrée, tendrait donc à établir une identité remarquable de constitution chimique entre les substances terrestres et les substances répandues dans le monde sidéral.

Exposons les faits constatés depuis cette époque sur plusieurs centaines de météorites, tant au point de vue de leur origine, des conditions de leur chute, de leurs caractères initiaux, que des modifications qu'ils éprouvent par le fait même de cette chute. Les échantillons provenant de 283 chutes d'aérolithes avaient déjà été réunis en 1879 dans les collections du Muséum d'histoire naturelle par Daubrée, et le nombre s'en est accru considérablement depuis. Nous dirons ensuite quelle classification ce savant a proposée pour ses collections; puis nous rapprocherons la constitution des aérolithes de celle des roches et minéraux terrestres, telle qu'elle résulte de l'étude et des expériences comparatives exécutées sur ces dernières roches, spécialement en ce qui concerne le fer natif. Enfin nous résumerons les essais synthétiques et les tentatives exécutés pour reproduire et expliquer les phénomènes qui ont présidé, soit à la formation cosmique des météorites, soit à leur pénétration au sein de notre atmosphère.

On identifie d'ordinaire les aérolithes avec les bolides et les étoiles filantes. Ainsi le nom de *bolide* a été spécialement affecté aux corps pénétrant avec incandescence dans l'air, avant d'entrer en contact avec le sol. On admet également que les *étoiles filantes*, observées de toute antiquité, sont des aérolithes, traversant notre atmosphère, sans toucher terre, et en ressortant, parce que leur hauteur et leur vitesse sont trop considérables.

Quant à ces *étoiles filantes*, leur assimilation avec les aérolithes a soulevé divers problèmes relatifs à l'existence des corps étrangers à la terre et aux astres proprement dits, dans les espaces célestes. D'où vient en effet cette multitude de petites masses solides, distinctes des grandes masses sidérales qui constituent les planètes, et quel en est le mode de circulation dans l'espace ?

III

Trois hypothèses principales ont été proposées : origine terrestre, origine lunaire, origine cosmique, sans parler de celle des prétendues exhalaisons métalliques émises par la terre, d'après le système d'Aristote, dont j'ai parlé plus haut.

Quelques-uns ont pensé que les aérolithes provenaient de la projection des volcans terrestres : lancés au moment des éruptions avec d'énormes vitesses, les bolides se trouveraient dans des conditions différentes de celles où l'attraction terrestre fait d'ordinaire retomber immédiatement les corps pesants. Ils décriraient autour de la terre des orbites plus ou moins allongées : tantôt de façon à sortir de la région où prédomine l'attraction terrestre et à être lancées dans les espaces célestes; tantôt de façon à revenir à la surface de la terre au bout d'un temps plus ou moins considérable.

Cependant cette hypothèse n'est pas généralement acceptée, en raison de la différence de composition qui existe entre les laves de nos volcans et les aérolithes. En outre elle n'est pas confirmée, à cause de l'absence de la concordance qu'elle exigerait entre l'apparition des aérolithes et les éruptions volcaniques. Elle réclamerait d'ailleurs dans la projection des matières sorties de nos volcans actuels des vitesses qui n'ont guère été observées.

Disons néanmoins que l'on admet aujourd'hui que certaines masses de fer natif énormes, regardées naguère comme de vrais aérolithes, auraient pu sortir du sein de la terre, à des époques préhistoriques.

On admet également que les poussières soulevées dans certaines éruptions modernes, telles que celle du Krakatoa, sont restées en suspension et circulation dans l'atmosphère à la façon des brouillards, soutenues par les courants d'air en raison de leur extrême légèreté, pendant un temps plus ou moins considérable. Ces poussières, illuminées au moment du crépuscule par les rayons du soleil couchant, ont donné lieu à des colorations extraordinaires de l'atmosphère, visibles sur une grande partie de la surface du globe et parfois durant plusieurs jours.

Mais la grande majorité des aérolithes ne sont pas des poussières; ils ont des vitesses propres, indépendantes des courants d'air. Enfin par leur volume et leur mode de circulation, ils ne sauraient être assimilés à la catégorie de ces particules exceptionnelles.

Toutefois, ce que les volcans terrestres paraissent

à peu près incapables de faire ne semble pas *a priori* impossible aux volcans lunaires, dont l'existence est admise par beaucoup d'astronomes. L'attraction de la lune agit avec beaucoup moins d'intensité sur les corps pesants que l'attraction de la terre, en raison de la différence des deux masses. Laplace admettait même cette seconde hypothèse comme une explication possible des aérolithes. Arago a montré en effet qu'il suffirait d'admettre, pour des projectiles lancés de la lune, une vitesse de 2500 mètres par seconde, vitesse triple de la vitesse initiale des canons d'aujourd'hui, pour que ces projectiles sortissent de la sphère de l'attraction lunaire et pussent entrer dans celle de l'attraction terrestre. L'identité des éléments chimiques contenus dans les aérolithes avec les éléments terrestres deviendrait alors d'autant plus facile à expliquer que, d'après le système de Laplace sur la formation des planètes et de la lune, satellite de la terre, ce dernier astre s'en serait séparé à une certaine époque, par la condensation d'une portion de l'atmosphère terrestre.

Mais les découvertes de l'astronomie moderne, sur l'analyse spectrale de la lumière propre des astres, montrent que l'identité des éléments chimiques, constatée par les observateurs, n'existe pas seulement entre les aérolithes et la lune; car les éléments terrestres se retrouvent aussi dans le soleil et dans les étoiles fixes.

Il convient, d'ailleurs, de faire entrer en ligne les résultats acquis par l'observation des étoiles filantes, généralement assimilées aux aérolithes, résultats particulièrement favorables à la troisième hypothèse; celle qui admet l'origine cosmique des aérolithes. Les uns et les autres sont des projectiles, qui pénètrent dans l'atmosphère terrestre animés de grandes vitesses, attestées par l'existence de trajectoires propres, trajectoires tout autres que celles d'une chute déterminée par la gravitation. Leur direction est une résultante de la combinaison de la vitesse initiale avec les effets de la résistance de l'air et ceux de l'action de la pesanteur.

IV

D'après les mesures des astronomes, la pénétration des aérolithes au sein de l'air qui nous entoure devient visible, en raison de la lumière qui l'accompagne, à une hauteur de 60 à 65 kilomètres : ce qui fournit d'ailleurs une preuve de l'extension de l'atmosphère terrestre, au moins jusqu'à cette hauteur.

Cette lumière résulte de l'incandescence du projectile extra-terrestre, produite à la fois par la perte de la force vive du projectile résultant de la résistance de l'air et, dans une certaine mesure, par l'inflammation des matériaux combustibles de ce projectile. En effet, au contact du bolide, l'air se comprime et une portion même de ce fluide est entraînée par le projectile, comme il arrive pour un boulet lancé, ou même pour un automobile, un train de chemin de fer. De là résultent des effets comparables à ceux du choc du projectile contre un corps solide; il se brise parfois en éclats, à la façon d'un corps explosif, éclats qui tombent à terre. En même temps, une partie de la force vive du bolide disparue se transforme en chaleur; capable, si elle est assez intense, d'élever la température du projectile, et même celle d'une fraction de l'air qu'il entraîne, jusqu'au degré de l'incandescence. Celle-ci peut être, suivant les cas, totale, partielle, ou simplement superficielle. En effet les phénomènes varient suivant la vitesse initiale du corps et la longueur de sa trajectoire; celle-ci étant d'autant plus étendue que la vitesse est plus grande. La température s'élèvera encore davantage, dans le cas où les matériaux du bolide entrent en combustion. Voilà comment les bolides peuvent acquérir un diamètre apparent, parfois voisin de celui de la lune.

Ce n'est pas tout, leur manifestation est accompagnée de bruits comparables aux sifflements que développent les obus lancés de plusieurs kilomètres de distance à travers l'atmosphère : bruit bien connu des militaires, ainsi que des Parisiens qui ont assisté au siège de Paris; quoique la vitesse de ces derniers projectiles et la perte de force vive qu'ils ont subie en traversant l'air ne suffisent pas pour les porter à l'incandescence.

Ces effets lumineux et sonores sont communs aux aérolithes et aux étoiles filantes; bien qu'on les eût distingués d'abord parce que les aérolithes atteignent la surface de la terre, tandis que les étoiles filantes traversent seulement notre atmosphère.

Cependant l'étude de ces dernières a révélé des caractères propres, du plus haut intérêt. Souvent elles présentent le phénomène de pluies de feu, témoignage de la multiplicité des corps qui pénètrent simultanément dans l'air. En outre, et ceci est capital, ces pluies apparaissent, à partir de certains points radiants bien définis, comme des essaims périodiques d'astéroïdes, distribués en anneaux. Schiaparelli a été conduit par ces faits à rattacher les essaims à la disparition de certaines comètes évanouies, dont ils seraient les derniers représentants. Au cours de leur passage régulier, celles-ci auraient été captées et réduites en fragments dispersés au voisinage des grosses planètes, telles que Jupiter. Mais ces fragments conserveraient la périodicité de leur trajectoire, d'après les lois de la mécanique.

L'origine des étoiles filantes se rattacherait ainsi aux opinions régnantes sur la formation de notre système planétaire.

D'après cette hypothèse, quand les bolides animés de vitesses cométaires, telles que 20 000 à 50 000 mètres par seconde, approchent de la terre et atteignent la sphère où son attraction s'exerce d'une façon prédominante, ils continuent leur mouvement suivant une trajectoire, souvent peu inclinée sur l'horizon, résultant de leur direction antérieure, de la résistance de l'atmosphère et de l'attraction terrestre. Certains traversent l'atmosphère et passent outre : ce sont les étoiles filantes; tandis que d'autres sont précipités à la surface de la terre: ce sont les aérolithes, auxquels leur passage au travers de l'atmosphère terrestre imprime des caractères nouveaux.

En effet, si la cohésion du bolide n'est pas suffisante, son choc contre l'air, ainsi qu'il a été dit plus haut, en détermine l'explosion et la projection des débris. Le nombre s'en est élevé, dans certains cas, à plusieurs milliers de fragments. Le poids de ces fragments varie depuis quelques milligrammes jusqu'à plusieurs milliers de kilogrammes. A ce moment, se produit un nuage immense de poussières impalpables, qui restent longtemps en suspension dans l'atmosphère et dont la composition même révèle l'origine. J'ai dit plus haut qu'il est difficile de les distinguer absolument des poussières produites par les grandes éruptions volcaniques. Dans tous les cas où le bolide tombe à terre, il y pénètre plus ou moins profondément. En outre, soit que le bolide arrive en entier, ou bien en gros fragments, ceux-ci manifestent deux phénomènes calorifiques, en quelque sorte antagonistes : la surface des fragments est brûlante, et d'ordinaire recouverte par une sorte de vernis, résultant d'une fusion superficielle. Mais le centre peut avoir conservé une température excessivement basse, dernier témoin de celle qui règne dans les espaces interplanétaires.

J'ai exposé dans tout leur développement les idées régnantes sur les aérolithes et les étoiles filantes. Cependant, il convient d'ajouter que quelques réserves ont été faites sur la théorie qui précède, laquelle tend à assimiler complètement l'origine des aérolithes et celle des étoiles filantes. En effet, aucune chute notable de météorites n'a coïncidé jusqu'à présent avec le passage périodique et régulier des essaims d'étoiles filantes. Aussi plusieurs personnes ont-elles pensé qu'il y aurait peut-être lieu de distinguer les deux ordres de phénomènes ; sinon même de revenir à l'opinion d'après laquelle les aérolithes seraient lancés par les volcans lunaires. Ces réserves sont peut-être excessives; car les espaces célestes peuvent fort bien contenir à la fois des essaims périodiques d'astéroïdes d'origine cométaire, et des fragments sporadiques disséminés, n'obéissant à aucune loi générale de circulation, qui seraient les aérolithes ordinaires.

V.

Les aérolithes aujourd'hui connus sont tellement nombreux qu'il a été nécessaire, pour les définir, de les partager entre un certain nombre de groupes généraux. Leur classification a été développée principalement par Daubrée.

Elle est fondée sur leur composition chimique. Une considération fondamentale la domine : c'est l'existence ou l'absence de fer. De là un premier groupe : les *sidérolithes* ou *sidérites*, contenant presque toujours une certaine dose de nickel, et les *asidérites*, qui ne renferment pas de fer.

Pour entrer dans plus de détails, en raison du nombre de ces objets, Daubrée distingue les *holosidères*, entièrement métalliques;

Les *polysidères* et les *oligosidères*, suivant les proportions du fer;

Les *sporadosidères*, ou le fer est disséminé parmi d'autres matières;

Les *cryptosidères*, où il s'y trouve en parcelles si petites qu'il faut recourir au microscope pour les apercevoir, ou bien même à l'aimant, pour les séparer de la matière pulvérisée.

Parmi les météorites exemptes de fer, on distingue encore les *météorites* formées de substances *pierreuses*, la plupart du temps silicatées; lesquelles se retrouvent aussi associées au fer dans les météorites complexes.

Quelques-unes exceptionnelles, telles que la météorite d'Orgueil, renferment des substances qui ne résistent pas aux températures rouges et même plus basses, telles qu'un carbonate double de magnésie et de fer, et certains composés hydrocarbonés.

Ces derniers sont capables, comme je l'ai vérifié expérimentalement, d'engendrer des carbures d'hydrogène sous l'influence de certaines réactions réductrices, telle que celle de l'acide iodhydrique à une température voisine de 280 à 300°. L'origine de ces dernières météorites est donc absolument différente des autres et ne rentre pas dans les mêmes interprétations.

VI

L'examen de ces diverses classes de météorites, et spécialement celui des météorites ferrugineuses et pierreuses, a révélé des circonstances du plus haut intérêt, en raison des rapprochements originaux qui en résultent entre ces corps et diverses roches et minéraux appartenant à l'écorce terrestre; au point de vue des propriétés physiques et mécaniques, et surtout au point de vue de la constitution chimique.

Rappelons d'abord les observations relatives aux altérations superficielles subies par les météorites durant leur passage à travers l'atmosphère, altérations attribuables à la fois à la haute température développée et aux pertes de force vive qui se produisent au moment où les projectiles célestes, animés de vitesses cométaires, pénètrent dans notre atmosphère et compriment l'air, en l'entraînant dans leur mouvement. De là résulte notamment la formation d'une couche superficielle frittée et noirâtre, mate et luisante, de l'ordre des scories, résultant de la fusion partielle de certains matériaux externes, opérée tant directement que par l'effet d'une oxydation instantanée, éprouvée au moment du passage dans l'air.

L'aspect de la surface, surtout dans le cas des

météorites métalliques, manifeste quelques apparences et modifications attribuables aux mêmes causes. Par exemple, des rides développées à la surface ramollie et dont la direction indique celle du mouvement du projectile; des cupules et alvéoles, des stries, des effets semblables à ceux du cisèlement de fer soumis à l'action d'un burin. Tous ces effets sont attribuables à la compression de l'air en avant de la météorite, l'air agissant alors à la façon d'un corps solide, dont l'action se combine avec le tourbillonnement de la masse, résultant lui-même du défaut de symétrie dans la distribution de ses diverses parties, autour d'un point fixe.

Daubrée, pour en poursuivre l'étude et en imiter les dispositions, a entrepris toute une série d'expériences curieuses, au moyen des matières explosives les plus énergiques, telles que les poudres noires et la dynamite : détonant soit en vase clos, c'est-à-dire dans des conditions où la densité des gaz approche de celle des solides; soit même à l'air libre. En effet, des conditions du même ordre peuvent se trouver ainsi réalisées, particulièrement avec les substances dont la durée de détonation ne surpasse pas quelques cent millièmes de seconde. En fait, on reproduit ainsi les mêmes apparences de tourbillons, de stries, de cisèlement sur les météorites. Ces apparences sont attribuables en partie à l'action d'une fraction de matière réduite en poussière solide, mais en partie aussi à l'action des gaz eux-mêmes, à la fois comprimés et animés de vitesses excessives.

VII

Examinons maintenant de plus près la structure et la composition chimique des météorites. Leur comparaison avec les roches terrestres suscite des remarques du plus haut intérêt.

La composition chimique des météorites est des plus caractéristiques. La plupart présentent un air de famille qui se révèle par la présence du fer associé au nickel. On sait que l'existence et la structure spéciale des alliages cristallisés mélangés au fer sont décelées par divers signes, notamment par ceux de dessins spéciaux, désignés sous le nom de figures de Widmanstetten. On les manifeste en polissant la surface et en la traitant par un acide. Mais on tire surtout des indices intéressants de la présence des minéraux qui accompagnent le fer métallique dans les météorites.

On y rencontre, en effet, des silicates, associés à certains composés, où ces métaux sont unis au soufre et au phosphore (pyrite magnétique, pyrrhotine, Schreibersite, etc.). Mais il ne s'y trouve ni composés constituants appartenant aux roches stratifiées, ni fossiles d'origine animale ou végétale; sauf peut-être quelques traces de composés hydrocarbonés dans les météorites carbonées, telles que celle d'Orgueil. On n'y rencontre aucun minerai dont la formation implique les réactions originelles de l'eau. Le fer n'y est pas non plus peroxydé. Cependant on n'y a reconnu jusqu'ici, je le répète, aucun élément étranger aux corps simples constatés sur le globe terrestre; ni même aucun composé bien défini qui n'y ait été trouvé ailleurs.

Les silicates contenus dans les météorites offrent ce caractère général d'appartenir au groupe des silicates basiques, c'est-à-dire à ceux que l'on observe dans les roches les plus profondes et parmi les roches éruptives. J'ai insisté sur ces points dans la Notice sur Daubrée, consignée au présent volume (p. 327), et sur les expériences qu'il a exécutées pour comparer les produits de la fusion des météorites avec ceux de la fusion de certaines roches naturelles, telles que la lherzolite, et le péridot. Je rappellerai seulement ici que ces expériences ont conduit Daubrée à envisager diverses météorites comme représentant les différents degrés d'oxydation d'une masse initiale, composée principalement de fer, à envisager le péridot comme une sorte de scorie universelle et à ramener l'histoire même de la terre à des conditions communes avec l'histoire de l'univers.

La comparaison entre les météorites et les roches d'origine terrestre peut même être poussée plus loin, jusqu'à l'étude du fer météorique lui-même. En effet, l'examen approfondi des roches et produits naturels rencontrés à la surface de la terre, donne lieu à d'autres rapprochements du plus haut intérêt.

On a signalé en différentes contrées l'existence de masses considérables de fer métallique; masses attribuées d'abord, *a priori*, sans preuves directes, à des chutes de météorites, dont on n'aurait pas conservé le souvenir. Mais une étude plus approfondie a conduit à leur supposer une origine purement terrestre.

La question a été soulevée par la découverte, en 1870, de masses énormes de fer par Nordenskiöld à Ovifak (Groenland). Au bord de la mer, il a trouvé quinze gros blocs métalliques, répartis sur un espace de 50 mètres carrés et dont le plus volumineux pesait 20 000 kilogrammes environ. Depuis, une partie de cette masse a été rapportée à Stockholm et soumise à des analyses et à une étude soignée. J'en ai moi-même examiné quelques échantillons, que m'avait remis l'auteur de cette découverte. Or ces fragments offrent une composition et une structure analogue aux fers météoriques. On ne saurait guère leur assigner une origine extra-terrestre, car ces masses sont associées à des roches éruptives de l'ordre des basaltes.

On ne tarda pas à en rapprocher certains autres morceaux énormes de fer, réputés jusqu'alors météoriques : tels que ceux de Santa-Catarina (Brésil), pesant 25 000 kilogrammes; celui de Durango, pesant 20 000 kilogrammes; celui de Canyon-Diablo (Mexique), où l'on a aperçu des traces de diamant; un alliage naturel de fer et de nickel, trouvé en Nouvelle-Zélande, etc.

Ce qui appuie ces rapprochements, c'est que plusieurs de ces masses sont, comme celles d'Ovisak, accompagnées par des roches basaltiques. Or l'examen de celles-ci, soit au microscope, soit avec le concours de l'aimant, y a révélé l'existence de globules de fer fondu. On est ainsi conduit à regarder ces basaltes et les masses ferrugineuses qui les accompagnent comme des échantillons des couches internes du globe : rapprochement d'autant plus vraisemblable que la densité moyenne du globe terrestre est très supérieure à celle des roches de la surface et voisine de celle du fer métallique. A la vérité, on a rencontré depuis des masses de fer natif, éloignées des basaltes et gisant sur le granit; toute conclusion absolue serait donc prématurée.

Observons encore que ces échantillons de fer natif, aussi bien que ceux du fer météorique, renferment également du carbone. Ce fait conduit à rechercher, dans les masses constitutives du noyau terrestre, l'origine du carbone qui existe à sa surface, c'est-à-dire celle de l'élément capital qui a contribué à la formation de l'acide carbonique et à la constitution des êtres vivants.

M'est-il permis de rappeler que j'ai rattaché à une hypothèse semblable la formation des pétroles, carbures d'hydrogène naturels, en la rapprochant de celles des acétylures et autres carbures métalliques que j'ai obtenus par synthèse? Les pétroles résulteraient ainsi de l'action de l'eau sur des carbures métalliques naturels, contenus dans les profondeurs du globe. Cette hypothèse a été reprise, depuis, par M. Mendéléef, et elle a obtenu une confirmation nouvelle par la belle étude des carbures métalliques préparés par M. Moissan.

Tels sont les faits observés dans l'étude des aérolithes; telles sont les hypothèses auxquelles leur origine a donné naissance; tel est l'ensemble des recherches synthétiques dont ils sont devenus le point de départ et qui ont eu pour objet de les comparer aux roches et matériaux terrestres, et de fournir sur la formation de ceux-ci des notions plus pénétrantes et une lumière nouvelle sur la constitution même des astres et des corps célestes. Le système général de nos connaissances sur la géologie et sur l'astro-physique a reçu, par là, un accroissement considérable.

LES INSECTES PIRATES

LES CITÉS DES GUÊPES

La vie des animaux et leur psychologie ont toujours exercé une attraction singulière sur l'esprit des hommes, sur celui des multitudes, comme sur celui des penseurs. De tout temps, les hommes se sont efforcés de l'imaginer, toujours en comparant « l'âme » de l'animal avec « l'âme humaine ». Ce fut l'œuvre des fabulistes, qui dès les temps les plus anciens ont précédé les savants dans cette tentative. Ils ont agi de la façon la plus naïve, se bornant à cette piquante transformation qui consiste à prêter à l'animal purement et simplement les sentiments et les passions des hommes : ils ont fait parler et agir des hommes à tête de renard, de loup, d'oiseau, de crocodile, à la façon des vieux dieux égyptiens : guidés seulement dans le choix de leur acteur par quelque analogie morale superficielle, par quelque attribut ou qualité apparente de l'animal pris pour type. Ce contraste, facile à interpréter, amusait autrefois les hommes faits et amuse encore de nos jours les enfants. Les littérateurs ont développé ce jeu de l'esprit sous des formes plus sérieuses en apparence, en tout cas plus sentimentales.

Mais si « l'âme » de l'oiseau ou du mammifère est accessible à la rigueur à notre compréhension, « l'âme » du poisson, du poulpe, de l'annélide, de l'insecte nous est fermée. Si nous les voyons guidés comme nous par les besoins généraux de la nutrition, de la conservation vitale, de la reproduction, nous n'entrevoyons guère chez eux de sentiments purement personnels, ou comparables aux sentiments intellectuels et moraux qui dirigent l'individu humain. A la rigueur, on pourrait rattacher l'explication de leurs actes à un pur mécanisme, comme le prétendait Descartes.

Cependant l'existence même des sociétés animales, si comparables en apparence sous certains rapports, avec les sociétés humaines, ne se prête guère à ces interprétations. L'étude de semblables sociétés chez des êtres plus éloignés de nous par leur organisation, tels que les insectes, révèle des différences si profondes, et notamment une distinction si radicale entre les êtres reproducteurs de l'espèce et le reste des membres de la société, dépouillés de l'instinct sexuel; elle montre une subordination si absolue de l'individu à la communauté, que la représentation rationnelle des idées directrices de semblables sociétés échappe à notre pénétration. Sans doute la solidarité y apparaît; mais c'est à l'état d'impulsion, aussi fatale que les lois de la pesanteur et accomplie au prix du sacrifice absolu de l'individu, sans laisser entrevoir l'existence de ces sentiments moraux, qui le déterminent parfois chez les hommes. Il en est de même des habitudes héréditaires, prédestinées à assurer la conservation de l'espèce à travers les métamorphoses de la larve et de la chrysalide; sans qu'aucune éducation maternelle vienne en expliquer la permanence et la régularité. Bref, les notions fondamentales de la liberté morale et de l'intelligence humaines ne trouvent guère de place dans la conception de ces fatalités.

Je ne saurais prétendre traiter de semblables problèmes avec toute leur étendue dans le court espace de l'article qui suit. Cependant je demande la permission de les aborder par certains côtés, non à l'aide de raisonnements *a priori*, — telle n'est pas la méthode de la science moderne, — mais en exposant d'abord un certain nombre d'observations courantes et précises, faites dans mon jardin. Il s'agit des guêpes et des cités qu'elles installent chaque année au milieu de nos cultures.

.˙.

« Grand-père, Marc vient d'être piqué par une guêpe : il a trouvé un nid de guêpes et il est allé les tourmenter. » C'est dans ces termes que ma petite-fille Jeanne est venue m'annoncer l'entrée en campagne, en l'année 1901, des guêpes, les pirates de nos vergers. L'année 1901 a été surtout féconde en insectes nuisibles aux récoltes. Dans notre petit domaine de 4 hectares, il se formait jusqu'ici un ou deux nids par an ; cette fois nous avons dû en détruire jusqu'à treize, disséminés çà et là parmi les gazons, au grand péril de mes petits-fils. J'y ai vu, pour mon compte, une occasion exceptionnelle pour étudier les mœurs de ces bestioles, ennemies de l'homme, dangereuses pour les enfants, dévoratrices du raisin et des fruits. L'instinct de sociabilité, qui caractérise tant d'espèces animales, et dont les civilisations humaines sont la plus haute expression, se manifeste ici sous des formes spéciales, qui ont attiré de tout temps l'attention des poètes, des naturalistes et des philosophes, depuis Virgile jusqu'à Michelet, depuis Réaumur et Huber jusqu'à Maeterlinck.

L'abeille, la sœur adoucie de la guêpe, est sympathique à l'homme, qui protège ses ruches dans le but intéressé de la dépouiller méthodiquement du produit de ses labeurs. En décrivant son organisation et sa constitution sociale, plus d'un auteur semble inspiré par un sentiment analogue à celui de Tacite dans sa *Germanie*. Michelet, en certains passages, oppose les vertus et le dévouement à la collectivité des membres de cette société animale à l'individualisme égoïste des membres des sociétés humaines. Avec des vues plus profondes, Maeterlinck nous montre cette collectivité dirigée par une sorte d'intelligence générale, *l'esprit de la ruche*, qui contraint en quelque sorte l'individu au sacrifice de son propre développement.

L'esprit du guêpier n'est pas moins caractérisé; mais, comme l'homme n'en tire aucun avantage, les guêpes n'ont été célébrées par personne. Dans sa poétique dissertation sur l'insecte, Michelet signale surtout leur violence, et l'imagination de ce merveilleux écrivain s'efforce aussitôt de l'expliquer en l'attribuant à la furie d'improviser une société qui ne dure qu'une saison. Peut-être eût-il été mieux inspiré en comparant leurs vertus civiques à celles d'une tribu de Peaux-Rouges, opposées à celles d'une nation domestiquée, telle que les Fellahs égyptiens.

Ce parallèle entre les animaux et l'homme peut être poursuivi sous différents points de vue; il comporte des problèmes multiples et des aspects bien singuliers. C'est un sujet immense qui a déjà tenté plus d'un observateur : il ouvre des horizons indéfinis, au point de vue de la sociologie et de la psychologie, aussi bien que de la physiologie. Pour ma part, je n'ai observé que peu de chose et une seule question, celle de la lutte pour l'existence entre l'animal et l'homme; lutte inégale sans doute, mais qui exige plus d'efforts et d'esprit d'invention qu'on ne serait porté à le croire. Je vais essayer de les retracer, sans y insister plus qu'il ne convient, et par de simples récits, aussi brefs que l'attention des lecteurs, distraits sans doute par mille préoccupations plus graves.

Cependant le sujet nous touche en quelques points sensibles : car l'agriculture est une lutte perpétuelle de l'homme contre la nature, — contre la nature inorganique, climats et saisons; contre la nature vivante, ennemis de nos plantes potagères, de nos moissons, de nos arbres et de nos fruits. — Les aliments et les produits que nous tirons du sol sont acquis au prix d'un travail sans relâche : travail du chasseur et du pêcheur, qui poursuivent la proie vivante; travail du pasteur, qui protège et nourrit les animaux domestiques, en attendant qu'il en utilise à son profit la chair et les toisons; travail du laboureur, qui cultive la terre et lui fait produire les récoltes de tous genres. Mais les animaux sauvages nous disputent sans relâche ces bénéfices de notre industrie; ils les regardent comme une aubaine inattendue, et ils essayent de s'en emparer à mesure; le paysan est obligé de soutenir contre eux un combat sans relâche.

Sans rappeler les grands fauves, tigres et lions, qui dévorent les troupeaux et l'homme lui-même en Asie, mais que nos ancêtres ont exterminés dans nos climats; sans parler des petits fauves, renards, fouines et putois, qui pourchassent nos volailles; sans oublier ces extrêmes de l'échelle vivante, les bactéries, les mucédinées, les microbes de tout genre, véritable infini vivant, propagateurs des épidémies et des infections de tout genre; il suffira de nommer ici parmi nos ennemis les oiseaux et les insectes.

Les citadins sont souvent surpris de voir la haine de l'homme de la campagne contre les oiseaux, ces êtres charmants qui ravissaient Michelet. C'est qu'ils n'ont pas vu les moissons dévorées par les moineaux, et la haine implacable des fermiers qui exploitent les plaines fertiles des États-Unis. Sans avoir de si grands intérêts, je cultive en blé pour mes expériences une centaine de mètres carrés. Or il m'est extrêmement difficile d'en conserver quelques grains : au moment de la maturité, des bandes de passereaux s'abattent par centaines sur ce petit champ, et il est à peu près impossible de le protéger et de déjouer l'effort continu et la ruse de ces fâcheux habitants de la forêt voisine. J'ai compris dès lors pourquoi dans les plaines à froment le moineau est l'objet d'une extermination méthodique et trop justifiée. Le merle, le geai, le pigeon, aussi bien que le moineau, n'attendent pas la maturité complète de la cerise, de la prune, de l'abricot, de la pêche, pour les attaquer : la plainte continuelle des arboriculteurs s'élève pour les condamner.

Mais les dégâts commis par les oiseaux sont peu de chose, en comparaison de ceux des autres membres du règne animal, et particulièrement des insectes. Soit à l'état de larves souterraines et de chenilles, soit à l'état adulte, diptères et lépidoptères, coléoptères, orthoptères et hyménoptères dirigent contre nos cultures un pillage éternel, depuis le moment de l'ensemencement, jusqu'à celui de la fructification. Et les plus petits ne sont certes pas les moins nuisibles : le phylloxera, long d'un dixième de millimètre, a produit le désastre des vignobles français. Gardons-nous, d'ailleurs, de les juger au point de vue de la délicatesse morale : il s'agit uniquement de la lutte féroce des intérêts.

Rien n'est plus naturel de la part des insectes que cette exploitation des produits végétaux multipliés par l'industrie humaine. Chaque être dans le monde se regarde, aussi bien que l'homme et au même droit, comme le centre de l'univers; il agit comme si une providence spéciale, existant pour sa seule espèce — je dis plus, pour son seul individu — avait créé les choses et les entretenait en vue de son gain personnel. Chaque bête de proie, chaque oiseau, chaque insecte chante à sa manière son *Te Deum*, son *Hosanna* éternel : — à Beelzebuth, le dieu des mouches, aurait-on dit autrefois; nous préférons aujourd'hui dire à la nature. — En vertu du droit naturel à l'existence, chacun est disposé à regarder comme ennemis les autres êtres qui prétendent partager avec lui; et il est prêt à traiter dans l'occurrence comme des révoltés ceux-là mêmes qu'il s'efforce de dépouiller. Le spectacle auquel nous venons d'assister dans l'Afrique australe, où un peuple paisible d'agriculteurs a vu ses biens pillés, ses fermes incendiées, ses familles capturées par des conquérants impitoyables, appelant brigands des citoyens qui s'obstinaient à défendre leurs biens les plus chers et les plus légitimes, contre des mercenaires recrutés parfois dans la lie de la population de l'Angleterre et de ses colonies, — hélas! ce spectacle existe partout autour de nous! L'harmonie de la nature, suivant un mot célèbre, c'est le carnage universel. Voilà ce que Darwin a appelé « la lutte pour l'existence », dans des termes en apparence plus modérés, mais au fond aussi cruels.

Il n'en est que plus frappant de voir cette loi de la nature retournée contre l'homme et d'étudier le combat sans relâche qu'il est obligé de soutenir contre les espèces animales.

.˙.

Voyons donc comment la société humaine lutte contre les déprédations d'une société zoologique qui poursuit contre nous des intérêts non plus individuels, mais collectifs, c'est-à-dire analogues à ceux de notre race.

J'ai dit ailleurs [1] les invasions des hordes de fourmis, marchant en bataillons serrés, et obstinées à la conquête d'un établissement fixe, qu'elles s'efforçaient d'installer aux dépens des édifices et des provisions humains; je me bornerai aujourd'hui à décrire les combats du jardinier contre les tribus des guêpes, tribus guerrières et pillardes, dont les agissements rappellent ceux des sauvages contre les civilisés.

1. *Science et morale*, p. 313.

Les guêpes, en effet, ont une véritable constitution sociale, pareille à celle des abeilles et qu'il est bon de résumer en quelques lignes, afin de montrer quels sont les moyens d'attaque et de résistance des deux parties adverses.

La cité des guêpes n'est pas une cité permanente, comme la ruche ; c'est une cité annuelle, construite à chaque retour de la saison printanière ; rapidement accrue, frappée de mort quand viennent les froids de l'automne et qui n'est plus relevée au même lieu l'année suivante. Les villes des hommes ne présentent rien d'analogue. Tout au plus pourrait-on y comparer les campements des pasteurs nomades. Ceux-ci ont eu quelquefois pour fondateur un individu, patriarche groupant autour de lui les enfants qu'il avait engendrés et leur descendance, conformément à l'origine que les légendes bibliques attribuent à l'espèce humaine. Or une telle origine est la règle invariable pour les cités des guêpes, mais avec une spécialisation plus grande du rôle générateur. La vie de ces bestioles est ordinairement annuelle ; quelques-unes d'entre elles réussissent à hiverner, tapies dans des retraites où le froid hiver ne vient pas les frapper de mort. Aux premiers beaux jours du printemps, une femelle sort de son abri. Guidée, soit par les souvenirs de sa première existence, soit par un instinct héréditaire,

elle choisit un emplacement favorable. Pour les
guêpes ordinaires, cet abri est le plus souvent souterrain. Certaines préfèrent le creux d'un tronc d'arbre,
dont le ligneux a été en partie dévoré par des larves.
Quelques-unes, les guêpes cartonnières particulièrement, se fixent contre des rochers, des murailles, ou
suspendent leurs travaux aux branches de certains
arbres. Quel que soit l'abri choisi, le premier soin de
la guêpe mère est de le garnir de cellules, destinées
à sa progéniture. Ces cellules sont faites à l'image de
celles des abeilles; mais la matière en est différente.
La guêpe recueille des débris de feuilles sèches, des
fibres de bois en décomposition : elle les emporte,
les taille avec ses mandibules engrenées; elle les
agglomère, avec une sorte de salive qu'elle sécrète.
Elle triture et élabore, jusqu'à ce qu'elle ait réduit le
tout à l'état d'une feuille papyracée, qu'elle replie en
un cylindre hexagonal, de même forme que celui de
l'abeille. Tout ce travail ressemble fort à celui des
Égyptiens fabriquant des feuilles de papyrus, avec les
lamelles d'un roseau, juxtaposées à l'aide d'un encollage spécial. Je ne sais si les procédés de fabrication
de ce produit de l'art humain ont été imités des
hyménoptères, mais l'objet en est différent. Le
papyrus des Égyptiens était destiné à recevoir l'écriture et à conserver le souvenir des actes sociaux et

des événements historiques, c'est-à-dire à assurer la perpétuité morale de l'humanité; tandis que le papyrus des guêpes doit assurer la perpétuité matérielle de leurs générations. Les analogies en cet ordre peuvent même être suivies plus loin. Au lieu de papyrus, l'abeille emploie la cire pour construire les cellules qui abriteront ses descendants. La cire aussi a remplacé le papyrus, dans les tablettes sur lesquelles les Latins inscrivaient leurs écritures.

Cependant, au fur et à mesure que la guêpe construit ses cellules, elle les groupe sous forme de rayon, et elle dépose en toute hâte dans chaque cellule un œuf, qui se change en une larve nourrie de miel et devient bientôt une guêpe adulte, par une dernière métamorphose. Dès que ces élèves, ces enfants de la première guêpe sont assez nombreux, le rôle de la mère change. Elle se constitue à l'état de souveraine, de patriarche, pareille à celle des abeilles; elle se fait nourrir par sa progéniture et devient une véritable reine, uniquement occupée à pondre de nouveaux œufs et à multiplier les membres de la cité. Mais, circonstance inconnue chez les vertébrés, les guêpes issues de cette mère sont asexuées, comme les abeilles ouvrières; elles se constituent, à la place de la reine, les nourricières de la génération nouvelle, qui va sortir d'elle : elles se dévouent tout entières à la construction des nouvelles cellules et à la nourriture des œufs, que la reine ne cesse d'y déposer. Aux quelques cellules premières, groupées en maigre rayon, succède toute une cité, formée de gâteaux superposés et protégés par un ensemble commun d'enveloppes papyracées.

Le nid des guêpes ordinaires est généralement souterrain, installé dans les galeries creusées par les taupes ou les rats, voire même par les lapins; il s'ouvre à la surface du sol par des orifices multiples. Il est souvent assez profond, enfoncé à quelques pieds sous terre, d'un accès difficile. En quelques mois, des milliers de guêpes se trouvent ainsi rassemblées dans le guêpier, d'autant plus multipliées qu'elles ont pu trouver au dehors une nourriture plus abondante. Mais elles périssent, comme je l'ai dit, aux premiers froids; à l'exception de quelques femelles, plus robustes, nourries exceptionnellement et mieux préservées contre le froid par leurs abris accidentels : ce sont elles qui reproduiront la race, l'année suivante.

Telle est la constitution des sociétés de guêpes, semblables à bien des égards aux sociétés des abeilles. Mais celles-ci ont été protégées et domestiquées par l'homme, qui supporte leurs ravages parce qu'il tire parti de leur industrie et exploite leurs produits, miel,

cire, etc. Au contraire, les guêpes ne fabriquent rien d'utile; ce sont des ennemis qui renversent les rôles à notre égard et pullulent dans nos jardins pour dévorer les fruits cultivés et multipliés par les agriculteurs. De là, la guerre engagée et qui se poursuit sans relâche entre les deux espèces, guêpe et homme, avec des moyens inégaux, guerre éternelle et impitoyable :
Adversus hostem æterna auctoritas esto.

Ce n'est pas là d'ailleurs une exception ou un usage singulier : entre l'homme et l'animal, la lutte pour l'existence est incessante; parfois avec échange réciproque de profits, rarement de services. Aux carnassiers l'homme prend leur fourrure, et même, comme pour l'ours, leur chair. Quelques-uns, tels que le chien, sont devenus nos serviteurs héréditaires, à charge de services réciproques. Ce sont surtout les races vivant à l'état sauvage en société qui ont adopté l'homme comme chef. Le chat, le furet, le faucon, qui vivent isolés à l'état sauvage, n'acceptent qu'une domestication incomplète, et demeurent toujours des bêtes de proie, commensaux individuels et indociles. Pour ce qui est des insectes, il n'existe entre l'homme et l'animal aucun lien psychologique : l'homme exploite les sociétés des abeilles en leur enlevant leur miel, en retour de la protection qu'il assure à leurs habitations et à leur récolte. Aux fourmis, il ravit leurs larves pour nourrir son gibier; il détruit leurs cités, sans leur offrir de compensation. Certaines chenilles, entretenues par lui, fournissent, sans le savoir, à notre luxe, la soie qu'elles filent pour abriter leurs larves : celles-ci sont sacrifiées sans pitié.

En définitive, dans les relations entre l'homme et les insectes, il n'y a qu'une réciprocité trop rare; la plupart détruisent nos arbres et nos plantations, sans nous rendre aucun service. Ce sont des adversaires, contre lesquels l'homme est trop souvent impuissant; tandis que d'autres espèces sont, au contraire, ses victimes, sans compensation et sans vengeance. Mais il en est qui entrent en lutte avec lui et dont il ne triomphe pas sans difficulté ni accident.

Telle est la guêpe : avec elle, nul profit. C'est un pirate armé : il pille nos récoltes; et qui veut s'y opposer a affaire à son aiguillon envenimé. Avec l'été et la saison des fruits, les essaims de guêpes sortent de terre. Tout leur est bon, les fleurs, les fruits, la chair morte et même la chair vivante, et elles ne reculent devant rien, dussent-elles attaquer leurs sœurs les abeilles et les couper en deux, pour ravir le miel emmagasiné dans leur corps.

Les premiers groupes contre lesquels mon jardinier a dû lutter cette année ont apparu de très bonne heure : c'étaient des guêpes cartonnières (dites polistes), qui cherchaient à se fixer aux murs de la maison. Sur une bande de plâtre, exposée au soleil, j'aperçus un jour un petit paquet de cellules papyracées vides, trois ou quatre, déjà fixées par l'animal qui voltigeait autour : on enleva ces cellules. Quelques heures après, nouveau paquet à la même place : enlevé de nouveau. La place fut nettoyée avec soin. Cependant, avec une obstination singulière, les polistes s'acharnèrent; chaque jour on retrouvait plusieurs rayons, une fois même, tout un gâteau, déjà pourvu d'œufs et entouré de guêpes vivantes. Plusieurs furent écrasées; les autres s'enfuirent sans se décourager. Je ne sais ni pourquoi elles avaient fait élection de cet endroit, facile à atteindre et funeste à leur race; ni quel attrait les ramenait sans cesse au même point : sans doute quelque odeur, insensible pour l'homme. Au bout d'une semaine de désastres, elles renoncèrent.

La lutte fut plus rude contre les guêpes ordinaires et leurs nids souterrains. Malgré toutes les précautions il y eut plus d'une personne piquée, et cela à diverses reprises. La piqûre de la guêpe est fort douloureuse; surtout lorsque la bête est irritée et la température extérieure élevée. J'ai vu des enfants piqués à la paupière, dont la paupière gonflée ne tardait guère à clore complètement l'œil et que la joue tuméfiée rendait méconnaissables. Il n'y a d'ailleurs aucun danger sérieux, à moins que la guêpe cachée dans un fruit n'ait été avalée et n'ait piqué l'arrière-gorge; ou bien qu'elle n'ait atteint le globe même de l'œil, circonstance exceptionnelle. Quand la piqûre a lieu sur les mains, ou loin des yeux, il suffit, comme on sait, d'enlever l'aiguillon resté dans la plaie et de traiter celle-ci par une goutte d'ammoniaque ou de vinaigre, ou d'eau de Cologne, ou mieux de permanganate de potasse; à la condition de faire pénétrer ce dernier dans la petite plaie. Mais c'est ce que l'on ne peut faire au voisinage immédiat de l'œil. Quoi qu'il en soit, la douleur est assez durable. Elle dure souvent plusieurs jours, surtout si le venin a été insinué à la jointure d'une articulation et à une certaine profondeur; il en résulte parfois une sorte de névralgie, s'irradiant dans tout le voisinage. La piqûre du frelon est plus redoutable.

Il y a donc intérêt et même nécessité de détruire les nids, lorsqu'ils sont situés au milieu du gazon, ou dans les lieux où jouent les enfants : il faut protéger ceux-ci, en même temps que les récoltes. Mais l'opération ne va pas sans difficultés.

La première idée qui se présente, c'est d'asphyxier les guêpes dans leur asile souterrain. Le trou par lequel elles entrent et sortent continuellement est facile à reconnaître : c'est d'ordinaire l'orifice d'une galerie de taupe ou de rat. On y enfonce une pierre pointue, en opérant avec promptitude; avant que les bestioles qui rentrent se soient rassemblées, ce qui ne tarde guère. On se retire aussitôt, et, si l'on s'en est approché tranquillement, sans mouvement brusque, et retiré de même, on court peu de risques. Cependant les guêpes du dehors accourent bientôt de toutes parts, appelées par les premières qui cherchent à rentrer; elles font entendre une sorte de bourdonnement irrité, d'une sonorité toute spéciale, et auquel répond un bourdonnement souterrain semblable, émis par les guêpes restées dans le guêpier et qui veulent sortir. Mais, au bout d'un moment, on voit apparaître d'autres guêpes issues de quelque trou voisin du même terrier : les galeries où elles sont cantonnées ont d'ordinaire plusieurs orifices. N'y en eût-il qu'un seul, elles ne tarderaient guère à s'en ouvrir de nouveaux, comme il va être dit.

Cette multiplicité d'orifices rend également impuissants les autres procédés d'obstruction et de destruction employés une seule fois; même en y joignant des méthodes plus violentes, par exemple en versant de l'eau bouillante dans l'orifice. La terre absorbe bientôt cette eau; elle se refroidit et elle n'atteint pas le nid principal, situé dans quelque embranchement latéral plus ou moins éloigné. De même, l'emploi des liquides délétères, acide sulfurique, potasse, sulfures alcalins, liquides pyrogénés : tout cela s'engloutit et se perd. Dès le lendemain, on voit les guêpes ressortir et pulluler par le même orifice. Les gaz asphyxiants : ammoniaque, acide sulfureux, hydrogène sulfuré, vapeur de sulfure de carbone, ne sont guère plus efficaces; quelques guêpes périssent d'abord, jusqu'à ce que ces gaz aient été dissipés dans l'atmosphère, ou absorbés par la terre. Mais la plupart des guêpes ferment leurs trachées et traversent l'espace délétère, sans en respirer l'atmosphère empoisonnée. Les liquides glissent d'ailleurs sur leur corps cuirassé de chitine imperméable. On a préconisé l'emploi d'un liquide inflammable, tel que l'essence de pétrole versée dans le trou et mise en feu aussitôt. Mais c'est là une dépense et un danger inutiles. A part quelques guêpes grillées, le reste s'enfonce dans les galeries latérales et s'abrite; le feu éteint, elles ressortent plus exaspérées.

Un autre artifice réussit quelquefois, au début même de l'occupation du terrier, lorsqu'il n'a qu'un seul orifice et ne renferme encore qu'une génération : il est fort simple. On prend un gros morceau de chaux vive, on l'imbibe complètement d'eau dans un vase placé à quelques mètres de distance, et aussitôt on le dépose doucement sur le trou. Au bout de quelques minutes il s'éteint, foisonne et se réduit en une poussière légère et impalpable. Les guêpes sont maintenant forcées, pour entrer ou sortir, de traverser cette poussière caustique, qui recouvre tout leur corps et imprègne leurs ailes. J'ai ainsi détruit quelques nids; mais le procédé ne réussit plus dès que l'essaim est devenu considérable, parce qu'elles percent d'autres trous.

La lutte contre un nid, une fois commencée, doit être poursuivie jusqu'au bout pour protéger les enfants et les raisins; le succès en est d'ailleurs infaillible, si l'on procède avec méthode et persévérance. — Voici ce que nous a appris une expérience réitérée depuis plusieurs années.

La lutte comprend deux phases : action collective, dirigée contre le guêpier tout entier; action spéciale, dirigée contre chacun des individus qui le composent.

L'action collective consiste à obturer le nid. En apparence, rien de plus aisé et de plus prompt : une pelletée de terre semble suffire; on écrase l'orifice d'un coup de bêche, ou même de talon, on y dépose de la terre, on la foule fortement, et tout est dit. Mais ces premières opérations ne vont pas sans quelques risques et difficultés. D'abord, il y a d'ordinaire plusieurs orifices, qu'il a fallu reconnaître, au préalable, et qui exigent des opérations successives. Ces opérations ne doivent pas être exécutées de jour, à une heure où la plupart des guêpes sont dehors et où la rentrée des bêtes, chargées de butin, c'est-à-dire de nourriture pour les larves, est incessante, ainsi que leur sortie à la recherche de ces provisions. Non seulement on n'emprisonne alors qu'une fraction du petit peuple ailé; mais, pendant la durée même des actes nécessaires, l'opérateur est bientôt assailli à la fois : d'un côté, par les guêpes du dedans, les unes se précipitant à l'orifice incomplètement clos, les autres aux autres orifices demeurés ouverts; et d'un autre côté, par celles du dehors, qui accourent à l'appel claironnant des gardiennes de la cité. On voit les insectes ailés surgir de toutes parts, du sein des herbes et des buissons environnants et arriver de distances imprévues. Cet appel semble même entendu à travers la terre, dans les cas où l'on a réussi à boucher l'orifice, sans attirer l'attention des guêpes extérieures. On sait que les fourmis font aussi entendre des bruits souterrains de ce genre, fort perceptibles. De là, l'acharnement des bataillons accourus du dehors. Au premier moment de l'obturation, si le jardinier s'est approché doucement, les guêpes ne l'ont pas aperçu : leurs yeux ne semblent pas voir l'homme en détail, si ce n'est comme une sorte de tache, de nuage plutôt, confus et coloré, qu'elles assimilent sans doute tout d'abord aux arbres et corps inanimés. Elles ne semblent pas avoir acquis cette crainte héréditaire de l'homme, qui a frappé les races d'animaux supérieurs. Le jardinier peut alors se retirer tranquillement. Mais il ne saurait continuer sans danger l'attaque interrompue. Autrement, et surtout s'il prend peur et précipite ses gestes, les guêpes l'aperçoivent aussitôt et se jettent avec furie sur cet objet mobile. Les unes s'attachent aux vêtements : celles-ci sont peu dangereuses. Mais d'autres s'attaquent aux parties découvertes, le visage et les mains; quelques-unes s'engagent même dans les cheveux, dans les manches, ou dans le pantalon. Dès qu'elles ont touché la peau, elles reconnaissent aussitôt, par le tact ou par l'odeur, qu'elles ont atteint leur adversaire, et elles enfoncent leur aiguillon. Que celui-ci reste ou non dans la plaie, l'opérateur n'a plus qu'à se retirer pour panser ses blessures. Celles-ci sont d'autant plus multipliées qu'il a persisté plus longtemps dans ses travaux de siège, et leur nombre suffit souvent pour provoquer une fièvre pénible et prolongée.

Aussi l'obturation des orifices doit-elle avoir lieu le soir, quand les guêpes sont rentrées et que le froid de la nuit, joint à l'absence de lumière vive, a endormi l'essaim et paralysé son activité. On a pris soin, d'ailleurs, d'apprêter à quelques pas une brouette de terre meuble et quelques arrosoirs remplis d'eau. Vers neuf heures du soir en été, le jardinier arrive, il donne un coup de bêche ou deux, de façon à effondrer le trou. Aussitôt, il bat le sol avec le plat de sa bêche; il y verse de l'eau, puis ajoute la terre meuble de sa brouette; le tout comprimé et foulé, en une ou deux minutes, avant que le guêpier réveillé ait pu se mettre en défense, on se retire.

Le lendemain matin, on inspecte les lieux, et c'est à ce moment que l'on reconnaît les orifices inaperçus jusque-là, par lesquels les guêpes commencent à sortir. Si tous ont été bouchés, et si l'on a opéré dès les premiers jours de la construction du nid, tout peut être fini : le guêpier est éteint. Mais il est rare que l'on réussisse ainsi du premier coup. Dans le cas où les guêpes sont déjà nombreuses, et si elles ont construit leur édifice et commencé à nourrir les larves, elles ne tardent guère à reparaître. Il ne faudrait pas croire, en effet, qu'elles aient été asphyxiées dans leurs galeries. Elles continuent à y respirer, presque aussi bien qu'à ciel ouvert. En effet, ces atmosphères confinées communiquent toujours par une multitude de petits trajets avec l'atmosphère générale : les analyses des chimistes ont montré que l'air y a sensiblement la même composition qu'au dehors. Or, les guêpes ainsi renfermées, renforcées à mesure par l'éclosion des colonies intérieures, se mettent aussitôt à l'œuvre, dès qu'elles se sont réveillées le matin, et elles percent à travers la terre un canal terminé par un nouvel orifice. J'ai vu des canaux improvisés de ce genre longs de plus de 50 centimètres. Au bout de quelques heures, ou de deux ou de trois jours au plus, l'essaim bourdonnant reparaît au jour, animé d'une nouvelle activité. Le jardinier doit recommencer son travail chaque soir, boucher les nouveaux orifices, accumuler au-dessus de la terre mouillée.

L'opération est rendue plus difficile, lorsque le nid se trouve au voisinage d'un arbuste ou d'un arbre, la percée de l'essaim se faisant le long même de l'écorce. Cependant en persévérant, en couvrant de terre une surface qui atteint parfois plusieurs mètres carrés, l'opérateur, s'il est patient et obstiné, finit par avoir raison de l'essaim. Celui-ci disparaît, soit qu'il ait fini par être étouffé sous ses galeries écroulées; soit que les guêpes et leur couvain aient péri, faute de pouvoir renouveler incessamment leurs aliments.

Pendant longtemps encore, on voit quelques guêpes vagabondes, qui n'avaient pu rentrer au nid le soir, errer sur la terre entassée, à la recherche de leur demeure engloutie. Il faut écraser ces derniers représentants de la cité, une à une, si l'on ne veut pas qu'elles tentent de rouvrir les passages obstrués.

La lutte collective que je viens de décrire est longue et pénible; mais on peut singulièrement l'abréger en y joignant des procédés de destruction individuelle.

Les filets dont on se sert pour prendre les papillons sont ici d'un faible usage; on peut, à la rigueur, les mettre en œuvre pour capturer les frelons isolés, d'ordinaire peu nombreux, qui attaquent les raisins. Mais leur emploi échoue contre les multitudes des guêpiers, et il expose fort l'opérateur.

Le procédé le plus efficace que je connaisse consiste dans l'emploi des pièges à mouches, sortes de grandes sphères creuses de verre, bouchées à leur partie supérieure et pourvues par en bas d'un large orifice, autour et au-dessus duquel le verre se recourbe intérieurement, de façon à former une sorte de demi-anneau creux, capable de contenir un quart de litre de liquide. Le tout repose sur trois pieds. On y verse à l'avance de l'eau de savon un peu épaisse, additionnée d'eau de Javel. On peut même enduire les bords de l'ouverture intérieure avec un peu de miel, ou de prune écrasée. Cependant cette précaution, fort utile pour attirer les mouches, n'est pas indispensable quand il s'agit de détruire un guêpier. On se procure à l'avance deux ou trois pièges de ce genre, s'il s'agit de détruire un seul guêpier; davantage, s'il y a plusieurs guêpiers. Deux ou trois couples de pièges employés successivement peuvent suffire contre un certain nombre de nids.

Ceci posé, dès qu'on a reconnu l'orifice d'un guêpier, on apporte tranquillement le piège tout garni et on le dépose sans précipitation sur l'orifice; ce qui se fait en deux ou trois secondes. On recule promptement, à trois ou quatre pas, et on observe, sans bouger et sans risque, ce qui va se passer.

Les guêpes qui sortent de leur trou, deux ou trois par minute, en s'élevant d'un vol impétueux, se heurtent contre les parois transparentes, qu'elles n'aperçoivent pas.

On sait que le verre constitue un mystère que les animaux ne comprennent pas. Non seulement les insectes volants, mais les animaux supérieurs eux-mêmes, tels que les oiseaux, vont se heurter contre les vitres de nos appartements; ils ne réussissent que difficilement à s'échapper par la porte ouverte d'une chambre pourvue de fenêtres closes. La grande lumière les attire et les ramène sans cesse contre les parois transparentes.

Au cas actuel, les guêpes emprisonnées volent avec

fureur contre le dôme du piège, sans penser à descendre pour sortir par l'espace inférieur, resté libre entre les pieds de verre et le sol. Elles font entendre aussitôt leur cri d'appel, et les guêpes sortent en foule de l'intérieur du nid et tourbillonnent dans la sphère creuse, jusqu'à ce que leur vol aveugle les précipite au sein du liquide visqueux, où elles périssent. Bien peu tombent à terre, et rampent jusqu'à l'espace libre du dehors, qu'elles atteignent par hasard ; on les voit sortir, les ailes mouillées, engluées et blessées par la liqueur caustique.

Ce n'est pas tout : l'appel entendu du dehors a fait aussi accourir de toutes parts les guêpes sorties auparavant du nid pour aller aux provisions. Au bout de trois ou quatre minutes, elles aussi arrivent en tourbillonnant et forment un nuage épais autour du piège transparent, qu'elles ne réussissent pas à percer. Mais elles ne bornent pas là leurs efforts. Un certain nombre parviennent par accident, au cours de leur vol irrégulier, jusqu'à la partie inférieure du piège, et celles s'y trouvent retenues à leur tour, aucun avis ne leur étant donné ni par les guêpes renfermées ni par celles qui ont réussi à sortir. Aussitôt entrées, ces guêpes s'envolent dans la grande sphère creuse d'en haut et se mêlent au tourbillon intérieur, pour se noyer à la longue comme les autres, au sein du liquide visqueux.

Le drame de destruction dure ainsi, jusqu'à ce que toutes les bestioles qui y ont participé aient été enlizées dans l'eau de savon. Au bout d'une heure ou deux, si l'on revient visiter le piège, le mouvement tourbillonnant a cessé, tant au dedans qu'au dehors. A peine voit-on quelques rares insectes voleter à l'intérieur, ou rentrer de l'extérieur. Les guêpes mouillées qui sont trouvées rampant à terre, dans le voisinage, sont faciles à écraser. Le piège a englouti ainsi plusieurs centaines de guêpes. On l'enlève; on enfouit les guêpes mortes dans un trou, on renouvelle l'eau de savon.

Cependant l'essaim n'est pas détruit, et si l'on se bornait à replacer le piège toujours sur le même point, la destruction se prolongerait, désormais ralentie, pendant un grand nombre de jours. Un seul orifice, d'ailleurs, est ainsi recouvert, et les guêpes survivantes, averties sans doute par une expérience tardive, n'y passent plus guère. Il semble même que quelques-unes évitent désormais le piège et rentrent directement, en marchant à terre entre les pieds de verre et sans voler. En tout cas, celles qui restent, et elles sont encore fort nombreuses, choisissent d'autres issues; ou bien elles en percent à côté, à travers la terre.

C'est pourquoi dès le début, s'il y a deux ou trois

orifices reconnus, il convient de placer un piège sur chacun d'eux. En tout cas, quand le soir est venu, on doit recommencer l'opération collective de l'obturation mécanique des trous, tant anciens que nouveaux, avec de la terre mouillée.

A la vérité, le lendemain, de nouveaux trous apparaîtront. Mais, aussitôt reconnus, on dépose au-dessus un piège fraîchement garni et l'extermination recommence ; elle dure un certain temps, car il faut plusieurs jours pour noyer les milliers de guêpes d'un nid existant depuis quelques semaines. On y parvient cependant, et dans un temps bien plus court que si l'on se bornait à boucher chaque soir les trous.

*
* *

La lutte terminée, essayons de dégager les applications de ces études à la sociologie générale. J'entends particulièrement insister sur les procédés multiples suivant lesquels l'individu vivant se trouve subordonné aux collectivités dont il fait partie ; collectivités qui possèdent une vie plus haute, plus intense et en quelque sorte d'un ordre supérieur à la sienne. La finalité théologique s'exerce ici, non plus sur des êtres isolés, mais sur des ensembles, sur des résultantes, au sein desquelles tendent à se dissoudre, à des degrés divers, et les destinées et les volontés individuelles.

Tout être vivant, en effet, représente une résultante matérielle et effective d'êtres inférieurs : à la base, les bactéries, les prétendus protozoaires, les êtres cellulaires, dernier terme visible et sensible à nos organes, même rendus plus pénétrants par le concours des instruments de la physique et de la chimie. On ne saurait douter qu'ils constituent eux-mêmes des organismes déjà très compliqués. Mais notre science jusqu'à ce jour n'a pas réussi à pénétrer plus avant. La physiologie, la pathologie, constatent cependant que chacun de ces êtres réputés élémentaires peut vivre d'une vie isolée, utile ou fatale aux êtres supérieurs, mais toujours aux dépens de ces êtres supérieurs. Il poursuit son existence avec un égoïsme aussi absolu que celui des cristaux minéraux, multipliés indéfiniment dans une solution sursaturée.

Cependant la science a constaté que les êtres vivants plus complexes, tels que les végétaux, les polypes, les zoophytes, doivent être regardés comme constitués par l'agrégation de bactéries, cellules et protozoaires. Ces êtres plus complexes, plus volumineux, constituent de nouvelles individualités, douées d'une vie commune, se nourrissant et se reproduisant conformément à un type personnel, et se développant en vertu d'une certaine idée directrice, qui se subordonne les individualités élémentaires.

A un degré plus haut, nous voyons apparaître des ordres nouveaux de résultantes : les rayonnés, les annelés, les vertébrés, constitués par la réunion systématique d'éléments similaires, — segments, anneaux, vertèbres, — qui vivent d'une vie commune, de plus en plus centralisée. Le système de ces êtres supérieurs finit par se subordonner ainsi à son tour, d'une façon en apparence presque complète, les zoonites, anneaux et vertèbres, dont ils sont les résultantes ; de même que ces zoonites s'étaient subordonné d'abord les cellules et bactéries initiales. Les individualités primitives et leurs premières résultantes s'effacent ainsi de plus en plus, sacrifiées à l'impulsion directrice de la résultante supérieure.

Jusqu'ici, les êtres ainsi assujettis à une direction commune le sont d'une façon effective : ils sont réunis, soudés dans un système défini, doué à son degré le plus haut d'une conscience unitaire, d'une volonté propre, laquelle n'a aucune connaissance directe des unités inférieures dont elles résultent.

Cependant le terme extrême de la concentration de la vie n'est pas encore atteint ; il existe un degré transcendant, constatable par notre observation, mais dont la conception complète échappe à l'intelligence humaine : je veux parler des sociétés animales.

Nous voyons, en effet, par l'étude des insectes, comment des sociétés se constituent en vertu de la réunion d'êtres vivants similaires entre eux, mais indépendants les uns des autres, et dont la réunion et la coordination s'imposent néanmoins aux individus, sans délibération ni réflexion, et en vertu d'une sorte de force inéluctable. Les sociétés des abeilles, des fourmis, des guêpes, ont des origines souvent annuelles, auxquelles le libre consentement des individus n'a pris aucune part. Elles se développent ensuite d'une façon non moins fatale, quoique avec le concours empressé et en apparence libre, c'est-à dire affranchi de toute coaction ou servitude, imposée soit par la force, soit par un système légal d'institutions préexistantes. L'individu s'y trouve sacrifié à la communauté sans aucune résistance, sans avoir même conscience de son sacrifice. Dès avant sa naissance, il a été dépouillé de la fonction reproductrice, l'une des plus impulsives et des plus puissantes chez les autres espèces animales, — cette faculté étant ici réservée à une femelle, seule chargée de la conservation de l'espèce, avec quelques mâles voués à l'exécution d'une sorte de mécanisme social et périssant aussitôt l'avoir accompli. — Tout le reste est ouvrier, sans loisir ni initiative propre, uniquement occupé à construire et à conserver l'édifice social, à élever et à nourrir les larves, ainsi que le souverain générateur. La société entière est ainsi orientée vers la conservation de l'espèce : son unité est absolue, et cependant cette unité n'est point matérielle. « L'âme » de la ruche ou du guêpier est une résultante purement idéale, plus forte cependant et plus vraie que l'existence actuelle des êtres particuliers dont l'association détermine cette résultante sociale!

On voit par là comment, dans cette échelle progressive de la vie, nous nous élevons depuis des résultantes matérielles, les plus simples et les plus nettes d'abord en apparence, puis de complication croissante, jusqu'aux résultantes idéales, plus réelles que les êtres individuels qui les constituent; plus actives aussi et plus efficaces, en définitive, que les résultantes matérielles les mieux concentrées. Entre ces deux ordres d'associations, les unes d'ordre matériel, les autres d'ordre idéal, tous les degrés intermédiaires peuvent être constatés, sans qu'il y ait entre eux deux aucune distinction logique absolue.

On peut aller plus loin et plus haut : au point de vue philosophique, la science humaine ne connaît et ne conçoit même aucune unité simple et absolue dans l'ordre des existences. Toute existence réelle et perceptible implique mouvement et évolution, et, par conséquent, complexité. En fait, toute unité connue est donc une résultante. Réciproquement, toute résultante est susceptible de fonctionner, dans son ordre propre, comme une certaine unité spécifique. A cet égard, nos observations révèlent un nombre indéfini de modes d'existences réalisées, pour les unités aussi bien que pour les résultantes naturelles. Nous ne constatons et nous ne concevons même, je le répète, aucune unité existante comme absolument simple, qu'il s'agisse, soit des êtres vivants, animaux et végétaux, depuis la cellule élémentaire jusqu'au vertébré et à l'homme lui-même; soit des êtres minéraux, tels que les cristaux visibles, ou bien les molécules et les atomes inaccessibles à notre vue. Une analyse exacte des phénomènes ne permet donc à la connaissance humaine d'accepter aucune limite ou distinction rigoureuse sous ce rapport, pas plus au point de vue physique et chimique qu'au point de vue biologique.

Si nous faisons l'application de ces idées aux sociétés animales, il est facile de reconnaître que les sociétés humaines remplissent un rôle intermédiaire, l'action de l'idée collective y étant moins puissante que dans les sociétés d'insectes. Le bien, le devoir, la liberté sont des notions essentiellement humaines, qui ne sauraient guère être conçues dans l'ordre des sociétés animales dont je parle en ce moment : car ce sont là des sentiments individuels, et il n'y a de morale que pour des volontés et des consciences personnelles. Mais cependant on ne saurait se refuser à apercevoir comment la notion de solidarité, vers laquelle tendent si puissamment aujourd'hui les peuples civilisés, pourrait faire concevoir le passage d'un ordre de sociétés à l'autre. En définitive, la solidarité dans la race humaine ne peut être conçue que comme librement imposée à la somme des volontés personnelles, par la conscience individuelle et par le noble sentiment de l'amour fraternel des hommes les uns pour les autres : la solidarité représente la satisfaction la plus complète de nos instincts sociaux, c'est-à-dire la forme la plus élevée de la personnalité des individus. Voilà comment nous aboutissons au dévouement à la patrie et à l'humanité, c'est-à-dire au sacrifice même de cette personnalité individuelle en faveur de la collectivité sociale.

CINQUANTENAIRE SCIENTIFIQUE
DE M. BERTHELOT

*Réponse de M. Berthelot aux discours et adresses
présentés à l'Assemblée*[1].

Monsieur le Président,
Monsieur le ministre,
Mes chers Confrères, Collègues et Amis,
Et vous, jeunes gens, mes élèves et mes amis,

Je suis profondément touché et vraiment confus des hommages que vous me rendez en ce moment. Ces honneurs, je le sais, ne sont pas dus seulement à votre affection pour ma personne : je dois les rapporter aussi à mon âge, à mes longs travaux et aux

---

[1]. Séance tenue dans le grand Amphithéâtre de la Sorbonne le 24 novembre 1901, en présence du Président de la République, des membres du Gouvernement, du Sénat et de la Chambre des Députés, des représentants des grands corps de l'État, des membres de l'Institut de France, des délégués des Universités, Académies et grandes Associations scientifiques Étrangères, Société Royale de Londres, Académie de Berlin, de Vienne, de Munich, de Turin, etc.

quelques services que j'ai pu rendre à notre Patrie et à mes semblables.

A mon âge d'abord : votre sympathie fait briller d'un dernier éclat la lampe sur le point de s'éteindre dans la nuit éternelle! Le respect que l'humanité porte aux vieillards est l'expression de la solidarité qui unit les générations présentes avec celles qui nous ont précédés, et avec celles qui nous suivront.

Ce que nous sommes en effet n'est attribuable que pour une faible part à notre labeur et à notre individualité personnels; car nous le devons presque en totalité à nos ancêtres, ancêtres du sang et ancêtres de l'esprit. Si chacun de nous ajoute quelque chose au domaine commun, dans l'ordre de la Science, de l'Art, ou de la Moralité, c'est parce qu'une longue série de générations ont vécu, travaillé, pensé et souffert avant nous. Ce sont les patients efforts de nos prédécesseurs qui ont créé cette Science que vous honorez aujourd'hui.

Chacun de nous, quelle qu'ait été son initiative individuelle, doit aussi attribuer une part considérable de ses succès aux savants contemporains, concourant avec lui à la grande tâche commune.

En effet, les découvertes si brillantes du siècle passé, ces découvertes, déclarons-le hautement, nul n'a le droit d'en revendiquer le mérite exclusif. La

Science est essentiellement une œuvre collective, poursuivie pendant le cours des temps par l'effort d'une multitude de travailleurs de tout âge et de toute nation, se succédant et associés, en vertu d'une entente tacite, pour la recherche de la vérité pure et pour les aplpications de cette vérité à la transformation continue de la condition de tous les hommes.

Messieurs,

Autrefois on envisageait les savants comme un petit groupe d'amateurs et de gens de loisir, entretenus aux frais des classes laborieuses, et exécutant une œuvre de luxe et de curiosité, pour l'amusement et la distraction des favorisés de la fortune. Cette vue étroite et injuste, qui tenait si peu de compte de notre dévouement à la vérité et de nos services, ce préjugé a fini par disparaître, lorsque le développement de la Science a montré que les lois de la nature étaient applicables à la pratique des industries et qu'elles avaient pour effet de substituer, aux vieilles recettes traditionnelles et empiriques, les règles profitables des théories fondées sur l'observation et sur l'expérience.

Aujourd'hui, qui oserait encore regarder la Science comme un amusement stérile, en présence de l'accroissement général de la richesse nationale et privée qui en résulte? Pour nous borner à citer le plus intéressant peut-être des services que la Science a rendus, il suffit de comparer la condition servile et misérable des masses populaires dans le passé, telle que les documents historiques nous la font connaître, avec leur condition présente, déjà si relevée en dignité et en bien-être; sans préjudice des justes espérances dont elles poursuivent la réalisation. Est-il un homme d'État qui doute des services plus grands encore que l'on doit attendre de ces progrès incessants? La Science est la bienfaitrice de l'humanité!

Voilà comment l'utilité tangible des résultats scientifiques a fait comprendre aux pouvoirs publics que le travail des laboratoires devait être encouragé et soutenu, parce qu'il profite à tous dans l'ordre économique et dans celui de la santé publique. Mais ce n'est là qu'une portion de notre domaine; la Science élève plus loin ses légitimes prétentions. Elle réclame aujourd'hui, à la fois, la direction matérielle, la direction intellectuelle et la direction morale des sociétés. Sous son impulsion la civilisation moderne marche d'un pas de plus en plus rapide.

Messieurs,

Depuis la première moitié du siècle qui vient de finir, sans remonter plus haut, le monde a étrangement changé de figure : les hommes de ma génération ont vu entrer en jeu, à côté et au-dessus de la nature connue depuis l'antiquité, sinon une *antiphysis*, une contre-nature, comme on l'a dit quelquefois, mais une nature supérieure et en quelque sorte transcendante, où la puissance de l'individu est centuplée par la transformation des forces, jusque-là ignorées ou incomprises, empruntées à la lumière, au magnétisme, à l'électricité.

Ce n'est pas tout : élevons-nous à un ordre d'idées plus hautes et plus fécondes. De la connaissance plus profonde de l'univers et de la constitution physique et morale de l'homme résulte une nouvelle conception de la destinée humaine, dirigée par les notions fondamentales de la solidarité universelle, entre toutes les classes et toutes les nations. A mesure que les liens qui unissent les peuples se sont multipliés et resserrés davantage, par les progrès de la Science et par l'unité des doctrines et des préceptes qu'elle déduit des faits constatés et qu'elle impose, sans violence et cependant d'une façon inéluctable, à toutes les convictions, ces notions ont pris une importance croissante et de plus en plus irrésistible; elles tendent à devenir les bases purement humaines de la morale et de la politique de l'avenir.

Par là même le rôle des savants, comme individus

et comme classe sociale, a grandi sans cesse dans les
États modernes. Mais nos devoirs vis-à-vis des autres
hommes grandissent en même temps, ne l'oublions
jamais! Proclamons-le dans cette enceinte, dans ce
Palais de la Science française! Ce n'est pas pour la
satisfaction égoïste de notre vanité privée que le
monde, aujourd'hui, rend hommage aux savants.
Non! c'est parce qu'il sait qu'un savant, vraiment
digne de ce nom, consacre une vie désintéressée au
grand œuvre de notre époque : je veux dire à l'amé-
lioration, trop lente, hélas! à notre gré, du sort de
tous, depuis les riches et les heureux jusqu'aux
humbles, aux pauvres, aux souffrants! Voilà ce que
les pouvoirs publics déclaraient il y a neuf ans, dans
cette salle même, en honorant Pasteur. Voilà ce que
mon ami Chaplain a cherché à exprimer sur cette
belle médaille, que le Président de la République va
m'offrir. Je ne sais si j'ai complètement rempli le
noble idéal que l'artiste a retracé; mais je me suis
efforcé du moins d'en faire l'objet et la fin, le but
directeur de mon existence!

TABLE

PRÉFACE. I

PREMIÈRE PARTIE
LIBRE PENSÉE

INAUGURATION DU MONUMENT ÉRIGÉ A RENAN DANS LA VILLE DE TRÉGUIER [13 septembre 1903]. 1
PRÉSIDENCE D'HONNEUR DE LA LIBRE PENSÉE [Lettre de l'Association nationale des libres penseurs de France à M. Berthelot]. 15
RÉPONSE DE M. BERTHELOT. 18
FÊTE DE LA RAISON AU PALAIS DU TROCADÉRO [8 novembre 1903. Discours prononcé par M. Berthelot]. 21
LE CENTENAIRE DE KANT [célébré à Kœnigsberg en février 1904]. 28
CONGRÈS DE LA LIBRE PENSÉE TENU A ROME [22 septembre 1904. Lettre de M. Berthelot]. 30
LA REVUE PHILOSOPHIQUE DES CROYANCES [Lettre à M. Gaston Martin]. 34
BANQUET DE LA LIGUE DE L'ENSEIGNEMENT [1899]. . . 37
25ᵉ ANNIVERSAIRE DE LA SOCIÉTÉ D'ENSEIGNEMENT SUPÉRIEUR [17 juin 1903]. 42
COLLÈGE DE FRANCE [Souvenirs] 50
AU BANQUET DU CERCLE RÉPUBLICAIN DE L'YONNE [1904]. 53
LES FÉLIBRES A SCEAUX (28 juin 1903). 56

DISCOURS DE M. BERTHELOT.	57
L'ÉCOLE DE PSYCHOLOGIE.	66
LES CAUSES FINALES [Lettre à M. Sully Prudhomme]. .	70
LES MERVEILLES DE L'ÉGYPTE ET LES PRESTIGES DES PRÊTRES ET DES SAVANTS DANS L'ANTIQUITÉ . .	73
CLAMAGERAN.	109

SECONDE PARTIE

PAIX ET ARBITRAGE INTERNATIONAL

LES RELATIONS ENTRE LA FRANCE ET L'ANGLETERRE. DISCOURS PRONONCÉ AU BANQUET DE L'ARBITRAGE INTERNATIONAL [26 novembre 1903].	143
LA PAIX PAR LA JUSTICE [Lettre à M. Th. Ruyssen] .	154
FÊTES FRANCO-ITALIENNES. [Lettre à M. Ch. Beauquier].	161
LA FRANCE ET L'ITALIE [Lettre à M. Enrico Ferri]. . .	163
EN FAVEUR DE LA MACÉDOINE.	166
POUR L'ARMÉNIE.	168
LE RÔLE DES RACES SCANDINAVES DANS LE DÉVELOPPEMENT DE LA CIVILISATION MODERNE [Discours prononcé le 28 novembre 1904].	171

TROISIÈME PARTIE

SCIENCE

LA SYNTHÈSE CHIMIQUE DES ALIMENTS [Lettre de M. Jusserand, ministre de France en Danemark] . . .	183
RÉPONSE DE M. BERTHELOT.	184
SUR LA DÉFINITION DE L'ALIMENT [Lettre au Dr Ricard, sénateur de la Côte-d'Or].	194
L'ALCOOL EST-IL UN ALIMENT?.	197
LA PATHOLOGIE DANS L'HISTOIRE.	199
LA MÉTHODE SCIENTIFIQUE EN POLITIQUE [Lettre à M. Audiffred, député].	219
LOI RELATIVE A LA SANTÉ PUBLIQUE [Discours au Sénat, 1900].	221

L'ÉVOLUTION DES SCIENCES AU XIX° SIÈCLE [Allocution à la Société chimique, 20 mai 1901].	225
NOTICE HISTORIQUE SUR LA VIE ET LES TRAVAUX DE CHEVREUL.	238
NOTICE HISTORIQUE SUR LA VIE ET LES TRAVAUX DE DAUBRÉE.	288
HISTOIRE DE LA DÉCOUVERTE DES SUBSTANCES EXPLOSIVES.	332
LES AÉROLITHES OU PIERRES TOMBÉES DU CIEL	342
LES INSECTES PIRATES; LES CITÉS DES GUÊPES.	366
CINQUANTENAIRE SCIENTIFIQUE DE M. BERTHELOT [24 novembre 1901].	402

www.ingramcontent.com/pod-product-compliance
Lightning Source LLC
Chambersburg PA
CBHW070923230426
43666CB00011B/2284